U0886842

秩序的沦陷

抗战初期的江南五城

［加］卜正民 著

潘 敏 译

商务印书馆
创于1897 The Commercial Press

2016 · 北京

COLLABORATION:

Japanese Agents and Local Elites in Wartime China

by Timothy Brook

Copyright © 2005 by Timothy Brook

Published by arrangement with Harvard University Press

through Bardon-Chinese Media Agency

Simplified Chinese translation copyright © 2015

by the Commercial Press Ltd.

ALL RIGHTS RESERVED

根据美国哈佛大学出版社2005年版译出

译者序

1937年7月，中日战争全面爆发，8月日军进攻上海，11月占领该市后向江浙地区推进，至12月中旬占领南京。战争初期，长江三角洲地区遭受着日军的炸、烧、杀、抢、淫，社会极其混乱。当时社会各阶层状况是：国民党政府官员弃民而逃；普通民众处于高度的恐慌状态，为躲避战乱流离失所；土匪、地痞流氓则浑水摸鱼，大肆抢劫；农村中的大户人家武装自保；城镇地区则有日军联系中国地方头面人物，组成“维持会”、“自治会”稳定秩序。

长期以来，中国学术界对日本占领区的社会状况和民众生活研究讳莫如深，致使沦陷区研究在这一方面一直以来没有取得实质性突破。如果我们把目光转向日本占领初期基层社会的实际状态，来审视战乱时期人们在面临道德和求生的困境中如何纠结、如何抉择，或许更能展示那段历史的丰富性。这也是我翻译卜正民教授这本著作的原因之一。

本书主要考察日本占领中国长江三角洲初期（1937年冬季到

1938年春夏)，中日基层人员在建立县及县以下政权的过程中是如何互动的。主角是日本“宣抚班”职员和中国地方头面人物，他们“合作”建立了“维持会”或“自治会”。经历过那个痛苦年代的中国人，应该对这些“维持会”和“自治会”并不陌生，但是随着那一代人的相继离世，这些组织可能会渐渐消逝在历史长河中，那一时代人们经历的灾难和挣扎有可能被遗忘。幸好，卜教授为我们重构和再现了这一段历史。

我在此强调了“合作”一词，是提醒读者，本书作者的选题便是历史研究者所熟知的、当下欧美二战史研究中比较热门的“collaboration”研究。这一领域主要研究“二战”期间与占领者“合作”的政权、组织或个人。说到这里，读者很清楚，在中国，这部分人或组织就是“汉奸”、“汉奸组织”、“日伪政权”。但是“汉奸”对应的英语单词是“traitor”(叛国者)，显然与“collaborator”(合作者)一词有差异。据考察，“collaboration”一词在二战前是个中性词，表示“在一起工作的人”，没有通敌之意，只是后来菲利浦·贝当(Philippe Pétain)用了这个词后，才被用来指责政治上与占领者一起工作的人和行为。[1]在当今英语世界里，这个词也会用来表示在一起工作的人或组织，不带贬义。卜教授在本书中用“collaboration”而没用“汉奸”作为关键词，一方面可能是他想突破中国已有的关于伪政权研究的道德化倾向；另一方面，也是因为这一时期档案文献中经常见到“合作”一词。

1 Timothy Brook, Hesitating before the Judgment of History, *Journal of Asian Studies* 71: 1 Feb. 2012, pp. 103—114.

我最早读到的卜正民教授有关“collaboration”的文章是《1937年—1945年间中国长江中下游地区占领状态下的政权的形成》（读起来有点拗口，我拿到的中文版就是这个题目），这是其提交美国哈佛大学费正清东亚研究中心主办的“战时中国：地方政权与状况1937年—1945年”国际学术研讨会（2002年6月）的论文。看到这篇文章时，我的博士论文《江苏日伪基层政权研究》初稿已经完成（已于2006年由上海人民出版社出版），当时非常惊讶也非常高兴看到竟然有人跟我差不多同时关注沦陷时期长江中下游地区的基层政权，更为重要的是，我们的研究视角和研究结论极为相似。2006年我有机会去国外访学，就毫不犹豫地选择了卜教授所在的学校——加拿大温哥华的UBC。当时，这本书刚刚出版一年时间，我主动向卜教授请缨，翻译这本书。

这本书之后，作者又有几篇关于“collaboration”的论文面世，如（1）“Chinese Collaboration in Nanking”, in *The Nanking Atrocity, 1937—38: Complicating the Picture*, ed. Bob Tadashi Wakabayashi, Oxford: Berghahn, 2007, 149—180;（2）“Occupation State Building”, in *China at War: Regions of China, 1937—45*, ed. Stephen MacKin-non, Diana Lary, and Ezra Vogel, Stanford: Stanford University Press, 2007, 22—43;（3）“Collaboration in the History of Wartime East Asia”, Collaboration in War and Memory in East Asia: A Symposium, *The Asia-Pacific Journal: Japan Focus*, posted 5 July 2008;（4）“Collaboration in the Postwar”, *The Asia-Pacific Journal: Japan Focus*, 5 July 2008;（5）“Hesitating before the Judgment of History”, *Journal of Asian Studies*, 71:1, Feb.

2012, 103—114。

在本书中，重要的问题是如何看待与日本人合作的“中国地方头面人物”这一群体。卜教授试图告诉我们，在中日战争期间，日本占领区的中国人可以分为三类：心甘情愿积极主动的通敌者、积极抗战绝不投降的抵抗者，以及介于这两者之间既没有积极抵抗也没有彻底通敌的人。而且更为重要的是，沦陷时期的政治现实是只有部分人从事抵抗活动和极少数人彻底投靠日本人，大多数人只是顺应“占领政府”，“是他们，真正体验了沦陷时期的酸甜苦辣”[1]，有学者称这一类为“灰色地带”，是介于两个极端之间的广阔地带[2]，也是迄今为止抗战史研究付诸阙如的领域。沦陷初期与日本人“合作”的中国地方头面人物，就是介于彻底的通敌者和坚决的抵抗者之间的一个群体。卜教授用大量的史料告诉我们，他们既厌恶但又不得不与日本人合作，因为日本人是他们家乡的统治者；他们既助纣为虐也做一些有利于民众之事。在台湾学者罗久蓉的笔下，正是因为中日战争这种“历史的情境”促使了他们与日本人合作，自保、生计、被迫无奈都是他们与日本人合作的原因[3]；译者的研究也有类似发现，有些人进入“自治会”或“维持会”的某个机构，仅仅是因为他们以前也在这里工作。[4]

---

1 Roderick Kedward, *Vichy France and Resistance: Culture and Ideology*, London: Croom Helm,1985, p. 5.

2 参见〔美〕傅葆石：《灰色上海，1937—1945：中国文人的隐退反抗与合作》，张霖译，生活·读书·新知三联书店2012年版。

3 罗久蓉：《历史情境与抗战时期“汉奸”的形成——以1941年郑州“维持会”为主要案例的探讨》，《“中央研究院”近代史研究所集刊》第24期下册，1995年6月。

4 参见潘敏：《江苏日伪基层政权研究》第五章，上海人民出版社2006年版。

卜教授给我们详细描述了五个案例，通过这些案例，我们了解了地方头面人物与日本人合作的行为和动机。我们发现与日本人合作的中国人动机复杂，某些人是出于保全生命财产而进入“维持会”；有些人抱有为地方做点事的想法；另外一些人则是被迫与日军合作；也有一些浑水摸鱼之人，试图借日军的势力渔利；当然确实有一些人死心塌地替日本侵略者做事。正统的史学观点抨击与日本人合作的中国人是为了物质利益，说他们利欲熏心、捞取好处。卜教授在镇江案例中指出，日本人为尽快收回战争成本并为进一步的入侵提供补给，使得“维持会”、“自治会”经常面临财政枯竭、入不敷出的局面；如果这些组织经济状况不佳，进入这些组织的中国人从哪里捞取好处呢？镇江“自治会”会长郭志诚（大照电气公司经理），非但没有捞到好处，还搭上了自己的公司：电气公司经理被日本人重组，郭的弟弟因建议日本人应付给他们家30,000美元而被捕入狱。如果从“捞取财富”这个角度，我们就没办法解释郭志诚与日本人合作的动机。

通过这些案例的描述，一些与日本人合作的中国人形象鲜活起来。最典型的形象是南京案例中的那个王承典（吉米·王）。王是一名拍卖商，与南京社会各阶层都有广泛的联系，南京失陷后，他没有离开，选择留下。他参与南京“自治会”的组建；与国际委员会的成员一起从日本人那里为难民搬运粮食，而且还偷偷搬走了比日本人答应给他们的还要多的粮食；他敢对日本人说：“如果你们要反对我，那么你们最好现在就在这儿杀了我”；他又在明妮·魏特琳的眼皮底下从金陵女子学院给日本人挑选年轻姑娘。纵观王承典在南京沦陷初期的表现，他既服务于占领政权，又敢抵制日本人；他既与日本人合作，又给南京难民带来了更多的食物。这样的人当然不能成为抗日英雄，但他们的行为也不能完全说是投降、通敌。我们对像王承典这样的人应该不会陌生，也能完全理解他们的行为。在不同的情境中，我们会使用不同的词来形容像他这类人：左右逢源、见风使舵、八面玲珑、聪明人、能人等等，在与日本人合作过程中，应该不乏这样的中国人。当一个人处于自身无法控制也无法明白的环境中，其行为有很多的模糊性或矛盾性，我们不能仅凭一点就来判断他是通敌还是抵抗。身处乱世的人们，也许没有多少时间和精力来思考自己行为的意义，只是尽最大努力为自己也为周围的人活着。

说到"小人物研究"，这是卜教授选题的一大特色，也是历史研究的一个新趋势。随着大众文化的蓬勃发展和对社会学理论的借鉴，史学研究越来越趋向社会史和小人物的研究。历史是由芸芸众生创造的，也是由芸芸众生体验着的，但是在平常年代，小人物很难在历史上留下痕迹。捕捉这些没有历史的人群被掩盖的生命痕迹，"……必须得有一束光，至少曾有一刻，照亮了他们。这束光来自另外的地方。这些生命本来想要身处暗夜，而且本来也应该留在那里。将它们从暗夜中解脱出来的正是它们与权力的一次遭遇：毫无疑问，如果没有这次撞击，对他们匆匆逝去的短暂一生，不可能留下片语只言……也正是这样的权力，催生了这些文字，让我们有机会窥见这些生命"[1]。如果没有中日之间的那场战争，本书中的这些主角如王承典，可能不会在历史上留下任何

1 〔法〕福柯：《无名者的生活》，李猛译，《社会理论论坛》，北京大学社会学系1999年总第6期。

痕迹。他们与大多数生活在底层的小人物一样，在他们来到这个世界之时，就注定了将销声匿迹于历史的长河中。但偏偏他们遇到了这些重大的政治事件，于是历史留下了他们的一些记忆，于是我们也能捕捉到他们那“模糊的身影”。但是由于资料的难找，“小人物研究”让很多研究者望而却步，由此我们也可以想象卜教授在做研究时所付出的努力。

翻译过程并不轻松，仅仅“collaboration”一词就让我大为头痛。其实collaboration最接近汉语的“勾结”一词，但“勾结”这个词又太具有感情色彩，一部严肃的学术著作带有这样的感情色彩不免让人读起来不太舒畅，而且作者的研究对象是基层社会的小人物，展示他们在沦陷时期的生活状况，显然将“勾结”一词用在他们的身上不太适合。因此我将这个词在不同的语境中分别翻译成“合作”、“通敌”，只有在少数几处译成“勾结”。再如“Occupation State”一词，作者试图强调占领是先决条件，所有的安排和决定都是日本人做出的；而中国“合作者”只是被动接受者，必须服从日本人的决定（用王承典的话来说：“‘自治’的意思仅是：当日本人说‘是’的时候，我们就去做。”），所以翻译成“占领政府”或“占领政权”比较符合原文的意思。比中国学者和民众常用的“日伪政权”一词更能体现该政权里中国人的次要地位。但是由于中国人太习惯用“日伪政权”一词，所以在翻译过程中，偶尔也会用到；同样，“占领时期”和“沦陷时期”，“占领区”和“沦陷区”都基于类似的考虑。还有“Chinese Elite”，我翻译成“地方头面人物”，而没用“地方精英”，是因为“精英”一词在汉语语言中含有褒义的成分，而且还有道德上的考量。

无论如何，这些与日本人合作的人，称他们为“精英”，总让人不能接受，而“地方头面人物”，就不会有这方面的困扰。

由于本书的英文版不仅仅是学术著作，还面向大众，语言非常优美流畅，所以我在翻译过程中，也用了一些比较口语化的词语，跟原著的风格保持一致。

本书的资料来源非常丰富，有中文、日文、英文等，前两种文字的资料，我都尽量找到原文，尤其是中文，除了第二历史档案馆的几则档案资料外，其余的我都找到了原文，并通读了卜教授征引资料的全文，为此我在上海档案馆足足待了一个暑假。

这本书从动笔翻译到现在出版差不多有七个年头了。不是译者懒惰，翻译的主体工作大约在2007年暑期就完成了。之后两年，我联系多家出版社，也曾托同门师兄弟师姐妹帮忙找门路，但最后得到的答复都是“No”，我有点心灰意冷。但总有不甘，这么好的一本书，而且花了这么多的心思，中文版不能面世，岂不是太可惜了！所以一有机会，我就跟熟人提到它。皇天不负有心人，时机终于让我等来了。2012年12月，受南京师范大学历史系教授张连红师兄之邀，我参加了在南师大召开的“抗战时期都市民众日常生活国际学术研讨会”，在会上我又一次提到翻译的事。会后《历史研究》编辑部的雷家琼老师和师兄张连红都表示愿意帮忙联系出版社。雷老师说：“听您说译稿已耽误数年，为之心痛。既然有缘相识，自然当竭尽全力。”看到这句话，我有说不出的感动，也感觉这么多年来没白等。不久商务印书馆的倪咏娟老师来信，表示对译稿感兴趣，接下来的事情就非常顺利了。

在翻译过程中，我还得到了很多人的帮助。首先要感谢的是我在UBC访学期间结识的两位研究中国近现代史的博士杨梦轩和伍洋同学，他们都以英语为母语，中文水平也非常棒，在他们的帮助下，我更有把握翻译本书最难的第一章（杨梦轩协助）和第八章（伍洋协助）。其次要感谢的是我的同事兼密友同济大学的李雅茹老师，她在繁重的教学任务空隙中，校对了整部译稿，在她的润色下，译稿读起来更为流畅。感谢大阪大学的张一迪同学，她热情地帮我查找了本书中所涉及的日文人名和地名。感谢本书的编辑商务印书馆的倪咏娟老师，本书的出版也凝结了她的心血。为了让这本书的中文版顺利面世，我们之间的通信不下40封，对于书名的斟酌、译者序的切入点、一些词语的用法，我们都进行反复交流和商讨。她聪明睿智，对很多问题有自己独到的见解，交流的过程也是一种享受，有时间整理整理我们之间的通信，绝对是个看点。

要感谢的人还有很多，再写下去就有点矫情了，就此打住。

翻译工作确实是一项吃力不讨好的工作，尤其在中国现有科研体制下，翻译不算研究成果，使翻译完全成了译者的业余爱好。业余爱好终不能解决温饱问题，因此，我想这大概是我第一本也是最后一本译著了吧！

2014年春于渥太华

中文版序

当提笔就这本书给中国读者写几句话时，我很开心，也有点惊讶。我的大部分书都被翻译成了中文，而且受到中国读者的热烈欢迎，然而对于本书我并没这样的期望。本书英文版面世时，曾引起几位中国学者的不快，他们反对我的观点，即把“合作”跟爱国主义和反对帝国主义一样看作是中国历史不可或缺的组成部分。可是若要排除这些在道德立场上我们不喜欢的人，中国近现代史就会不完整。对我而言，过去永远都不是只有胜利没有失败，而且我确信每次发生的事件都不能证明人们的道德选择。如果是，历史将会毫无意义，而只是告诉我们已经知道的事实。这或许对小学生们是适宜的，但对严肃的历史读者来说就毫无裨益了。

我写这本书的目的不是赞颂在华东占领区所发生的“合作”，而是仅仅指出，“合作”是那段历史不可分割的组成部分，而且至今关于这段历史的书写没有触及为什么一些人会选择与日军合作；本书还想追问，为什么这方面的反思如此困难。不仅仅是中国人对合作敏感。在大多数国家的历史书写中，都是庆祝胜利，忽略失败，而不是为下次胜利做准备。法国花了四十多年的时间才接受一些法国人和德国合作的事实；对于韩国人来说，承认20世纪上半叶曾与日本人深度合作至今也是几乎不可能的。这些都是令人不快的历史，大多数民族主义者希望没有发生过。但它们确确实实发生了，我们今天面临的挑战是：将这些历史融入过去，对复杂的过去有个较为全面的认识。

更难捉摸的挑战在于追问为什么我们要给过去强加道德范畴。道德选择往往是关于当下的，是对当下发生之事的判断或是我们希望采取的行为方式。我们可以通过回顾先辈们的选择给过去强加一个道德判断，但这无损于过去本身。在学会如何冷静接近它之前，除了讲述几则自我感觉良好并且也不知道自己为何如此讲述的故事外，我们可能一无所获。如果没有意识到我们今天未必能理解过去人们所面临的道德情境，那么探究他们的经历将会是站不住脚的。在对过去进行评判之前，我们必须首先尊重过去。

冷静思考并不意味着放弃对死于暴行中的人的伦理关怀。实际上，我主张只有认识到我们评判过去的局限性时，才更有能力去建立一个道德基础，以评判过去的不正义。我甚至承认，作为一个历史学家，我的工作的最终目的就是提供对道德的理解，但这不是通过制造道德知识，而是通过明白当下的我们也未必正确来达到。在日本侵华战争中，没有什么比深陷其中的中国人和日本人所付出的代价更高昂的了。我们很难说，中国普通民众为日军做事是光荣的。我们也不相信上层政治合作者所说的他们替日本人工作的意图。这都不是问题。在面对欧洲大屠杀历史研究者查尔斯·麦尔（Charles Maier）声称的所谓“不可控的过去”（the unmasterable past）时，我们的职责是自下而上构建对过去所发生之事的理解，而非用一种预判的眼光去俯视它。在这个评判的游戏中，时间是个玩笑者。那些与失败者合作的人被战败拖下了水，而那些与胜利者合作的人则成为英雄，只要人们相信那是个胜利的故事。

我对于这个问题稍微有点优势，即在中日这段冲突的历史中，我不属于任何一方。我是一个局外人，而且对双方都很熟悉。我懂得两国语言，在日本和中国待的时间差不多一样长。我钦佩两国文化，而且在两国都有很多朋友。作为一个局外人，在这场游戏中，我不偏袒任何一边。我不会站出来为保卫日本而反对中国的指责，也不致力于站在中国一边反对日本的怨愤。我写这本书的目的是试图向双方表明，每一方在责问对方前应先探讨自己的过失。我非常乐意看到中日双方能更好地理解彼此的历史。至于他们是否愿意这么做，那是他们的事儿，不是我的了。

卜正民

二〇一六年二月

此书献给我的父亲——杰克·布鲁克

他的生活也因这场战争而改变

目　录

致　谢

很多朋友鼓励我写这本书，尤其是黛安娜·拉里（Diana Lary）和斯蒂芬·麦金农（Stephen MacKinnon）。1998年4月的不列颠哥伦比亚大学（the University of British Columbia）会议上，他们两位邀请我讨论这项研究的最初成果。接着，2002年6月在哈佛大学，他们又一次邀请我参加其组织的傅高义（Ezra Vogel）纪念学术研讨会，并宣读我的研究结论。尤其是后一次机会，对我想要表达的观点，具有决定性意义。我也必须要感谢鲍勃（Bob Tadashi Wakabayashi），1999年3月，他邀请我参加了其主办的纽约大学学术研讨会，在会上我与同行们交流了关于南京的“合作”研究，他在这本书的构思上也扮演了重要角色。

2002年秋，我受张隆溪教授之邀在香港城市大学做客时，完成了论文的写作。从他跨文化研究中心的研讨班上得到的反馈信息，对澄清我的观点帮助很大。丽萨·拉斐尔斯（Lisa Raphals）是一位赞同我观点的读者，她理解了我所要表达的意思并鼓励我表达得更清楚一点。复旦大学的李天纲教授根据我的论点听出了他的门道，并认为我所说的值得一听。并不是我所有的中国同行都能接受将“合作”作为抗日战争研究的主体，甚至不能接受把它作为一个值得研究的题目。

由丹尼尔·贝斯（Danial Bays）和中国基督教史的卢斯项目基金（the Luce Project）慷慨资助，我开始了这个课题的最初档案研究。多伦多大学与加拿大社会科学和人文研究委员会继续提供支持。第三章和第六章较早版本收集在黛安娜·拉里和斯蒂芬·麦金农主编的《战争的伤痕》（*The Scar of the War*，不列颠哥伦比亚大学出版社2001年版）和克里斯蒂安·汉诺（Christian Henriot）和叶文心主编的《日本占领时期的上海》（*Shanghai under Japanese Occupation*，剑桥大学出版社2004年版）。在出版商的允许下，再版时做了一些修改。

非常感谢凯瑟琳·麦克德莫特（Kathleen McDermott）鼓励我在哈佛大学出版社出版，在本书出版的过程中，感谢伊丽莎白·吉尔伯特（Elizabeth Gilbert）编辑了最后的稿子，特里什·麦卡拉斯特（Trish McAlaster）准备的图片，凯文·卢（Kevin Lu）做的大量工作。最后我还要感谢我的三位朋友：较早阅读我手稿并鼓励我修改删减论据和提炼观点的王国斌、较晚阅读稿子并指出我需要完善一些思考的吉姆·雷塔莱克（Jim Retallack）以及能理解这项研究对我的重要性并给我时间和地点写作的费伊·西姆斯（Fay Sims）。

略语表

CCAA	“中支派遣军”
IC	“南京安全区国际委员会”
PMC	“治安维持会”
NCAA	“北支派遣军”
SGC	“自治委员会”
SSA	“特务机关”
SSD	“特务部”

外国侵略者来了，战争和毁坏四处蔓延。无辜者丧失生命，无人能免于暴力的侵袭。游击队在一些地方从事武装抵抗活动，但他们隐藏在深山老林和农村地区。您，恰好是一位有社会地位、有志向或者说愿意为民众做一点事的人，面对这满目疮痍的乱世，您良心上过不去，不得不站出来。此时，占领军的代表出现在您的家乡、您的家门口，请您出来一起工作，您会怎么选择?

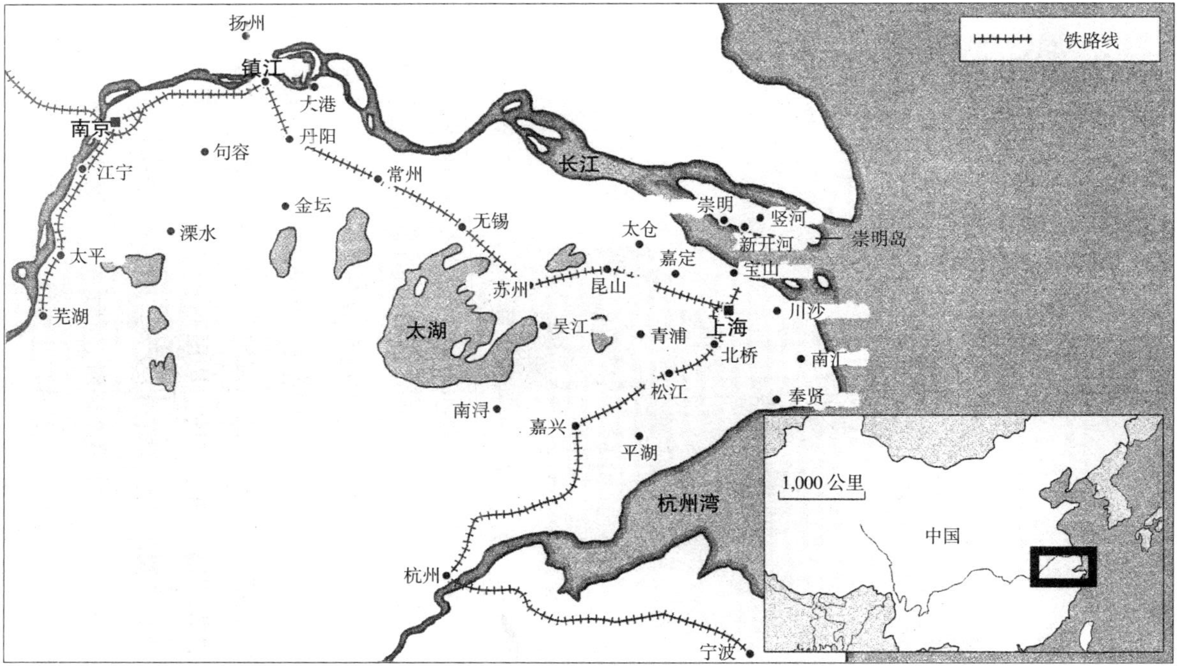
铁路线
扬州
镇江
大港
南京
丹阳
句容
江宁
常州
长江
金坛
溧水
无锡
太平
芜湖
崇明
竖河
新开河
崇明岛
太仓
嘉定
宝山
苏州
昆山
上海
川沙
太湖
吴江
青浦
北桥
南汇
松江
奉贤
南浔
嘉兴
平湖
杭州湾
1,000 公里
中国
杭州
宁波

地图一 长江三角洲

第一章　关于“合作”

一

1　1940年10月30日，菲利浦·贝当通过法国广播电台宣布，德法“两国已准备进行合作”——这一天是他与阿尔道夫·希特勒（Adolf Hitler）在蒙托瓦火车站会晤后的第六天。从此以后，“合作”（collaboration）一词被用来指责政治上与占领者一起工作的人和行为。贝当选用这一词汇来形容他与希特勒之间达成的协议，并声称，这个协议能使法国避免强大的军事威胁。不过，这个词不是他发明的。四个月前，法国军队与德国人签订了军事停战协定，效忠于德国的法国官员表示：“遵守德国当局的决定，与他们真诚合作。”[1]最初使用该词时，其意思含糊不清，也没有投敌卖国的含义。可是到贝当使用时却不然，而且之后越来越远离其原初的含义。随着战争和占领的持续，法国在经济和政治上都成为德国的附庸，合作已危及妥协的初衷，而这些在战争爆发之初很少有人能预料到。

1944至1945年间的冬季，欧洲清洗了一批与德国占领者合作的人，这既巩固了战后欧洲大陆的新政权，也决定了“合作”一词的历史命运。不过与此同时，该词的使用范围又得到了进一步拓展，例如研究二战期间丹麦历史（战争期间，丹麦政府接受德国“监护”）的亨瑞克·德斯来夫森（Henrik Dethlefsen）在运用这个术语时，充满了强烈的感情色彩。他指出，“整个社会都必须适应”现存的政治环境，迁就当权者是“一种习以为常的、在任何历史时期都有的一种社会行为”。它不应被夸大为“通敌”的神奇动力，也不要将生活在占领区的所有人都指责为通敌者。他建议，应该将此术语限定在政治范围内：“在占领当局的监督和施压 2
下，继续行使权力”的人。[2]大体而言，我在本书中也使用这个定义。那些参与合作的人，必须行使政治权力，才有可能“通敌”。

有关欧洲“合作”的研究非常丰富，它是研究二战史的基本线索。然而“合作”不是欧洲所独有的。早在贝当与希特勒会晤的三年前，在远东地区的长江入海口——上海及其周边地区，中国人与日本人已经达成了合作的协议。在20世纪20至30年代，日本有计划地占领中国大陆地区。1931年入侵中国东北，1937年7月又南下至北京地区。这两起事件都遭到了国际社会的强烈谴责。由于不能使中国政府屈服，1937年8月，日本以更多的兵力、更残忍的手段第二次攻打上海及其周围地区。长江三角洲，由长江冲击而成，从上海向西延伸到国民政府的首都南京，面积61,000平方公里（25,000平方英里），人口稠密，自古是鱼米之乡。在日军的入侵下，富饶的长江三角洲变成了硝烟弥漫的战场，日本人却说是在建立东亚新秩序。那年秋冬季，猛烈的炮火之后，入侵转变成日常的军事占领，征服被“合作”所取代。这里的“合作”与法国不同，后者迅速成立了中央政权组织，与希特勒交涉。长江三角洲的“合作”不是从上层开始的，而是由基层地方头面人物发起。当日军从上海长驱直入至南京时，在沿路的县城，地方头面人物与日军的代表（“宣抚班”职员）达成协议，基层政权渐渐形成。地方头面人物“在占领军的监督和施压下，行使权力”。

这是个恐怖的、极具破坏性的统治者。1937年冬季的军事入侵阶段，日本士兵以异常残酷的暴力手段对待中国士兵和普通老百姓。日本侵略军对战争公约的蔑视，给中国人留下了刻骨铭心、没齿难忘的痛苦记忆。所有这些记忆以一种特殊的力量最终汇聚到单一的记忆中——12月13日，日军占领国民政府首都南京。日军在首都南京的暴行，以“南京大屠杀”一词迅速在英语国家里广为人知。时至今日，那个历史记忆仍以中国人最通俗的词
3 汇——抗日战争——而家喻户晓。但在那漫长的八年占领和军事抵抗时期（结束于1945年日本向美国宣布投降），这并不是唯一可被讲述的故事。中国人对入侵的反应还有另外一些形式，生活在沦陷区的人们还有其他一些求生方式。“合作”便是其中之一，而对这个课题的研究几乎还没起步。

在本书里，我试图再现占领第一年中国人与日本占领者的“合作史”。这段历史是大多数中国人不愿意看到的，或者以他们自己独特的方式来书写。中国人这一时段的集体记忆是由日军的暴行、中国人遭受的苦难以及他们的抵抗行动所组成的。这个版

本的故事特别引人注目，反映这一时期的大多数文学作品又强化了这个故事：相似的抗日英雄，相似的汉奸恶棍，中国民众处于相似的水深火热之中，日本士兵干着相似的惨无人道之事，就如他们在现实生活中一样。类似的故事一遍又一遍地重复着。以任何其他方式来描述这段历史，均意味着附和日本人在战争期间的宣传——黄种人应该反对白种人的殖民统治。大多数中国人认为，这种叙述是与日本侵略者勾结，没有胆量称这场战争是日本向欧美国家争夺中国的殖民权。然而，沦陷期间，多数中国人仅仅是因为除了迎合日本人外，别无选择；或者说他们必须顺从日本占领者的统治，否则无法生存。这部分人只将迎合、顺从日本人作为求生之道；只有少数人衷心欢迎日本人来解决中国的问题，心甘情愿与征服者合作。当代的中国人无法了解这部分人，尤其是那些以中国人的身份效忠于日本占领者的少数通敌者。

战争期间，至少有一小部分中国人与日本人合作，对此研究抗战史的中国历史学者已达成共识。如何解释这种行为呢？一种解释是，决定与占领者合作的人，大多与某某日本人有良好的私人关系。这个解释似乎合乎逻辑。他们认为良好的私人关系能充分解释“合作”行为，而且不难找到这种关系。例如，日本占领时期，镇江第一任“维持会会长”柳肇庆（第四章），毕业于日本警官学校；“南京自治委员会会长”陶锡三（第五章），从位于东京的法政大学拿了法学学位，他的同事——“南京自治会”里的大多数成员也都是在日本接受的教育；上海“‘占领政府’第一任市长”苏锡文（第六章），在东京的早稻田大学学习政治经济学。在日本学习，意味着他们与占领者能说同一种语言，日本占

领者与当地人接触时，首先要寻找的就是这些人，他们比其他不会说日语的人更有机会接近日本人。以“关系”来解释合作原因
4 有可能会走进死胡同，因为无法更深入探索这些人的真正动机；而且这种解释无法回答这一问题，即大量与日本人保持私人关系的中国人选择了抵抗，合作者只是极少数人。例如1937年的南京市市长马超俊，在日本学习航空学，而他选择了与国民政府一起向西撤退，而不是与日本人合作。

另一个问题更为突出，大多数与日本人合作的较次要的地方头面人物，根本没有去日本旅行或学习的经历，甚至在国内也没有出过远门，没有接受任何教育，这又如何解释呢？与聚集在上海和南京的有权有势者不同，小县城里的头面人物完全在地方上活动，他们只看到身边的机会，处理的问题也是在自己有限的势力范围内。如果我们只注意到战争前与日本有关系的人，就会完全忽略这部分人。因此，我们的注意力就会被转移，而无法拓展视野，从实际情况和动机的角度来考虑这些问题：为什么一些中国人无视本民族的文化传统和要求，宁愿接受日本人的占领和统治？

每种文化都给合作者贴上道德沦丧的标签。其实有些人只不过是军事占领下的政治附庸，与道德沦丧并无多少关联。但几乎从不允许对此进行简单明了或平铺直叙的描述，而且人们很容易诉诸道德语言，用逖慕·罗斯考拉（Teemu Ruskola）优美的语言婉转地表达就是“规范化的社会制度已预设了道德准则，并事无巨细地规定了在此准则指导下的正确的行为”[3]。道德准则首先将“合作”与民族或国家联系起来。其基本假设是：不管出现什么情况，必须保护国家或民族的利益——这最好用“伦理”而不是

“道德”（规范不是指导，而是建构道德准则）——没有比国家或民族利益更重要的事了。由于这紧扣民族或国家的利益，尤其当民族或国家的事业毋庸置疑具有正当性的时候，是不可能将“合作”说成是爱国主义之外的另一合理选择。

当我们回顾第二次世界大战的历史时会发现，这个不可思议
的标签不是中国人所独有的。丽贝卡·韦斯特（Rebecca West）在
《通敌的含义》（*The Meaning of Treason*）一书中，情绪激昂地表
达了类似的看法。该书收集了英国从1940年代末对合作者的审判
记录，到1960年代初对间谍的审判记录。一些英国人可能选择效
忠于德国或苏联，将那些国家的利益看得高于英国。作者直截了 5
当地宣布：这是个“龌龊的交易，对这些事的处理更加龌龊”。[4]
按她的观点，公民身份是保护个人荣誉的契约，我们有义务且应
该毫不含糊地履行自己应尽的义务。她控诉那些在战后被审判
的“合作者”如威廉·乔伊斯（William Joyce），伦纳德·布莱克
（Leonard Black）和约翰·埃默里（John Amery），这些人都到德
国效命于纳粹。卫斯特根据这些人令人反感的性格及其令人讨厌
的政治抱负，刻画了他们的一些行径。布莱克“长期以来执迷于
混乱、纠结的理想，并习惯于从政治冒险中谋利”；埃默里“智商
低下，只会喋喋不休地谈论法西斯主义的空壳”[5]。他们的缺点、
唯利是图以及反犹太主义，再加上与希特勒、苏联政治的比较，
使作者宣扬的爱国主义成为道德上唯一正确的选择。韦斯特费了
九牛二虎之力，根据这些人的经历来了解他们道德观的形成。实
际上，在叛国者的描写上，她的研究比我对中国合作者的描绘更
为详细。她找到了大量的证据来解释战后被审判的人为什么在战

争期间为德国人效力。然而在她的眼里，没有一个证据能充分证明他们的选择是正当的，因为大多数处于相同环境的人做出了完全不同的选择——对她而言，保卫自己的国家才是正确的选择。

对历史研究者而非专业辩论家来说，“合作”一词有着使用上的困难。被贴上“合作”标签的人，其行为是耸人听闻的。毫无疑问，这完全是道德的力量在起作用。也只有在占领时期，道德力量才能使这个话题充满活力。然而对这个词所包含的价值判断——甚至在我们了解这些价值判断的依据之前，就已经妨碍了分析。当一提到“合作”时，立即就会给研究者冒着风险描述的政治现象施加了人为的道德框框，因此就会导致仅从道德角度来解释合作政治，阻止了从其他方面进行考察。历史研究者必须设问，合作者预先假设的道德准则是如何形成的，而不能事后根据这个道德准则来判定他们的行为。我们既不能接受在历史真实面前添油加醋，也不能对已发生的历史事实置若罔闻。我们的任务是透过这些人为设置的道德框框，审视其背后的政治事实，来了解实际上到底发生了什么。我必须坦白承认，在本书的写作过程中，没有办法将道德和政治完全分离开来，因为尽管它们以完全不同的方式在起作用，却常常以相同的语言表达来展开。我在本书的结尾部分将回到这个问题。

6 将道德框框从政治现象中剥离出来，会使那些习惯于接受另一种结论的人大吃一惊。例如，1970年代，法国研究维希政府的历史学家开始重新审视这段历史，得出的结论推翻了二战以来法国人许许多多坚定不移的假设。当新观点揭示出法国当局为德国人的利益而工作，特别是大多数人帮助纳粹消灭法国犹太人时，法国民众普遍产生了对维希政府的厌恶情绪。新观点还揭露了大多数法国人没有抵抗德国占领，实际上许多人还支持这种占领，这破坏了法国人一直以来引以为豪、令人欣慰的抵抗精神。在此层面上，这些研究成果强化了一个流行的看法，抵抗是道德上应该做出的正确选择。从这个意义上而言，批判“抵抗主义”（résistancialisme）——信仰所有法国人都进行了抵抗——不能改变忠诚的价值，这是法国人高尚的美德，且保留在战后一代人的理想中。然而，在批评“抵抗主义”的过程中，那些真正经历战争的人引起了人们的关注。无论如何看待这些人，公平或不公平，他们都没有达到自己一直标榜的、从战争中继承的道德标准，而这是他们快乐生活下去的精神源泉。一旦从抵抗神话中受益的那一代人去世，这些令人不愉快的、不受欢迎的观点才会公布出来，所以现阶段，法国仍专注于整理那场战争的历史遗产。[6]

与法国人相比，中国人接受占领事实方面还远远停留在早期阶段。一方面，日本人从不澄清在太平洋战争中的罪责，也从不为在中国犯下的侵略行为提供补偿，这使中国人继续感到恼火和耻辱。另一方面，许多中国人也不打算审视他们受难和抵抗的集体记忆之外的东西，而去追问战争期间的占领区内大多数民众在做什么。对海峡两岸的政治精英而言，抵抗的神话一直是强有力的道德武器，他们利用这件武器来继续维持战后的统治。国共两党各自声称是本党打败了日本帝国主义，他们都将自己的道德合法性——也就是他们统治的正当性——投注在这个上面。然而对这场战争思考，还不止于此。自战争以来，很多中国人身怀民族的羞辱感，战后中国政府的治国无方更加剧了这种羞辱感。然而，因为执着于日本人拒不承认错误、拒不偿还债务的意识，使得中国人并未仔细审查自己政府过去的行为和历史：打破关于那场战争的一般流行观点，稍稍转移对外部侵略者的谴责，并对20世纪
7 中国人对中国人的所作所为承担起责任。这有可能会暴露出隐藏于这些观点背后的政治精英的个人利益，无论是革命的还是其他方面的利益。

由于以上种种原因，中国人在编写那场战争的历史时，道德标准总是不容置疑的。那么我们要以什么方式来讲述这段历史，并思考那些被压制的记忆呢？在本书中，我的方法是撇开上层的意识形态，即每个政权用来证明自身存在正当性的依据，向下审视占领区大多数基层政府的情况。在沦陷时期的长江三角洲各城镇中，与占领者的合作似乎是真实的，而民族尊严和个人荣誉也一定会折磨这些新政权的政客们。但大多数时候，正如我们即将看到的，与日本人合作是为了应付和处理一些日常生活问题，如供给食物、组织运输、建立安全防护措施等各种事情，这是任何政权的基层官员和地方头面人物都必须解决的问题，以此来确保社会的再生产和维护既有的权益。采用从底层来透视，使合作转变成有待研究的课题，这就不是简单贴上道德败坏的标签并因此而进行谴责所能解决的问题了。当然，这并不是说，在合作的研究中，道德考量已无存在必要，而是建议我们把更多的关注放在个人做出选择的历史情境中。

暂时放弃已有的“通敌”观点，来考察基层社会的情况，将会改变故事的叙述方式，这是一个明智的决策。1937年11月至12月间，松井石根总司令指挥的从上海到南京的闪电战，仍然是一

页残酷的侵略史。但这之后，故事进入了征服后重建占领区的历史。在新的权力结构下，一部分日本人和一部分中国人通过谈判磋商，达成了一些协议，彼此之间构成了工作关系。用这种方法书写的历史是这样的：入侵者有时也是具有一定同情心的官员，招收一些同样具有同情心的地方头面人物，他们一起工作，试图修复因战争而造成的损害。通过这种叙述方法，我们将会发现，那些合作者（从某种意义上说，他们也是战争的受害者）将重新浮出历史的水面。他们是典型的实用主义者：他们寻求和解调停，为的就是能够重操生计，保护同胞，甚至投入所谓的“新中国建设”——这是不久以后日伪政府宣传员提出的口号。起初，地方秩序不稳定，没有人知道日本人的军事进攻将持续多久，甚至不知道日本人是留下来还是离开。在这场转变中，一些人孤注一掷，投靠了侵略者。1938年春，长江三角洲的局势看上去朝着有利于
日本人的方向稳定下来，这时，与新统治者合作的动机增强了。8
因此，在以下各章的个案研究中我们将会看到，由于各种各样的原因，有很多人与占领当局妥协、与占领者合作。

我在上海档案馆（该馆收藏了我研究所需要的大量档案资料）偶然碰到的一封信，描述了这种合作与妥协的复杂性。这封信是上海“浦西同人会”的成员于1939年1月递交给“占领政府”的，信中描述的是关于他们本地管理的事情。这封信是给中国官员的，但写信的人也很清楚，它一定会落到日本人手中，因此他们非常注意措辞，花言巧语，溜须拍马，竭尽奉承之能事。“展望世界的发展趋势，我们需要抓住新中国建设的精神，积极从事合作事业”，他们宣称，“帝国不仅在文化上先进，经济上强大，而且其人

民诚心坚定。作为良善的邻邦，他们正在用其辉煌的文化来指导我们辽阔国土的建设”。作者们毫不脸红也毫不隐藏他们深深涉入这场政治表演中的行为：“忠厚慈善的日本人，全心全意地投入这项工程，他们深深热爱中国。由于他们的参与，我们两个大东亚的人民将走向共同繁荣、相互扶持的光明大道，前途无量。”[7]

对如此阿谀奉承之词，我们的第一反应是谴责这些作者是地地道道的通敌分子，他们与“占领政府”已经彻底妥协了。他们甚至不厌其烦地称日本人是“友邦”，这是沦陷期间，官方文件中惯用的称呼。而且我还会立即得出结论，指出他们沉湎于毫无希望的合作中，也就是我建议暂时放弃的那种观点。我们无须假定写信人或收信人（市府当局）有过失或者轻信敌人，这只是他们之间在处理公务，不是一个人对另一个人的颂词。交流双方可能会相信所写的每个词，但我们却没有证据。我们也无须认为他们深信那些为了写而写的颂词。权当这些阿谀奉承之辞是交换条件，目的是得到他们想要的东西。在新政权中，为了需求和利益，就意味着需要鹦鹉学舌地重复日本占领者的宣传。在利益交换的场合，确保语言在政治上的恰当性，只不过是某人在新的环境里做好某件事的权宜之计。

9 浦西居民是否思考这些事情无关紧要，关键在于，与日本人合作、与日本的中国代理机构合作是占领区人们的一种生活方式。占领造成了合作，合作的需要转而又导致表面上的合作。仅仅浏览留下来的这些表面上的资料，我们很难判断这些选择了表面上的合作而掩盖事实的人，到底是因为占领造成了他们的合作，还是因为他们确实需要合作。而且，这些人可能会算计选择和冒险的得失，这可能完全不同于那些后见之明者的简单化看法，民族主义者使这一简单化看法广泛流传，而且经久不衰，这些观点又传给了我们。所有这些使我猜测，沦陷时期可能会有比我们已经接受或假设的更多的、不甚明朗的故事。

“在占领当局的监督和施压下，继续行使权力”，这是亨瑞克·德斯来夫森的定义，但很难找到一个精确的中文对应词。与西方相比，中文缺少对“collaboration”一词的讨论，无论是指狭义上的政治术语，或是指广义上的仅仅与占领者一起工作（后者已成为西方大众使用这个词时的主要意思，这个词带有一定的贬义色彩）。所以当我翻译浦西同人会的那封信，说他们宣称正准备“collaboration”的工作时，我的翻译已经不同于他们原来的意思。他们用的是一个中性的中文词汇“合作”（cooperation），意思是“一起工作”。这个词暗示着追求共同目标的双方具有平等的关系，而没有西方人在使用“collaboration”一词所带有的贬义色彩。既然“一起工作”（working together）就是“collaboration”这个词原本的意思，用于对应中文的“合作”一词最恰当不过了，只是不具有英文单词“collaboration”带有的贬义而已。“合作”这个词可能较好地表达出作者在信中所要表达的意思。

1939年5月，一个比较完整的词汇“亲日合作”，出现在“大上海青年团”的成立宣言中。这是日本军官组织的一个准军事组织。[8]“占领政府”官员和日本人也使用“提携”一词，由日本人动员成立的大民会，其章程第四条中便有这个词汇，完整的术语是“中日提携”。此章程中还用了“协力”一词，在宣布大民会的

10 任务时用了“协力提携之工作”。当被派到镇江做“宣抚”工作的加藤幸藏（请看第四章）于1939年年中回忆起他的“宣抚”工作时指出，当他听到人们将“亲善”、“提携”、“合作”这些词挂在嘴边时，简直按捺不住喜悦的心情。[9]这是新政权的话语，并不是什么羞于启口的词汇。但是如果加藤幸藏偷听镇江人之间的对话，那么他听到的一定会是另一个不同的词汇——“汉奸”，这是大多数中国人直言不讳地责骂与占领者合作的中国人用的词语——对当代中国人而言，这个词仍然代表了邪恶、欺骗和卖国。这个术语在无辜者与混蛋之间没有留下中间类型，没有留下不确定的空间，没有留下理由来回忆和追问究竟发生了什么。

1980年代以来，在欧洲，伴随着人们对战时合作行为的强烈兴趣，学者们开始争论“合作”一词的内涵和外延。从最宽泛的意义上说，这个词包括所有的合作行为，主动地、被动地与占领者一起工作，也就是说，能使占领维持下去的一切行为都包括在内。另一个极端也是最狭隘的定义，是将这个词的用法严格限制在执行占领者的任务和认同占领者的意识形态内，从这个意义上说，我建议使用更专门的“collaborationism”一词。[10]第一个定义将生活在占领区的每个人都变成了合作者，这不利于在战争中没有选择余地的普通民众；“collaborationism”一词的发明，给自愿通敌者贴上了标签，此举保护了占领政权下的大多数民众，不指责他们出卖国家利益。但它并没有使较通常意义上的“合作”作为一个问题而消失，而只是把它限定在占领政权机构中工作的中国人。不同的解释确实能将不同类型的合作者区分开来，但却给广泛谴责在战争中幸存下来的人敞开了大门。一个研究大屠杀的学者提出，所有的德国人都是“希特勒意志的刽子手”，此观点将这种“谴责”推到了极致。还有学者指责接受德国统治的法国人大多是“贝当意志的合作者”，也采用了相同的推理逻辑。[11]将大屠杀解释为大多数德国人互相串通、共谋所导致的，并把这种解释放到终极问题中审视，认为全体德国人的道德都出现了问题。如果我们能深入地研究这一问题，包括研究维希法国，我们将会发现：无辜的受害者变成了他们所期望的无辜的牺牲者。那些认为所有生活在占领区的人都是通敌者的人，是不会去设法了 11
解他们左右为难的矛盾心理的，也不去分析他们日常行为中极大的模棱两可性。当行为和动机间的所有差别都消失了的时候，我们就分不清个人实际的行为与我们认为他们应该有的行为之间的差别，因此，对行为的判定便转移到用绝对道德标准来衡量，此时，后见之明者就忽略了真实生活的选择中可能发生的意外和危险的事情。

含蓄一点来说，这个解释要求我们认真考虑，占领政权下的日常生活运作至少部分归功于被占领者所做的工作。正如迈克尔·马若斯（Michael Marrus）和罗伯特·帕斯顿（Robert Paxton）所说，占领当局不可能“仅仅依靠暴力来管理占领区。最残忍、最固执的征服者都需要地方上的向导和情报提供者。成功的占领很大程度上依赖于征服者与被征服者内部的反叛者、同情者以及野心家之间的共谋”。[12]在这里，他们倾向于上述的第二种定义，即更具限定性的合作定义，然而，如果没有限定，这一类别的合作者只包括那些非常邪恶和走向极端的少数人，是真正意义上的通敌者。

我没打算用中国的案例来支持或反对任何一个合作的定义。德斯来夫森从政治的角度来定义，即一个异国占领当局留下现存政府并力图控制它。这个定义尽管很有用，但他的理论是根据丹麦独特的战时历史背景提出的，因而有其使用上的限制。中国的战时被占领的程度比丹麦或维希法国要深刻得多（至少在1942年前是这样的，1942年后可能也是如此）。日本全面性的军事占领消除了原有政府“继续”“行使权力”的可能性，增强了占领当局的压迫感。所有这些导致中国的合作者在道德方面比丹麦合作者更容易受到指责。在当时的丹麦，合作者适当的妥协大多被人们容忍了，即使遭到后人的诟病。1937至1938年冬季，生活在长江三角洲的人们必须做出更艰难的选择。决定参与“占领政府”的人，发现自己很容易成为众矢之的，并受到死亡的威胁。

谴责那些一直与日本占领者合作的中国人卖国求荣，可能曲解了中国文化背景中意识形态的作用。“占领政府”的头头们确实发表声明，支持日本人的泛亚洲主义论调，但很难发现哪怕是为数极少的、实质性的证据来证明他们认真考虑过日本人的战略
12 目标。很多支持日本的人基本上是希望赶走蒋介石的国民政府，而不是真的接受和认同日本人的理想。中国的合作者和日本人都将合作看作是一种工具，前者还似乎有过之而无不及。这或许就是汉语语言很难造出类似英文“collaboration”（有贬义）一词的原因。在沦陷时期，所有的中国合作者都认为日本的占领是临时性的，他们在等待占领的结束，直到国家主权完全回到中国人手里——更确切地说，回到他们自己的手中。

探讨中国案例的复杂性并不是在各种有争议的定义中找到适

合的一个——这些定义是从欧洲合作经验中总结而来的，而是在最广泛的意义上让我们更好地观察，与敌人串通易受国家权力的影响，不管这个权力是国内的还是外来的。沦陷时期，政权的创建和再生产是很复杂的，并不是由少数几个道德沦丧的傀儡在外部权力的强制下草草就能成立的。其知识学背景更源远流长，中国人至少用了一千年时间发展出一套有关国家如何限制地方权力和控制地方头面人物的技巧和知识，当然国家和地方权力必须同时并存。考虑到中国政治的现实，政府权力总是被置于地方社会之外。中国政府经常由外民族入侵建立，如蒙古族、满族，尽管在战争期间，汉族人民从事抵抗活动，但一旦征服完成了，地方上的民众大体保持着一种事不关己的心态。

日本“占领政府”的建立较少依赖于合作者的动机——这通常是判断某人是不是背叛“中国”的试金石——大多取决于不得不合作的结构性环境，不管这种说法是有助于还是阻碍我们理解这一时期吉凶难卜的社会状况。我在前文就指出，是占领导致合作。占领给特定的地方精英群体提供了一些在正常的政治环境下没有的、前途未卜的机会。这种推理使我们放弃探索合作者的动机，而且还使我们远离这个问题：在中国的历史情境中，合作是由什么组成的。更为明显的是，日本占领者是通过关闭正常的政治流动和政治沟通的渠道来建立合作政府的，代之以一个全新的体制，尽管这个体制是新老职员组成的混合体。正因为此，我没有选择“合作政府”（collaboration state）这一术语（纯粹指与占领者一起工作），而是用了“占领政府”（occupation state），
意思是说，在保证占领当局的利益前提下，建立一个政权来管理 13

占领区。合作是已准备好的政治节目的必要组成部分，但与占领政权的结构和对“占领政府”的认可没有多少关系，在“占领政府”中，通常必须是占领者亲自到场。反对者用“傀儡”、“汉奸”、“卖国贼”等等的词汇指称“占领政府”的合作者。但诸如合作不合作的问题、如何合作的问题等等，都不是合作者所能选择和决定的。合作者认同“占领政府”可能只是一种伪装，用来掩饰占领者为答谢其服务而奖励的名誉和金钱，但金钱不是驱使一些人服务于“占领政府”唯一、必要或决定性的因素。本书将通过五个合作案例的研究，展现还有一些其他因素促使他们与占领者合作，这是本书的核心部分。

“占领政府”里的确有一小部分坏人，他们被塑造成想象中的道德败坏者的典型，并被进一步推而广之，认为整个“占领政府”里都充斥着这种人，这是一种不正确的道德分析方法，其评价也往往失之偏颇，不够全面。使用“占领政府”这个术语是为了更全面地理解合作行为，这样分析的好处是，将这种错误的道德分析方法转换成一种相互作用、相互包容的更广泛、更复杂的解释模式，但却不声讨其中任何个人。在长江三角洲占领政权内，即使多数中国人是随着“占领政府”的建立而掌权，还有少数人因此飞黄腾达，但他们绝不是松井石根的刽子手。用这种方法建构出的历史叙事中，也许全部、也许部分、也许没有一个人可以被称为通敌者。但不管是哪种结果，在接下来的章节里，读者您所要思考的是根据不同的地点和情境而形成的通敌合作。我的方法是为那些积极参与创建、维持“占领政府”的人保留这个术语。与此同时，我还试图长时段考察合作行为的特征，与近距离观察相对照，长时段考察的结果也许更为复杂，甚至是完全不同的特征。在我们了解他们的工作之前，我希望读者能暂时放弃这一观点，即与日本人一起工作是一种犯罪行为，当然，在这之中应该除去公然以别人的生命和尊严为代价而升官发财的人，这些人是货真价实的罪犯。我们不是要指名道姓地列出谁与日本人打过交道，而是通过这些“交道”来分析他们的所作所为究竟是好还是坏。此外，还要探索在通敌和抵抗这两个极端的选择之间存在的广阔的中间地带。

二

当我开始为这本书收集资料时，我预设故事里的主人公是长
江三角洲地区地方“占领政府”里的积极合作分子，支持和教唆 14
他们的日本“宣抚班”职员只扮演了较次要的角色。但事与愿违，有关这些人的记录少之又少。他们留下来的所有东西只有其汇报到中央政府的少数工作报告，收藏于南京第二历史档案馆和上海市档案馆。据我所知，没有一个地方上的合作者留下了他们在“占领政府”里工作的回忆录、日记、信件之类的东西。占领结束后，接踵而来的是国共内战的政治风暴，这意味着为“占领政府”工作的人不敢写，或者无法保留他们所写的东西。这些人原本就不引人注目，加之他们在战后使尽所有手段以期能不动声色地消除这些文件，这使有关合作者文献的收集工作倍加困难。

保存下来的档案并没有详细地描述合作者的个性或他们的个人观点。比如，有一位名叫苏锡文的人，是上海“占领政府”的

第一任头头，样子很枯瘦，曾就学于早稻田大学（第六章）。他经常变更自己的名字，除了“锡文”这个极具象征意义的名字外，至少还有四个化名，但很难根据这些化名来判断他的确切身份。他是上海一家道教协会的成员，这说明他与秘密会社有联系，这些联系我们甚至还没法开始研究，遑论解释了。再如陶锡三，一位留着白色胡须的慈善家，是南京“占领政府”的负责人（第五章）。他身着长袍，以慈父般的形象出现在公众面前，完全不同于穿着皮夹克的苏锡文。但我们如何能得知儒家长袍里到底藏的是什么东西呢？我们能根据他刻意打造的外表来判断他是什么样的人吗？尤其是我们得知几年后他因一次腐败丑闻而被抓捕，从而结束了他那摇摆不定的政治生涯。

我们了解最多的一位合作者是南京拍卖商王承典——“著名的吉米”，监管南京难民营的美国教授路易斯·史迈士（Lewis Smythe）很喜欢这样称呼此人。之所以能很清楚地了解他，完全是得益于认识他的南京外国人在日记和信件中所做的评价。尽管我们从西方人的著述中捕捉了他的众多侧面，但我们所了解的吉米·王仍然来自外部世界和别人对他的评价，如搬运粮食，征召妓女，为了完成某事而屈服于日本人。他是一个见风使舵的家伙，与南京黑社会有着广泛的联系，在因入侵而造成的混乱时期，黑社会给了他不同寻常的有利条件。至于他内心是如何思考周围所发生的一切，我们仍不得而知，他没有留下日记、回忆录或其他亲笔所写的文字。尽管如此，与一般人眼中多数合作者木偶般的刻板形象和命运相比，他依然是少数例外者之一。

日本“宣抚班”职员就不是这样了。那些去中国的日本人，被解放亚洲落后民众的特殊“文明使命”（mission civilitrice）所鼓舞。对于这种冒险活动，他们自然觉得有很多值得骄傲的人和事要记录下来。结果是我们了解他们更多，而对其扶植的中国人却所知甚少。后殖民时期，书写殖民地历史常常陷入这样的困境：殖民者将自己作为剧本里的主角，并按照自己的观点来讲述最有趣的故事。当然，他们想方设法避免回答我提出的“合作”问题，但一些通敌合作中难以应付的情形仍通过殖民者的记录隐隐约约地显露了出来。

日本人是两类文献里的主角。首先是“南满铁道株式会社”上海办事处编纂的报告。这是由外地工作的“宣抚员”每月送回上海的工作报告汇集而成的。这些报告送交给相应的副部长，报告相当机密，在政府档案中属于第二安全级别。其中1938年4月的十份报告是由长江三角洲地区的“宣抚班”提交的，保存在东京日本自卫队的档案馆里。还有七份是第二轮编辑的，也被保存下来，时间在1939年8月和1940年4月之间。大多数报告有详细和精确的工作计划，以及“宣抚班”职员所遇到的各种问题。这些报告很少涉及其中的日本人或中国人，那不是报告的目的。即便如此，至少还能从报告的一些地方窥视出“宣抚班”班长的个性和志向来。

以天真可爱、好奇心极强的丹阳“宣抚班”班长高田光三郎（第三章出现一次）为例。一月的工作报告间接反映了他不怎么适合分配给他的工作。当高田一行在丹阳县巡回考察到达邓巷
时，发现村民们在他们抵达前不久匆匆逃离了村庄。高田困惑不 16
解，为什么他和150名士兵的到来使村民们如此胆战心惊。他们发现了一名躲藏起来、失魂落魄的村民，逼他说出原因。他战战

兢兢地说，所有人都隐蔽起来是因为日本兵上次经过邓巷时，无缘无故地杀了三个村民。高田听完之后，好像由衷地感到惊讶。不知什么原因，处于军事占领前线的他竟然不能理解日本士兵的所作所为。这一点也不奇怪，高田在恢复本县的秩序方面几乎没有任何进展，五个月后，他离开了岗位。从那以后，他从报告中消失了。

高田个人没有记述他的经历或撰写一些东西。我们仅仅通过“宣抚”工作报告了解他的一些情况。有些人留下了回忆录，或者其他文献。在长江三角洲工作的“宣抚员”中，我发现了其中三人记述了战争期间的一些情况，他们是加藤幸藏、山崎海弘、熊谷康。我还找到了两篇战后的回忆录：一个是特务部军官冈田酉次的自传，另一个是南京特务机关长丸山进写的一系列回忆录，那是他80多岁时完成的。这些作者的目的是想证明他们的所思所想、所作所为是善意的，然而他们善意的标准却不尽相同。从我们的角度来看，这些文字并没有展示作者们好的一面，尤其是在战争期间所写的东西。山崎海弘的书使他看上去像个小丑。他太急切以至于描述不清年轻日本“健儿”在战场上的故事。在他的笔下，他急于告诉人们一些战争故事，那些士兵们如何以牙还牙的事迹，他的故事里经常会有一些精辟的思想，供人们在抽香烟时回味。并且他对年轻的中国人抱有太多不切实际的幻想，他坚信如果游击队不杀他们的话，他们能将中国带到辉煌的未来，并与日本站在同一条战线上。在此书中，作者有一张装腔作势的照片。照片中的他咧嘴大笑，在一个校园里为一群中国孩子演奏手风琴，这张照片好像只能给人留下假仁假义、优越感作祟的印象。山崎海弘只要有可能便夸大自己的重要性和洞察力。

熊谷康回忆录的记述风格是完全两样的，展现出他与山崎海弘全然不同的个性。熊谷康成功地把握了记述的分寸，避免夸大其词，并发自内心来谈论他认为自己该做的事，以及他感到为什么必须这么做，同时还揭示了“宣抚班”遇到的各种困难。他在中国寻觅他所能感受到的属于亚洲文化圈的特质，为日本国建立东亚共荣圈提供依据。他发现且相信，中国农民有此特质，他们 17
很务实，远离现代时尚生活。对熊谷康而言，所谓的时尚生活，是由受过教育的都市人对现代西方生活方式的拙劣模仿。熊谷康非常受不了这群都市人，这是有原因的，因为他与其中一些人开过会，且是一次失败的协商（见第三章）。反过来看，这些都市人也都很讨厌他。在记述中，尽管偶尔会有一些感情强烈的评论，但熊谷康还是认真地将他和“宣抚班”所做的工作展现给读者。他非常担心日本读者瞧不起中国和中国人，认为这是由他们长期以来所接受的教育和思想灌输造成的，并提醒他们如果真正希望中国人民与日本人民一起为中日共同繁荣而战斗，就必须改变他们的思维方式。熊谷康在1943年出版了回忆录，此时，中日双方转变思维方式的希望日益暗淡。因此他急切地向日本人解释，不能完全期望中国人按照他们的要求来做。在改造中国人之前，日本人首先得学会爱护他们。一个日本人能这样想并不简单，即使是毫无希望的理想主义，但这种建议是不可能被接受的，甚至是否有人能看到这种建议都值得怀疑。也许人们还想知道那些对日本兵暴行略有所知的人是什么态度——从日本兵1937年11月侵占嘉定开始，也是熊谷康最初抵达嘉定之时，到他次年四月份离开，日本兵也许杀害了一万多嘉定老百姓。

中国人的记述更让人难以捉摸。除了五个有力的目击证人关于南京占领的记述外——这已经印刷出版，被广泛用来建构南京大屠杀的历史——我没有找到其他的回忆录，直到2001年秋，时值研究的尾声，我才在上海接触到两份回忆录。第一份回忆录是张怿伯所写。张怿伯是镇江一个小业主，日军逼近镇江（在南京沦陷前五天被日军占领）时，他选择留下来。他的《镇江沦陷记》是一部极具说服力的记述，控诉了占领者的兽行及其胜利的残酷性，中国损失惨重，日本死不悔改。我在第四章大量引用此书。张怿伯不只讲述了这些事，主要还是想引发大规模的政治效果，他利用日军的暴行使中国人坚信，他们不能接受日本人的侵略，除了抵制，别无选择。1938年夏，这本小册子的第一版面世。同年11月，第三版刊行并附上了美国传教士约翰·马吉（John Magee）的《南京屠城记》，这部屠城记在这之前曾发表在
18 上海的一家报纸上。在张怿伯看来，暴行接踵而来，而且呈日益扩大之势。暴行在不同的地方发生无关紧要，重要的是要创造一系列无漏洞的证据来反对日本人的行为。他希望唤起行动，而不是做一份档案文件。“吾国春秋大义，有九世复仇之古训”，他在此书的序言中写道，“为国复仇，虽百世可也。我们对于日本的深仇大恨，过去，现在，真数不尽。”[13]

另一个很有用的回忆录是李鹤庐的《崇明沦陷记》，是第七章的主要材料。和张怿伯一样，李鹤庐也是从底层来叙述占领的经历。如果说他的记述风格有所不同的话，部分是因为他的回忆录是战后才写的。动员抵抗日本侵略者不是他所关心的，他的目的

是揭露沦陷期间崇明岛上那些利用占领机会与日本勾结或自称是游击队的人，后者自称抗日英雄，而在战争期间以勒索人民为能事，日本占领者说他们是“盗匪”。这种描述很恰当。沦陷期间，李鹤庐的生命财产受到的威胁不是来自日本兵，而是来自闯入他家勒索钱财的游击队，勒索的理由是他不支持抗日运动。李鹤庐拍桌大骂，你们这些游击队为什么要抢劫不与日本人合作的人（真正的通敌者全都有保镖）。开始局面可能闹得很僵，但没有继续恶化下去。李很幸运，游击队首领遭到讽刺，但并不在意，他大笑道：“此书生，固无害于我者”，与他的同伴扬长而去。李鹤庐的生活、财富毫发未伤，且留下了小命来写这个故事。

回忆录所记述的内容和“宣抚班”职员所汇报的东西不同。在李鹤庐记述的崇明，没有相应的日本人记录与其做比较。然而，在张怿伯的镇江，却有三份：两份“宣抚班”的报告，分别是1938年和1939年所写的；另一份加藤幸藏的回忆录，内容简短，1939年发表在南京的一家官方报纸上。在重构镇江占领史时，我从这两份比较机密的“宣抚”工作报告开始。它们引导我得出这样的结论：日军没有像毁灭其他城市那样来摧毁这座城市。在镇江，几乎没有暴行，恢复工作相对平稳地进行着。我在加藤的回忆录中也看出了类似的情形。加藤坚持说，镇江没有遭到战争的毁灭性打击。对他来说，主要的挑战是能找到一名符合自己要求 19
的合作者来管理政府机构。接着我读到了张怿伯的悲惨描述，在日本兵的控制时期，本市居民饱受煎熬，躲在储藏室的老人被枪杀，八岁的小女孩被强奸，屋子里被抢劫一空，甚至电灯泡都被拿走了。他和加藤谈论的好像是完全不同的地方——在某种意义上确实是不同的地方：张的愤怒之火是被日本接管时的枪林弹雨点燃的，而加藤抵达的时间是占领五个星期后，这时情形已经稳定下来，重点是重建，而不是破坏。无论如何，不能指望加藤和张怿伯有相同的看法。为“占领政府”服务的人需要挑选一些东西来拼凑和平的假象；而不为“占领政府”服务的人，站在全然不同的角度，没必要平息怒火，装作无关痛痒的样子。

三

我研究这些案例时遇到了这样一个挑战（但部分案例除外，如镇江和南京），即如何从中日两方截然不同的观点中看出二者的合作关系。当两方现存的资料不平衡时，这样做尤其困难。解决此类困难的部分方法是，当我在研究此案例时，可以从其他案例中暂时找一个替代品，希望替代品能提供整个事件的来龙去脉，并帮助我在资料缺乏和取舍时保持警觉。要在资料（无论作者是谁）所告诉我的和我对实际情况的理解之间保持一定的距离，这是另一种挑战。即使在最佳的情况下，两者也从未一致，更何况是身处敌我两极的人，他们的看法当然大相径庭。因此，我的另一方法就是寻找意想不到的收获，因为一些资料会偏离言说者本意。当作者认识到他专注的目标或献身的事业或必须要讲述的故事是不完整的时候，当帮助人的人也做了伤害人的事、从事破坏活动的人也有设法做好事的时候，这种收获就出现了。

张怿伯的镇江记述里就有几处这种“那一刻”，其中之一出自于占领一个月后，最混乱的时期已经过去之时。

> 一月九日十日，有兵住寄宿舍，笔者见职员某与兵笔谈，兵有 20
> 写“中日快快和平”于怀中簿上，旋即涂去，似畏别人看见者；有时闲谈，自怀中取出其妻照片，给人阅看，称道其家庭乐事者；有列举其家中有牛若干，鸡若干，竹园若干，表示其为富农者；有谈及上海南市全毁于火，表示惋惜者。种种谈吐，其希望和平，厌战思归之情，不期自然流露。[14]

与被占领者之间的谈心揭露了日本兵的主观感受，有助于打破大众中流行的有关英雄和坏蛋的刻板印象。然而这些小插曲，并不能消除由战争带来的占领者和被占领者之间的不平等关系。抱有善意的日本人经常面对这些尴尬和障碍，然而，他们越过不平等和国族间的差异，来寻找日本与中国的相同点。与此同时，一个中国观察者自发性地记录了“那一刻”，提醒我们沦陷时期、占领者内部的复杂性。

日本人的策略是宣传他们与中国人在文化上和种族上是相同的。用“同文”（使用相同文字的人）和“同种”（同一种族的人）来表达这一意图。后者是一个现代的词汇，但“同文”有两千年的历史，显示了文字能将不同的人们纳入中国天朝文化典章制度之下的力量。引申这个词义的目的是指中国人与日本人具有共同的文化，这在战争和占领情境下有点牵强附会。日本人从“同文”这个较深层次上来认同中国，似乎只增强了其文化来源于中国的焦虑感。自日本开启现代化运动以来，他们一直不遗余力地抵制这种观念。提出“同文”，在他们看来，将取得辉煌成就的日本置于贫弱落后的中国之下，是在抬举中国人。对中国人而言，他们一直生活在日本人的阴影下，这种花言巧语对他们几乎没有吸引力。他们感觉没有必要与用武力侵占他国的亚洲人（指日本人）成为一体，也不喜欢为了迎合别人而压制差异、为了同一性而隐藏自己。

21 有少数合作者用与日本人“同种”的观点，来对付西方的种族歧视。这确实便于他们利用日本的存在来反对西方的租界和不平等条约。[15]然而除了在宣传材料里，没有发现全面表述这种观点的文章。例如，1939年5月，大上海青年团的成立宣言就采用了这种观点。这个青年团是一个准军事组织，在上海郊区的农村活动。其宣言声称同文同种是亚洲人反殖民主义的基础：

> 自从中国成为苏俄英法美之走狗，东亚兄弟便陷入了令人扼腕、两败俱伤的冲突中。中日两国，同文同种，唇齿相依，在危难时期互帮互助。英法使我们的民众陷入贫困，使我们的财富消耗殆尽。[16]

张怿伯没有用“唇齿相依”而是引用了另一个不同的词语——“非我族类”，来表达其种族观念。这个词语产生于两千五百年前，当时长江南北的文化大相径庭，长江以北的人无法想象他们与长江以南的人有什么共同点，便用了这个古老的词汇来表达他们之间的不同点。张怿伯在记述沦陷时期的镇江时，好几次用了这一术语。[17]这个术语并不是表达现代意义上的优生学——“族类”翻译成现代英语，最好用“species”而不是“race”——但有一点很清楚，中国人和日本人之间没有共同点。实际上，中国人大多不屑于“同种”的口号，日本人的所作所为也使中国人对“同种”主张更加反感，只要诸如熊谷康等“宣抚”人员坚持认为日军发动的这场战争是为了中国的利益，那么这种抵制就会一直存在。沦陷时期不可能有平等，屈尊不可能有手足之情。只要日本官兵对无故杀害中国老百姓和其他非战斗人员无动于衷，这种障碍就会永远存在下去。张怿伯在回忆录中描写了手下的一名职员：他因妻子被掳，家被烧，逃到亲戚家躲藏，当 22
日本人夺门而入时，最先看到他，便开枪打死。其他人问那个日本兵为什么要这么做，这个日本兵回答：杀死一个中国人与杀死一条狗没有什么两样。[18]

摆脱这个难以忍受的局面的唯一方法就是结束战争，正如扎营在张怿伯工厂的日本兵所暗示的那样。中国人想要的和平，或许不是日本兵暗地里透露给工厂工人的那种和平。和平有各种各样的条件，并不是所有的条件都是对等的。有一种和平是结束流血，但日军将继续占领中国，即和平占领中国。还有一种相对较好的和平：新殖民主义和平，日本军队撤出中国，结束公开的军事占领，但日本的影响可能还存在。到1940年，日本部分军事领导人支持这种选择，新当权的南京汪精卫“国民政府”也大加倡导，但这种和平从未获取大多数日本掌权者的支持。大多数中国人理解的最好的和平是将日本人赶走并完全消除其影响，即无条件和平，这只有等到日本在太平洋战争中被彻底打败后才能到来。

1937年至1945年间，长江三角洲地区的大多数民众最渴望的是休战。在被占领后的一两年，他们就已明白，中国没有能力单独迫使日本人撤出中国。张怿伯甚至渐渐注意到其背井离乡的逆向性，尤其当镇江的秩序已经恢复时。他说，他“总计留住江北四年余，其初年余，尚属平安，至后时有危险，到处漂泊，生活极不安定，而彼时镇江情况，则较江北安靖，故我仍不回南，仿佛与趋安避危立于相反地位，盖有不得已者在耳”。最终，张怿伯选择了安全稳定的镇江，回到家中，仍然拒绝合作。迟至1945年7月，他还与一个不怀好意、企图接管其工厂的日本人作斗争。日本人试图没收他的物业，将之改建成工业酒精蒸馏厂，为侵略战争服务。但张宣布，日本人要没收就没收，但他绝对不会签署合同，合法转让酒精厂。他的拒绝如他所说“无异以卵敌石”。[19]对他来说非常幸运的是，在卵被击碎之前，日本投降了。

23 尽管弱者的反抗不能将日军驱逐出中国，但却使日本占领者焦头烂额，派去恢复占领区秩序和经济的日本“宣抚”人员就被这种状况所困扰。从一开始——读者几乎在每一章都会看到——“宣抚”人员感觉自己很不喜欢所处的环境。他们不得不容忍前来投效的地方人士，这些人大多是最缺德的投机家，没有一技之长，没有工作能力。“宣抚”人员处处面对着没完没了的猜疑和不信任，无法让其合作伙伴言听计从，不折不扣地执行命令。他们每前进一步所得到的立足点，一旦离开去建立下一个时就被摧毁。他们不得不在意识形态使命和控制中国而不得的焦虑心情之间做出妥协。如果占领创造了从基层社会开始的合作，那么就需要上层政府做出妥协，两者都是没有根基、不牢靠的安排，都不会有满意的结果。浮夸自负的山崎海弘和贪财图利的苏锡文或许比较满意占领的形势，但是本书中的其他一些人物，不论是日本人还是中国人，都不喜欢他们正在从事的“事业”。有些人只想尽到自己的责任，有些人自私自利，有些人认为他们所做的事是抵制，其他一些人纯粹是求生保命。每个人都被笼罩在前途未卜的浓浓烟雾里，这个烟雾只有将日本占领者赶出中国才会消散。

四

细心的读者会留意到，到目前为止，书中所列举的人物全是男性。导致这种性别不平衡的部分原因是本书的论述集中于占领初期，这是军事入侵阶段，行动的决定力量是军事暴力和政治交易。传统上，女性在这些领域的作用并不起眼。当然，不起眼并不能保护她们免于飞机的轰炸、大炮的袭击，以及大火的燃烧。随后强奸发生了，日本兵对待中国男性和女性的身体是不同的。男性、女性的身体都被践踏摧残了，但却有不同的象征意义。

兵役年龄的男性被枪杀或被抓去做壮丁，因为他们是国家的士兵或准士兵。生育年龄的妇女被强奸或者强迫其做妓女，因为她们是国家人口的来源或即将为国家带来人口。因此，强奸的大规模上演是作为一种征服的象征，这不仅仅是男性性饥渴的释放，它还是一种羞辱的行为。日本兵强奸的是中国女人的身体，但羞辱的是中国的男人，这证明了他们在各方面都没有能力。在 24
张怿伯的《镇江沦陷记》中，这种象征是最令人讨厌和恶心的。他给我们讲述了这样一个故事：一对夫妻提着一篮黄瓜去镇江市内出售，在城门口被日本兵拦下，在大庭广众之下被剥去衣裤，且强迫他们裸体在太阳底下晒好几个小时。一个士兵用黄瓜插入女人阴部，拔出后令男人吃下黄瓜，男人拒绝，立即被开枪打死。女人是施暴的对象，男人是羞辱的目标，这个公式可以被放大到对中国国家的蔑视和羞辱。[20]这个故事是张怿伯听别人说的，但他深信确有此事发生。他相信这是可能的，是因为这次特殊事件真实地反映了男人和女人的身体以不同的方式遭受凌辱的过程。

对女性而言，强暴意味着她们将遭受较高的性攻击率；而对男性来说，则是较高的死亡率。有人估计，南京沦陷时期，男女死亡的比例是三比一。[21]与之相伴随的现象是女人失去父亲、丈夫或兄弟的可能性要比男人高，而且她们经常发现家中无收入来源。这种差异在南京难民营中无家可归者的性别比上也有所反映，女人与男人的比例是二比一，这是南京被占领一年后统计的。[22]

除了军事入侵阶段外，妇女在整个沦陷时期还遭受怎样的影响呢？这更难描述。研究维希法国的汉纳·戴蒙德（Hanna Diamond）得出了这样的看法：占领状态下的妇女“必须做出选择，其选择的环境与男人完全不同，女人之间或女人和男人之间，不论在合作还是抵抗方面，出发点都不相同”。[23]然而由于我们还没有开始书写沦陷时期中国的社会史，对于占领状态下妇女的社会和经济生活、她们不得不面对和做出的选择等，我们依然一无所知。我们可以采纳戴蒙德的观点：法国妇女聚集在一起，向当局请愿释放她们的丈夫，这是对“占领政府”抱有希望而不是抵抗它。1938年春，南京的妇女在美国传教士明妮·魏特琳（Minnie Vautrin）[24]的领导下，也采取类似的行动。但当我们了解更多沦陷时期妇女的生活状况时，才得知这件事只是处于计划阶

段的，还没有付诸行动。尽管如此，戴蒙德关于法国妇女的研究 25
结论仍适合我的案例，即合作对男性更有吸引力。“尽管一些特殊形式的合作有性别要求，但相对而言，只有很少的女性加入‘占领政府’的团体，很少的妇女卷入到正规的政治组织中。另一方面，男人似乎较多地参与到有组织的合作中。”男人公共生活的训练使他们更有可能参与合作，而女性被排除在政治生活和意识形态斗争之外，使她们免除了这些纠缠和麻烦。

在地方合作故事里，妇女不是唯一不起眼的社会群体，儿童更少出现在人们的视野中。战争期间，能事先将孩子送到其他地方避难的父母都这样做了，但大多数的孩子没有这样的机会。一些孩子在战乱中并没有受伤，但却被有心人利用他们的单纯来做宣传照。但很多孩子流离失所，失去亲人，饱受身心创伤。难民营的报告偶尔也会提到他们。在日军第一波的袭击中，有关他们状况的报告好像不存在。早在1938年4月，“中国战时儿童救济协会”便成立，它宣布总共有37,253名孤儿。这只是大上海地区的 26
统计数据，不包括被其他家庭收留的孩子。

直接遭受战争灾难的孩子，将终身被沦陷时期的残酷记忆所折磨。李植中亲眼目睹了镇江的沦陷，那年他12岁。50多年后，在一篇短小的回忆录中写到，他印象最深的是1937年11月27日那天晚上。那天，日机投了上百枚炸弹，轮番轰炸镇江。晚上，他母亲领着他们兄妹三人躲在防空洞里，洞土簌簌地往下掉。他回忆道，每个人都害怕极了，不敢哭出声来。他还记得一颗炸弹在防空洞的上方爆炸，一些孩子都吓得尿裤子了——或许是他自己？当空袭结束后，他们从泥泞的藏身之处出来时，发现在不远处的地方被炸死了60多人。半个世纪后他回忆道，“许多经历至今仍历历在目”，那些恐怖可怕的事情“一辈子也不会忘却的”。[25]

五

证明日本人的残暴并非本书讨论的主要议题。本书希望研究合作的过程：中国人是如何接受合作的？以及日本人是如何组织和控制合作的？我们不像民族主义者叙述的那样，从遗留下来的“占领政府”档案里来寻找合作者的堕落，而是从基层、从一开始来探索合作的过程，那时，没有人知道入侵在空间上将会延伸多广、在时间上将会持续多久，而且也没有人知道中国人和日本人的利益的交织会变得那么复杂。战争和占领是日本从上面强加而来的，当地方人士被迫应付时，合作便产生了。因此，我采用个案研究方法，来探索“占领政府”县一级基层政权，从这里我们会发现合作的所有特征：误解、错误的开端、笨拙的妥协等等。

在广泛阅览中国、日本、北美档案馆和图书馆所藏的资料后，我选择了这几个地方进行个案研究。在仔细阅读搜集的资料时，我曾决定选择长江三角洲地区的七个城市和县作为研究重点。做出这样的选择不是因为这些地方具有典型性和独特性，而主要是考虑到这些地方资料比较丰富，能比较清晰反映出当地人在面对
27 军事占领时的所作所为，以及日本“宣抚班”职员招募和指导他们时的所思所想。在写作本书时，我最终选择了五个地方，因为这五个案例已充分展现了本书主题，手头的资料只允许我做这样的主题分析。原初打算写七个地方，最后还是去掉两个，因为它

们在很大程度上与本书的案例重复。

第一个案例是嘉定，它是长江三角洲东面的一个小县，位于上海的边缘。日军攻打南京前，事先占领了几个县，嘉定是其中之一。我选择它是因为熊谷康曾被派到此处，他的回忆录在所有日本“宣抚班”职员之中是最有趣的。我们对嘉定所知甚少，这个回忆录是唯一资料。第一个案例主要展现长江三角洲各县“宣抚”过程的主要特征。

第二个案例是镇江，它是长江三角洲西面一个中等规模的县，位于南京的下游，也是中支派遣军袭击首都南京之前最后占领的最重要城市。1937年前，它一直是江苏省省会所在地，但对历史学家来说，最具吸引力的是张怿伯的回忆录，他站在中国人的立场上来记述这场战争。

第三个案例是南京，其特殊性在于当时它是中国的首都，而且还有20多个西方人介入了占领过程，并记录了占领政治的复杂性，他们比长江三角洲其他地区的所有观察者都更直言不讳。日本士兵在南京犯下了令人发指、空前规模的滔天罪行，这使此处与其他占领区有许多不同点，尽管多数人只选择它作为征服者的暴力，以及对被征服者的屈辱的典型。

第四个案例，我们又回到东面的上海。上海情况很复杂，部分是因为占领前后其权力的断裂，部分是因为现存档案资料的质量问题及其自相矛盾。1937至1938年冬季，只有公共租界之外的一部分城区在“占领政府”的统治下。与此同时，有少量的“宣抚”人员向郊区城镇推进。在拼凑“占领政府”的过程中，中央和地方各不相让，矛盾迭起，机构重叠。我的目标不是完整地再现它们，而是有选择性地探讨市区合作过程的重要方面。

最后一个案例是位于长江出海口的一个岛屿——崇明县。尽
28 管崇明与上海联系密切，但却是边缘与中心的联系。正因为其政治经济都处于长江三角洲的边缘地带，崇明对占领者和被占领者来说都具有不同寻常的地位。其不同寻常还在于，它保留了唯一一篇从农村的角度来记述占领区生活的回忆录。李鹤庐在其回忆录中与张怿伯一样抨击合作者，因为有较长时间的反思后，他更加怀疑那些号称代表抵抗力量的人，尽管（或许正因为？）崇明是长江三角洲地区较少几个坚持抗战到底的地方。

当我在研究这五个案例时，五个主题浮现了出来。说“浮现”并不是过分强调主题呈现的过程。研究合作问题的起因与我阅读大量的欧洲合作文学作品有关，但本书所“浮现”的五个主题应归功于我搜集来的中日文资料。这不是我特意要寻找的主题，但它们越来越清晰地展现了占领者—合作者周围及其内部的紧张关系和问题。这五个主题没有描绘出合作关系的全貌，但确实把握住了这种关系的暧昧、麻烦、复杂。

第一个主题我称之为“外观”。打造一个政权的“外观”是合作双方每个人必须努力奋斗的目标，且必须一开始就要迅速完成。军事入侵中断了社会的正常运转机能，任何“占领政府”的第一项任务便是扭转这种局面，将占领者的军事入侵带入正常的社会生活，并为通敌者获得突如其来的权力提供合法性支持。交易双方需要尽快成立政权机构，这意味着他们将不得不接受一些权宜之计和折中妥协，这是双方都不乐意干的事。“外观”意在回答这样一个问题：通常情况下，为什么合作政府不具有合法性，而且

不能行使行政权力。熊谷康直言不讳地道出了他为打造嘉定县的“外观”所遇到的重重困难，尽管他费了九牛二虎之力。这也是为什么我选择“外观”作为第一个案例主题的原因所在。

第二个主题是“成本”。日本军方的期望很明确，占领应该能带来经济上的利益。但入侵的成本巨大：军队需要装备，士兵需要粮食，而且日军造成的破坏需要修复。此时，政府的正常税收渠道却不能带来财政收入。在这样的情况下，合作者要恢复地 29
方经济，重建税收体系，满足占领者的物质需求。普遍的看法是合作者在做这些工作时，顺便也为自己捞取了财富，因此又增加了另一项成本，这也必须由地方财政来负担。成本是追问“占领政府”在财政上能否自立自主且又为谁而自立自主的问题。早期“占领政府”很少有财政记录，但镇江却有一些，所以选择这个地方探讨“成本”这个主题。

通敌合作是中国人与日本人相遇时的一个可能选择，但那些没有选择合作的人，并没有因此而免于同双方的瓜葛和纠缠。“共谋”——本书的第三个主题，主要探索所有无法逃避但又不得不卷入地方政治舞台的人，以及他们之间的错综复杂关系。如果给合作者下这样的定义，即他们是被迫与占领者一起工作的人，反之，即非合作者就是不与占领者合作的人。然而，事实情况并非如此，非合作者也间接地与日本占领者和合作者发生关系。占领者需要物资支持，至少需要被占领者的顺从；而非合作者也不得不求生，反过来他们也需要合作者所提供的民政设施。因此，拒绝合作的人被迫对占领者做出一些让步，且必须对合作者做出一定程度的妥协。每个人，甚至那些抵抗者，也不得不卷入合作政治所编织的网络中。第三个主题探讨“共谋”，选择南京作个案。在南京，非通敌者的西方人和中国人与日本人合作，贯穿于整个地方政治活动的过程中。

共谋总会导致个人和群体之间为权力、各种资源而你争我夺，甚至为争取占领者所声称的保护而相互竞争。因此，第四个主题是“竞争”。这个主题是考察合作政治实际上演的过程。合作者与占领者、合作者自身以及合作者与非合作者之间，为利用或控制稀有政治和经济资源而互不相让。已收集的1937至1938年间上海地区的资料，有助于这个主题的研究。我经常发现，试图区分货真价实的通敌者与那些只是做做样子、表面上与日本合作的人是不可能的，因为为了得到自身的利益，二者都在同一个政治舞台上、采用相同语言和姿态为自己的利益而斗争。

30 我的第五个主题是“抵抗”。抵抗是过去抗日战争史大力研究的课题，这促使我们去寻找这样一个案例，恰好长江三角洲有一个地方，而且是一个差不多连续不断进行抵抗的地方，占领政权试图做的每件事，都遭到抵抗者的打击。抵抗在削弱和驱逐占领者方面作用有限，但它给中国人施加了压力，提醒他们，除了合作，还有其他的道路可走。我选择崇明岛来研究这一主题。它地处长江三角洲的边缘，与其他地方相比，此处的抵抗将遭受较小的惩罚和报复。本章的目的不是重构崇明抵抗运动的完整画面，也不是评估抵抗的效果，而是探讨这样一个问题：连续不断的抵抗给“占领政府”的工作带来多少冲击？它削弱了合作者的意志了吗？或者它只是驱使合作者与占领者保持更紧密的关系？

在这本书的写作过程中，我发现在某一地方所发生的事，以非常相似的方式在另一个地方也发生了。占领者在每个地方面临着大体相同的问题。日本“宣抚班”草草制订计划，匆匆忙忙开始工作，我在第二章将重构这一过程。虽然每个“宣抚班”职员需要处理各地偶发的特殊事情，但总体而言，各地的“宣抚”过程大同小异。然而，研究这段历史令我吃惊的不是“宣抚”工作的雷同，而是在日本占领的每一个县、每个地方都有一部分的头面人物按其商人的本性前来和新政权做交易，每次谈判都有其特殊的安排，然而，最终的结果都极为相似，即“占领政府”的组建。尽管如此，注意这些细节是有意义的。只有通过细节，我们才能判断地方头面人物的所作所为，他们有时顺从，有时抵制，一个“占领政府”是不那么容易接受通常的安抚方式的。只有通过细节，我们才学会质疑想当然的事，并且认识到将抵抗和通敌视为水火不容、完全对立的两极是很少与事实相符的。

1970年代以来，研究欧洲二战史的历史学家开始关注和研究合作问题，并取得了丰硕的成果。认真仔细阅读他们的论文就会发现，他们确实将人们所熟知的两极问题变成了恼人的不确定问题。罗德里克·科德华（Roderick Kedward）研究这个有争议的问题已有十年了，他谨慎地建议道：“或许这个不确定的灌木丛就是树林的心脏，是他们真正体验了沦陷时期的酸甜苦辣。”或许，这副山水画上的主要标志不再是“人们熟知的通敌和抵抗之树”。[26] 31
他的假设得到了后来研究者的印证。研究德国占领欧洲地方史的学者，揭示出了一个无比复杂的世界，远远超过战后一代人的认识。在那个世界里，芸芸众生在通敌和抵抗之间奋力挣扎，设法应付，做出让步和妥协，保持较低的姿态，甚至心甘情愿的通敌者也试图在通敌和抵抗之间取得某种平衡，而不是不顾一切地倒向占领者。

日本占领中国史的研究还刚刚起步。[27]但到目前为止，我在日本和中国档案馆里所搜集的资料，间接表明了科德华所提出的不确定性观点，他研究纳粹占领欧洲时期所得出的结论同样适合日本占领中国的历史。这儿有通敌，有抵抗，但两者之外的其他行为要多得多，例如“合作”。而通敌也不能简单地看作是抵抗的对立面。“合作”真实发生了，且“合作”不一定亦不总是对占领区具有破坏性作用（而一直以来都假设他们对抗战具有负面作用），这两种观点都侵蚀了民族主义历史编写者所钟爱的真理，我将在结语中探讨这一问题。我选择研究合作问题，不是开释或谴责那些与日本人一起工作的人，而是试图稍稍转移抵抗主义者关于战争的叙述。与人们较熟悉的抗日故事一样，占领区的是是非非也是1937至1945年间中国历史的有机组成部分，我们也应设法了解其中发生的人和事。徘徊在这些模糊不清的灌木丛中，我们将发现人们到底做了什么，以及他们对自己的所作所为如何言说。只要我们闭上双眼，这些人和事就迅速聚集起来。但最好是睁开双眼，来看看究竟发生了什么。

第二章　计划

日本为了获得更多的资源和市场，增强其实力，需将其他帝国 32
主义的竞争者驱逐出东亚，1937年至1938年冬，占领长江三角洲便是这个计划的组成部分。此项计划起源于19世纪末日本侵占朝鲜，1931年日军加快了入侵中国大陆的步伐，占领了中国东北各省，并扶植清朝最后一个皇帝建立满洲傀儡政府。与日本较早期的殖民地台湾（1895年日本通过条约得到这个宝岛）和朝鲜（1910年占领）不同，“满洲国”没有被纳入日本的领土。第一次世界大战后，威尔逊关于民族自决权的学说很有影响力，日本没有把满洲降为日本的一个省或保护国的身份。日本不得不成立一个“独立”的国家，这就是从英语世界里购买来的、混乱的、罗马化的“满洲国”。

但是这个计谋没有得逞。正如日本满洲特务部部长于1932年简述的那样：除了罗马教廷，其他国家都没有接受“新满洲国是人民革命的产物，日本人只是顾问”的说法。[1]在通常的看法中，它是一个傀儡政权，为日本人所拥有，由日本人操纵，但这个谎言对日本而言关系重大，它既能行使殖民权力，表面看去又不像这回事。即使是李顿的国际调查团（由国际联盟派遣的）也没有从正面施加有意义的影响。日本转移了对它的温和的责难，生活在“满洲国”下的中国人发现他们在一个重新登基的、伪称是政府首脑的满洲皇帝的统治之下。

33 1931年日本占领东北地区，是六年后全面入侵中国领土的一系列侵略行为的第一次。1937年7月首先攻打北京，接着于8月攻打上海。北京几乎一枪未发就沦陷了，但是上海的防守部队阻止了日军的优势火力。起初上海的战事主要集中在沪北，一直持续到11月的第一个星期。当日军沿杭州湾从侧面登陆，才首次接近上海南市区，接着日军沿着长江口的南岸到达沪北。11月11日布防于上海外围的中国军队崩溃，防御设施瘫痪，通往南京的大道敞开。上海远征军此时改编为“中支派遣军”（the Central China Area Army），横扫长江三角洲，沿着一个接着一个县城向西推进。它的目标是南京，但此时仍未宣布。如果中国政府还不无条件答应日本的要求，将其政府和经济置于日本人的托管之下，那么军事入侵就不能立即过渡到占领阶段。中国国民党总裁和政府首脑蒋介石态度坚决。军事上的失败迫使他迁都到西部，但他没有屈服于这些要求。

整个秋季，日本政府和军队之间围着日本下一步该如何行动而争论不休。战场上的胜利使大多数人在有限战争和全面战争之间摇摆不定。东京最高指挥部于1937年12月1日下达了具有决定性意义的两项指示，一项给“北支派遣军”（the North China Area Army），命令它在北京组建政权机构；一项给中支派遣军司令官松井石根将军，让他夺取南京。[2]有了这些指示，战争由迫使中国政府让步的惩罚性入侵，转移到推翻国民政府的统治，代之以日本指导下的政权。至少上海特务部一个军官将攻打南京的命令看作是彻底改变军事方针，即否定了军部温和派的主张：限制或倡导和平方式解决中日冲突。[3]日本人的政治野心和军事暴力同时释放，已无路可退了。

入侵是一回事，占领是另外一回事。入侵是动员大量的军队从军事上打败对手；而占领意味着将注意力由士兵转向民众，并且建 34
立机构来管理被征服的领土。可是建立什么样的占领区呢？是组建另一个“满洲国”，由日本人亲自建立行政机构，安排中国人和满洲傀儡建立个殖民政府？建立这样的虚体不是日本政府的初衷。尤其是日本海军，一直抵制在亚洲大陆派驻部队保护另一个傀儡政权，因为这需要承诺给予军事上的支持，会减弱日本在其他地区的行动能力。迟至1938年3月，上海中支舰队司令官发电报给副部长，警告道，日军倾向于将北支变成“第二个满洲国”，东京应该限制这种野心。司令官说，如果按这个方向走下去，那就导致“灾难”[4]。日本应该坚持推翻蒋介石政府的目标，寻找一个顺从于日本并能满足日本需求的人取代蒋介石，而不是卷入到扶植傀儡政权的事务中。然而，随着国民政府的败退而不是投降，日军选定的“中支”面临的却是一个政治真空。[5]如果中国人要返回的话，这个政治真空必须填满。国民党内没有出现派系来组织另一个政府，日本人不得不亲自着手此事。日军在长江三角洲首次一边进行全方位的战争，一边征召合作者建立新的、顺从的政权。

一

1937年12月8日，南满铁道株式会社的30名日本职员抵达上海，他们是从“满洲国”的大连港乘船而来的。[6]他们的任务是从事日本人所称的“宣抚工作”。这些人（其中没有女人，既没有女职员，也没有男职员的妻子）在接下来的几天或几周内被派往长江三角洲的一些较大的城市和县城，重建社会秩序。随后的几个月内，从他们送回上海的工作报告里断断续续的评述可以看到，他们几乎没有任何思想准备，对军队造成的破坏所知甚少，而这些破坏都等着他们去修复。在他们抵达上海的前三周，中支派遣军攻破该市周围中国人的防御工程。当它稳步扩大内地的占领区
35 域时，军队便需要有技能的人：他们能了解中华帝国的特点，熟悉中国，有中国生活的经历，会说汉语等。北支派遣军在北京比较容易从“满洲国”得到这些有技能的官员，利用他们来做“宣抚”工作。中支派遣军就没有这么运气了。它求助于南满铁道株式会社（SMR是英文简写，但我将利用更通用的日文缩写——“满铁”）寻找“宣抚班”职员。

南满铁道株式会社原先是俄罗斯的一家企业，日本打败俄罗斯后于1906年得到它，并假惺惺地表示由俄罗斯承建南满铁路。“满铁”迅速全面发展为一个包括铁路、交通服务、生产、投资和经济研究于一体的大公司。1940年代，“满铁”发展至顶峰，职员有20万人，其中三分之二是日本人。[7]这就是中支派遣军签订合同的公司，用“满铁”的职员从事重建中国占领区的政府、社会和经济工作。其职员有能力，受到训练，并具有实地工作能力，这正是军队所需要的。而且，他们是文官，自始至终都支持“宣抚”工作。军队认为文官身份是很有用的，这表明他们出现在中国人面前是日军势力的延伸。他们不用穿军服，只穿普通的白衬

衣，胸前的口袋上绣有日/中文“宣”字，“宣抚”两字的前一个字，翻译成英文是“pacification”。

中支派遣军将组织和监督“宣抚班”职员的工作交给“满铁”上海事务所。1937年11月，上海事务所建立“宣抚部”。“宣抚班”职员和“宣抚部”最终对中支派遣军特务部而不是“满铁”总公司负责。所有的日本远征军，包括“满洲国”，都设有“特务部”（SSD, Special Service Department），负责非战斗事宜。1937年12月，上海特务部主要关心的是在长江三角洲政治真空地带重建社会秩序问题，这是由日军入侵导致的结果。在基层，特务部必须建立县政权，“宣抚班”职员就被派去那里。在“中央”，“特务部”必须培养一批杰出的中国政治家，组建一个可以替代国民政府的政权。 36
后一个工作在1938年3月底实现了，一个公认的“国家”政权——“维新政府”在南京宣告成立。伴随着新政权成立而来的任务是维护它的正常运作，这意味着需要聚集足够的智慧和可靠的财政来源。上海特务部进行鸦片贸易，再加上其他的一些投机，作为其合作人短期的财政收入来源。招收通敌者、大规模的毒品贩卖、情报工作，而且这一切都是在秘密状态下进行的，这使“特务部”名誉扫地。甚至一些研究者也搞不清“特务部”与那些残忍的、臭名远扬的宪兵队之间的区别，他们经常一起工作。[8]这些“特务部”人员被调去做安全和平工作，在稍后成立的“兴亚院”（the Asia Development Board）军事组织成员中，“上海特务部”实际上是温和观点与温和行动的所在地，它是1939至1940年间唯一大胆反对继 37
续在中国扩大战斗的军事成员，主张日本真正放弃对占领政权的领土主权要求。其中有好几个军官因在中国问题上持温和观点而被调查或逮捕，从而结束了他们在中国的工作。[9]

新到的“宣抚班”职员来上海的第一天是与“特务部”机关长原田熊吉少将一起度过的。原田是一位聪明、精力充沛的职业军官，被推荐组建占领政权的复杂工作。那天晚上，在汇中饭店（现和平饭店南楼）的招待会上，新上任的“满铁”上海事务所主任伊藤武雄接见了他们，这个事务所是由伊藤监督大批文官工作以支持侵略战争的基础，“宣抚”是其唯一的工作。那天晚上伊藤在汇中饭店对新来的职员说了些什么，没有留下任何记录。甚至伊藤战后写的回忆录，也几乎没有提到他人生中这一时间点，而且在回忆录中，他试图设法掩盖早期生涯中的所作所为。[10]他在上海第一个月内的大而化之和自相矛盾的记述，说明宣抚计划并没有吸引他多少注意力，但或许是因为他不愿意回忆自己多么积极地投入到占领中国的活动中去。他是这样提到军队决定雇用“满铁”职员的：“我认为这是英明的举措”，他赞扬这些人是“尽职尽责的职员”。总共有250名职员参与宣抚工作，其中四分之一去野外，四分之三留在上海事务所“宣抚部”，他没有提到任何一个职员的姓名。[11]他对这些人后来的工作也没有多少兴趣。他们的职位太低了，不足挂齿。

尽管伊藤那晚的讲话不存在了，但有理由推测他一定提到了这些事：“满铁”的优良传统、日军因在长江三角洲取得了空前的胜利而大出风头、“宣抚班”职员在基层建立中日合作的巨大责任等等。为了粗略估计他们即将遇到的挑战，他大量引用了1937年11月题为“宣抚工作纲要”的特务工作文件，其事务所第二年3月“宣抚”工作的主要报告中也引用了不少“宣抚工作纲要”的

内容。这份文件解释“宣抚”的目的是“向战区的中国民众解释，
这次事件真正引起了日本的注意，为了消除中国民众反日思想和 38
亲欧美的情结，使他们意识到现在应该亲日了，这是他们安居乐业的基础”。这段话表明“宣抚”人员在接下来的一年将向占领区民众灌输两个主题：第一，中国人应该放弃亲欧美的观念，尽管欧美各国曾经帮助过中国，但现在日本正在将中国从欧美帝国主义集团的统治下拯救出来；第二，无论如何他们应该放弃分裂活动，好好生活，普通人应该继续日常生活，恢复生产。通常他们使用“安居乐业”一词，日本人用中文的一个成语来宣传，这大概是他们拉拢中国人心的一种手段。[12]

伊藤或许也从“中支占领地区宣抚工作执行纲要”中引用了一些，下面一段话是从上海事务所三月份工作报告中节选而来的：

> 为了使普通老百姓快速回来，从事正当的职业，我们必须保证他们的生命财产安全。首先为了解决他们的思想障碍，我们必须恢复秩序；我们必须使他们相信大日本皇军高尚的仁爱之心。当我们在做这一切的时候，我们必须渐渐地鼓励他们与反日的国民政府决裂，支持新政权的建立。为了得到他们的效忠，我们必须利用意识形态、政治、经济等手段从基层培养支持日本的氛围。[13]

起草这份文件的“特务部”官员相当清楚，“宣抚班”职员将面对巨大的混乱和焦虑，这是展示原先设想的、日本军队“崇高的仁爱之心”的失败而强加给他们的。他们给蒋介石的国民政府和国民党加上反日的标签，但他们很清醒地认识到普遍的反日

不仅仅是国民党的宣传，还是由军事入侵而带来的社会状况所引起的。如果宣抚班职员打算扭转局势以有利于日本，就必须致力于改变意识形态以及政治和经济的情形。

39 这段和先前那一段的特务部工作报告所隐含的观点，转化成新来的“宣抚班”职员的实际指示是：

1. 一抵达目的地必须与当地驻军联系；

2. 与军队和宪兵队协调工作；

3. 将建立新政治组织作为工作重心；

4. 有组织地资助难民，重新安置他们，使其恢复生产。

伊藤在汇中饭店的招待会上没有涉及“宣抚”工作的具体细节，那是原田少将的职责，但是原田接触这些新兵的时间很短暂。首批从“满洲国”来的职员，在上海的时间几乎不到两天就接到新任务。军队急需宣抚员去占领区，没有充裕的时间做充分的准备了。在上海短暂的逗留可能预示着这些职员对摆在他们面前的任务不很熟悉，而这可能会导致“宣抚”工作的失败。像“满铁”这样组织完美、运行良好的企业不会将赌注下在职员的智慧上，而看不到充分准备的好处。我更倾向于这样的推测，他们在上海码头上岸之前已经开始了“宣抚”工作的培训。可能是采取阅读北支“满铁”“宣抚”工作报告的形式，北支进行这项工作已有好几个月了。“满铁”北支事务所在前一个月编纂了不少这样的文件，有两份保留在东京自卫队档案馆里。[14]

第一份“北支”工作报告是“宣抚班”1937年11月8日在天津举行的联络会议议事录。[15]议事录大多是河北省29个“宣抚班”班长的总结报告，他们是从10月下半月开始“宣抚”工作的。这些总结报告活生生地勾画出“宣抚班”所面临的各种问题，比如处理地方合作者、安置流离失所的民众、应付经济中断的状况等等。这群驶往上海的未来职员们，至少从这些总结报告了解到在地方上工作大体会遇到什么问题。

另一个较为全面地介绍“宣抚班”工作的文件是扩大北京以北地区“宣抚”工作计划，这份文件也是1937年11月份起草的。[16]
该文件当月1号最终定稿于“满铁北支事务局”，是在张家口特务 40
机关（Special Service Agency）10月底工作草案的基础上草就的。张家口是北京以北的一个重要铁路交通枢纽。（“特务机关”是“特务部”地方下属机关的名称，它将被用来指称“上海特务部”在南京建立的地方“宣抚”办事处。）这份文件开门见山地指出“宣抚”工作的两个方针。第一是组织上的，在所有的县及地区建立统一的政府机构。第二是意识形态方面的，通过带来稳定和秩序以赢得中国民众对日本的同情和了解。这个计划接着解释与这些方针相关的任务，这是“宣抚”职员应该从事的工作。组织上，他们应该与“自治委员会”紧密合作，“自治会”成员是由日军驻守地方的军队劝诱中国合作者组织的新领导群体。意识形态上，“宣抚”职员应集中宣传反共思想，促进“亲日”思想的形成，与亲欧美思想做斗争。这种挑战西方帝国主义的程序是“被忽视的请求者策略”（ignored-suitor gambit），该策略是设法消除对敌人的同情，代之以对自己的同情。在实际应用的术语中，这意味实施日文版本的社会福音：慢慢将日本的方式植入中国基层社会，帮助中国人，使其更安全，经济状况更好，身体更健康，以赢得他们的青睐。此处又一次使用了成语“安居乐业”，使中国民众确信这就是日本试图代表他们所做的一切。

对消除—取代方法的致命威胁是均等原理。如果一个“依靠”可以被另一个“依靠”所取代，那么对中国人而言，这种“依靠”仅仅是由西方帝国主义国家转移到日本国。为了防止这种逻辑推理，要用一个比较委婉的术语——“依靠”而不是“殖民征服”。但是，一个可以被另一个替代的概念，给日本带来了危险，它需要给一个绝对不能命名的事物命名：即它对中国的殖民统治。“宣抚”人员痛苦地发现，中国人很容易命名而他们却不能。当张怿伯——镇江抵抗力量的发言者，我们将在第三章提到此人——提醒那些有可能被诱惑而支持占领者的同胞：日本人将“地方就变成了死城，没有市声听到，虽在白昼，如同静夜。时入耳鼓的，只有非本国音
41 节的军号声，惊天动地的坦克声，时刻放枪声，冲门劈门声，以及成群鬼叫声，皮鞋脚步声”[17]，人们还认为有安居乐业的可能吗？

张家口“宣抚”计划透露出对于苏联影响蒋介石的焦虑，但计划主要集中在建立组织事务方面。该计划说明每个“宣抚班”由好几个职员组成，其中至少有一个“北支派遣军特务部”的职员，这名职员以前是军官。“宣抚班”成员接着忙于他们的工作，使“自治会”承担起管理和保证其区域内安全的职责，以便日本职员卸下烦琐的工作。“自治会”稳固后，下一步是动员村庄头面人物在乡村建立“宣抚”网络。“宣抚班”应任命特殊的助理帮助地方头面人物执行这项任务。基层的“宣抚”任务包括将每家每户登记在册，组织成五户或十户的职能小组作为保甲的组成部分。保甲是传统的邻里监督制度，中国政府已经使用好几个世纪了。计划还提议建立群众运动的分支机构，将“协和会”自上而下延

伸到基层社会，“协和会”是1933年（第二年又重新发起）“满铁”在“满洲国”发起成立的，是号召大众支持“占领政府”的组织。[18]

带着这些知识，34个职员（原本只有30个，后来又就地招收了4个，其中包括第三章提及的熊谷康。）12月中旬从上海出发了。然而，他们不是长江三角洲的首批“宣抚”人员，也不是他们最先建立“自治会”。最早的“宣抚”人员是三个月前被派去宝山工作的。宝山位于上海北面，8月“中支派遣军”的先头部队上海远征军在此地登陆。早在9月23日军队便组织中国人成立地方委员会，10月，一个“宣抚班”被派到此处指导工作。第二条“宣抚”线路是上海南市区，以前市中心部分，在法租界的南面。11个日本“宣抚”人员外加4个保安从11月15日开始工作。与此同时，还秘密组织了一个重建上海市政府的“宣抚班”，这是第六章的主题。另外一些“宣抚”职员分别于11月26日、12月1日、12月7日去了松江、苏州和无锡。每个“宣抚班”的介入都是根据特殊要求来完成的，没有档案记录。从那以后，“宣抚”工作以较系统的方式继续进行。

新职员于12月10日清晨离开上海，其中两个人去了南京，他 42
们匆匆忙忙地赶上了军队，首都陷落时，他们在现场，其余的人上午接到小组任务。那天下午和后来的四天，他们成扇形前往上海周围的县城。一些人出发后立即就陷入麻烦中。13日，四个人去了上海正西面的青浦，由于中国军队的阻拦，那天下午就返回了。一周后，青浦的局势仍没有好转，因此这四个人被重新派去杭州，第二天，又增添了两个人，其“宣抚班”升格为“特务机关”。14号去昆山的三人小组遇到了不同的阻挠：他们发现日本

驻军司令官已经任命了“宣抚”职员，所以其中两个人重新分派
去了更远的内地——镇江，那里还没有成立“宣抚班”。日本军队
的迅速推进意味着原先派往地方的“满铁”职员跟不上需求。12
43 月的第三个周末，在上海组织第二批“宣抚”职员，24号分派至
地方，大多数人去了浙江。1月的第二周，第三批“宣抚”人员被
派到新占领区，这一批人员更少。

表一　日本华中宣抚机构组织系统，1938年1月

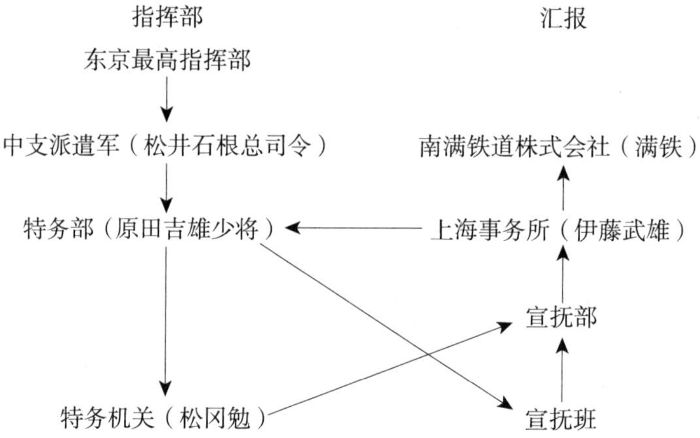

当我们读完每个个案研究后，将会熟悉其中的一些志愿“宣
抚”人员。研究并未刻意挑选同一类型的人，但很多人确实具有
相同的品质：热爱“宣抚”工作，积极主动，信奉日本重建东亚
使命的正当性。镇江“宣抚班”班长加藤幸藏（第四章）在回忆
录中表达了这种主动性，刊登在1939年7月的《南京新报》的两
处。[19]回到上海一年半后，加藤仍然怀念这场战争，是这场战争
44 给像他这样的“南满铁道株式会社里持有普通工作的普通人”、从

来没有机会被派到实地从事有意义工作的人，带来了刺激。他说，这里“在日本军队的帮助下，摧毁了国民党和共产党”，使他们有机会“亲密接触中国人民”。因为雄心壮志和艰苦条件是人生前进道路上的一次千载难逢的好机会，通常不会轻易落到社会地位不高的人头上。

加藤是第二批从大连来到上海的“宣抚”职员。他在外滩青衿银行（the Seikin Bank）上面的满铁上海事务所住了十来天。在等候任务期间，他游览了这座城市，希望能找到一些感觉，比如他将要工作的地方是什么样子，需要他解决什么矛盾和问题，等等。当看到被炮火炸得面目全非的闸北，他说，甚至在去工作地点之前，他已经非常清楚“宣抚”工作要做的每件事情了。这一课使他明白，这场战争，不仅将民族主义和共产主义驱逐出中国，而且还能将中国人民从仇恨和战争的说教中吸引过来，加入到由日本提供的“共荣圈”中。12月23日，加藤在另一个“宣抚班”职员的陪同下离开上海，并深信其使命的正义性。或者换句话说，至少如他在占领政权首都南京发行的官方报纸《南京新报》上向中国读者自我表述的那样，去从事光荣的“宣抚”工作。

在服务于帝国事业的日本官员中，加藤的这种主观感受不是唯一的。“兴亚院”的木村肥佐于1940年去张家口工作，他回忆说，离开日本去中国时，“是一个天真的、理想的、具有冒险精神的十几岁的青少年”。1980年代写这个回忆录时，木村倒不是为其理想辩护，而是试图使下一代的读者能懂得他们这些自愿去做“宣抚”工作的人的想法，“那时有很好的理由认为我们有很多东西提供给他们，我们日本国不仅是亚洲唯一一个没有被殖民的国家，而且还成功地实现了工业革命”。这种成功给日本人一种帝国主义的自信，尽管他们在学习这个词汇时专指高加索白人。“为什么我们不促进亚洲其他地区共同进入现代工业社会的生活方式，带领他们反对西方帝国主义的罪恶呢？！东亚各国应盼望我们来领导和给予他们灵感，这似乎是最自然不过的事了。”但实
45 际上，当地人不希望日本人来领导，木村后来主动承认，这种幻想是其主观想法中最具有破坏性的特征。但他和其他许多人的这种主观想法，是“难以置信的天真和充满了不切实际的空想”，在他们出发去中国时，满脑子都是这种空想。“我们很少有人认识到战争开始后的残酷性，但到战争结束时都还没有认识到事情的真相就不可原谅了。对日本人来说，这场战争巨大的灾难不在于我们失去了什么，而是我们几乎没有从失败中学到什么，身份缺失的情绪显露出来了。”[20]

“特务部”鼓励“宣抚人员”去完成一个不可能实现的空想：建立一个真正的政府，中国民众尊重日本的合法经济需求，关心社会治安。从一开始，“特务部”就将这种根本性的矛盾注入整个计划中，而且这个致命性的矛盾从未得到解决。在进一步建立“占领政府”时，“特务部”和“宣抚人员”试图以不同的方式回避这个矛盾。它们或许可以成功地将占领政权变成全国性的政府，但是这是不可能的。只要存在不可能，就会有更多的合法政府等在后面将这个危险的竞争者赶下台。

12月中旬，“特务部”派遣“满铁”职员到地方上建立基层政权，它想从最基层取代蒋介石政权。去除殖民主义的浪漫后，在后来的回忆录中，几乎没有人暗示，“占领政府”的这个根本性矛

盾是导致他们所从事的伟大工程不可能成功的主要原因。冈田酉次，一个参加了12月18日日本占领南京庆典仪式的“宣抚人员”，在回忆录中承认，他由衷地相信这是亚洲的伟大转折点。[21]冈田不是个领土扩张论者，但在那特殊时刻，他似乎感觉到“帝国”的历史使命，它将中国从其自身蒙昧的状态下拯救出来，这是一种超出日本的国家利益、代表整个亚洲的行为。

每个“宣抚人员”都带着这种错误的观念进入目的地，并用它去认识和了解他们所处的环境。这种观念极其依赖某人最初所接受的训练，而对眼前由于日军入侵而导致的痛苦和破坏视而不见。不管这种痛苦和破坏是直接的还是间接的，日本人对此都要负有责任。这种现状是入侵的结果，而且在特务部文献中，偶尔 46
也会提到日军的不当行为。例如，在“北支派遣军”12月22日制定的《占领区执行维持和平纲要》中，其中“宣抚班”主要任务和职责一项中，有一条明确指示它应与地方驻军合作从事维持治安工作。在文件的结尾处，“北支派遣军”经过再三思索后，终于提醒“宣抚班”职员注意维持治安的日本兵，其恶劣行为可能是“宣抚”工作的巨大障碍。[22]事实正是如此，一部分日本人给日常生活的秩序带来裂痕，责成另一部分日本人来缝补这个裂痕。“宣抚”工作确实不易。正如我在第八章指出，许多日本人在中国经历一段生活后，精神上受到伤害，心灰意冷。

二

努力建立基层“占领政府”不仅落到占领者的头上，被占领者也被卷入其中。占领是被迫接受的，但它也是一种关系：一个戏剧化的带有偏见的词“合作”，但它仍然是一种关系，只有双方都有一定程度的参与才能建立起来的一种关系。尽管如此，但占领是突然而至的。正如瑞士历史学家菲利普·博林（Philippe Burrin）清楚明白地描绘了德国占领法国的经历，“外国占领对一个社会的惯常结构造成了极大的、残酷的侵扰和中断。它强加了权威，要求人们服从，这既不是建立在传统的基础上，也没有得到人们的认可。它破坏了集体生活的网络和日常社会规范，而且使社会团体和个人在这种环境下面临着危险的选择。”[23]接着，在面对“原有地方行政机构瘫痪”[24]、似是而非的意识形态宣传机器使民众处于敌对情绪的情况下，来完成一项非常重大的任务：建立新政治秩序。最终，占领者必须伪装他们所建立的新秩序，称其不是建立在暴力的基础上，而是依赖于传统和大众支持的政治资源，以消除他们入侵的暴力行为。占领者发现这项任务难度很大，而又必须要做，正如博林所说，“集体生活的网络和日常规范”不再发挥功能，占领者被迫要完成政权建设的工程。占领者在这种形势下所做的选择非常重要：打造基层“占领政府”，它们
47 将影响整个“占领政府”的生存能力。最终的胜利或失败有可能取决于其他因素，但是必须设计好日常管理机构以维持基层社会的运行。这就意味着要在生活被占领者毁坏的人群中寻找一些杰出的、愿意参与基层“占领政府”的人。

因此“宣抚班”最初的任务是政治上的，即寻找进入这种关系的中国人，这种关系是占领所需要的。先前曾提及的“满铁上海事务所”1938年3月16日的报告，简单地描述了一个“宣抚班”

政治工作的起初阶段：

当一个“宣抚班”到达目的地后，首先要做的是调查“宣抚区”内的居民。它与军队、宪兵队和保安人员一起，致力于消灭坏人、鼓励民众返回家园。与此同时，它调查研究寻找到的人物（作为“合作者”）及其资源。“宣抚班”给居民发放“良民证”，登记注册，并撕毁了本地的反日宣传标语，在原来的地方张贴有利于我们的布告、宣传单以及《新申报》（上海合作者的报纸），目的是稳定民众的情绪。“宣抚班”还清理了遗留下来的武器、弹药和尸体。

接着，“宣抚班”调查了“维持会”或军队及其他代理机构所建立的组织，并强加入自己推荐的领导人物。如果没有“维持会”，它就和军事当局合作立即建立一个。

“宣抚班”职员初到目的地时，通常会发现，日本地方驻军已经根据华北的进展，开始招收合作者了。这是为了使本地人组织“维持会”（全称是“治安维持会”）。从满洲来的日本人已经采用了这个名词，他们根据华北的经验，当中央政府势力不强时，便组织地方头面人物控制“维持会”（华北第一个“维持会”于1937年7月30日出现在北京，两天后，在天津又出现了一个）。[25]根据“中支派遣军”1937年12月4日《未来政治战略总纲要》的规定，
如果还没有“维持会”，“宣抚班”职员需要联系地方头面人物建 48
立一个，或许这些人物愿意在新政权中施展他们已有的权威。[26]通常引诱地方头面人物合作的理由是共同反共。其目标是吸引有资产有声誉的人。《未来政治战略总纲要》中写道：这或许有一定

困难，如果找不到头面人物，可以利用政治上默默无闻者。后来的事实表明，几乎所有的“维持会”都由政治上默默无闻者组成，依靠军队的资助以求得生存。[27]鉴于整个建立过程不可避免地充满了不稳定性，“中支派遣军”强调，日本人一定要牢牢控制地方组织的重建。从军事阶段过渡到文官治理时期，不管地方利益群体卷入有多深，适应程度有多强，在这场维持和平的过程中，都不会给这一群体多少实质性的权力。日本人牢牢控制着“维持会”。

日本人与中国人的希望不一致，这一点也不奇怪。日军希望利用“维持会”来争取地方头面人物。那些参加“维持会”的人希望日军成为他们的工具，按照他们的利益重建地方权力。几乎所有的“宣抚班”都延续了这个同床异梦、各怀鬼胎的问题。地
49 方上有一个“维持会”，“宣抚班”有了可以合作的对象，但他们立即发现，“维持会”里充斥着边缘化的头面人物，他们不喜欢与其中任何人一同工作。在大多数案例中我们将会看到，“宣抚班”职员不得不使出九牛二虎之力让“维持会”职员跟上他们的步伐，并不断更换一些职员，希望招募到更好的人。“宣抚班”职员发现自己与“品质不好”的通敌者为伍，这是暴力统治的副产品，它开启了出乎意料的或没人希望的政治投机。占领者与新近招来的同事合作，希望恢复到正常状态，但同时意识到，如果这些同事参与其中，它不太可能成功地完成这项任务。

在稀稀拉拉几个地方头面人物的帮助下，基层“占领政府”以高压手段开始履行一个政府的职能：征募新兵，重新配置；汲取财富，征收税款，强迫劳役；维持治安，舆论宣传，重组行政机构等。所有这些都是任何政权建设者在通常情况下惯用的控制

和汲取措施，用来动员或训练民众支持它，不限于“占领政府”。在利用这些基础设施时，“占领政府”至少在一个很重要的方面不同于本土组建的政府，那就是依赖于外国军事力量和外国势力。这有时非常幸运（但一般情况下是不幸的），能招募到足够的职员，但它缺乏一个牢固的关系来支持日常的社会功能——即博林的“集体生活的网络和日常规范”。占领者陷入了困境，其合法性需要得到承认，但却苦于没有手段来打造出令人信服的合法性要求。没有合法性，它看起来只是当前的样子：从外部强加的、令人讨厌的政府。当然，这种困境是自作自受，因为军事暴力入侵首先就造成了合法性问题。可是合法性问题又无法用军事手段来解决，必须找到政治解决的途径，这意味着要进入一个开放式的政治圈子，并与之协商。“占领政府”愿意立法，但缺少手段和方法。

反对“特务部”派出“宣抚班”的日本军队是如何在长江三角洲地区建立“维持会”的，这些资料几乎没有被保存下来。然而，我在上海档案馆发现了两个文件，文件粗略拟定了日军军官希望“维持会”如何运作的条款。[28]这是上海郊区某镇（文件中没有交代镇的名称）的“维持会”。“维持会”长叫杨雪樵，驻军司令官叫木本。第一个文件是双方领导人出席会议的记录，时间是13日，50
没标明年月，或许是1937年12月，或许是1938年1月。会议记录有十一条三个方面内容。第一个是“维持会”的职能。木本开门见山地斥责地方商民不带头建立“维持会”，只在日军一再催促下，才“慢吞吞地”建立了一个。他提醒地方商民只要有袖章的，就可以通行上海。他指出，地方商民的最初任务有两项：一是“街道房屋要清洁”，二是“老百姓对皇军要敬礼，不要假装不见”。

第二个问题是交流信息。木本说，“百姓有何事体要向皇军要求，可以尽量要求”，“有何不规矩的事可以报告队长”，虽然后来实际是报告给野村清先生，这是另外一个身份不确定的日本低级军官。“对用译话一点不通过，有何事可向杨巡官报告，转向队长”，这个杨巡官可能是一个中国翻译？在地方提交给上海的报告中，语言误解比较常见。下面仅举一例。1月22日晚，在上海郊区高桥镇宿营的一个日本兵去钟表店修理钟表，因言语不通，双方争吵起来。附近一个中国警察听到声音，前来调解，日本士兵用枪上刺刀将警察头部刺伤，幸有帽子遮盖，警察仅受轻伤。但轻伤并没有阻止该中国警察向上司汇报此事。上司向地方日军司令官抱怨。司令官妥协了，认为那个日本兵有错，随即将该士兵所在的部队调离高桥镇。[29]帽子避免了这次愤怒所致的致命伤害，但日军因这次挫折而带来的后果可能更严重。

杨雪樵和木本会面的第三个议题是经济问题。木本要求商民尽快开市，并保证“我们的兵以后没有坏的行为”（整个文件的措辞很蹩脚，我猜想是一个日本人写的）。有两条记录揭示了中国商民诈骗日本士兵。“维持会”接到警告，以后的商品要明码标价，
51 应允许不懂中文的日本人用日元按照固定的汇率来支付。最后两条的记录是“日兵用物可向‘维持会’取”，“日兵要征取物件之处，宜往他镇，大众表示通过”，即私人用品要从其他城镇征收。这最后一条暗示，地方商民视日军的出现是一件有利可图的事，他们急于接到军用品的订单（地方经济能够提供的），不希望驻军将钱花到其他地方。

藏于上海市档案馆的“13日会议记录”后面的一份文件是十项要求，没有日期和其他标记，使用中日两种语言。中文的措辞很蹩脚，偶尔与日文意思不相符。在借用北方“村庄”这个词时用“村儿”（加儿化音），而不用“村”（尽管长江三角洲很少使用“村”），显然这个文件的作者在北方学过中文。该文件是某个日本驻军司令官向某个“街”或者郊区村庄的居民布置“占领政府”的任务。第一条是建立“维持会”，也可以设立“自卫团”，但这一阶段不作硬性规定。第二条是给“维持会”成员发放“腕章”，当地居民称作“良民证”。（“良民”这个词是明朝开国皇帝在1380年代使用的，指代那些顺从的老百姓。日本人复用这个词，也有同样的目的。）[30]第三条是街道、家里、“河上”都要保持清洁；第四和第五条是“住民”要真诚地尊敬日军，要给日军提供“货物”。接下来的是针对严重违反军事法令的惩罚性条款。任何人偷盗日军的财产将受到严厉的惩罚。（本条中文表达不太通顺，它的意思是“偷盗皇军财产”将受到斩首的惩罚，这有可能翻译出错了。）如果没有当局同意，在陆上或水上通行的人将被逮捕。来自他村的村民，如果有人担保，可获准进入。他们一到村庄，必须立即向皇军汇报他们及其船只的情况。最后一条是，如果人们想“除草”，可以不用请示当局，尽管除好了（中文“特所命草严等宜可以芟除也”）。这么奇怪的规定竟然写进“占领政府”的条例中。我只能推测，关于此项资源一定发生过争论，驻军司令官觉得有必要重申，一切延续日军入侵前的规定，任何人都不能利用日本人的出现使地方利益分配不公。

我只找到了这几条为数极少的文献，来展现沦陷时期日军强 52

加给“维持会”的一些义务。会议记录表明，建立“维持会”是为了“恢复”地方秩序，监控地方老百姓的活动，提供“沟通”的渠道，允许日军以最少的冲突来换取地方上的资源。尽管在日军和当地合作者之间会有一些冲突，但“维持会”几乎毫无权力抵制日军的控制。那十项要求表明，控制是多么事无巨细。确实，控制是如此全面，以至于很多人误以为“维持会”是日军的工作队，不是由中国人组成的，如河南的一个加拿大传教士就是这么认为的。[31]这两个文献资料所使用的语言还在一定程度上揭示了占领双方的关系。语言是占领者和被占领者交互作用的地方，它能不断体现二者之间的不同。这种很蹩脚的语言重现了占领双方的不自然关系，那些用中文所写的文件提醒我们，这是占领者用外文在言说。

建立“维持会”只是“宣抚班”职员在长江三角洲地区重建地方政府的一系列活动的第一步。下一步是用“自治委员会”代替“维持会”。“满铁”3月16日“宣抚”工作报告是这样描述这一阶段的：

> 就这一点来说，为了建立地方自治组织，首先，“宣抚班”要鉴别出每个村镇里有权有势的人物，并将他们集中起来，挑选出其想要的人组成“自治会”。渐渐地，“宣抚班”将这些组织与已建立的自治组织联合起来，并在地理位置重要的地方组织成一个较大的自治机构，并扩充人员，增强势力，最终形成具有县政府特征的地方“自治委员会”（或者“联合自治委员会”）。“宣抚班”以这种方式指导和监督，当新政权形成时，自然在其控制之下。

“自治”是北洋政府时期很流行的话语，即给地方精英治理地方事务的权力，这纯粹是故弄玄虚、欺人之谈。实际上是期望他们在不损害中央政府财政权力的情况下承担管理地方事务的职责。[32]日本占领者的计划亦是如此，自治组织的创建在政权建设的复杂过程中就如一个单边上扬的梯子一样，从每个村庄开始，最高点 53
是占领政权的南京政府。这是一个不断招募新成员、不断剔除老职员的过程，如“满铁”报告所描述的那样。它首先征募服务于日本人事业的村庄头面人物，接着进行筛选，组成村庄层面上的组织机构。然后进行第二轮筛选，将这些组织机构与县组织联系起来，再一次减少人员，变成县政府的附属机构。动员村庄里的头面人物进入基层政府，是在这些人与日本人建立的政权之间强加契约的一种方式，与此同时，虽看似将他们置于新政权的控制之下，但实际上是掌控在宣抚班职员的手中。[33]毫无疑问，“占领政府”是中日联合工程，但它们之间的政治关系是不平等的。

表二　长江三角洲地方政府组成的阶段

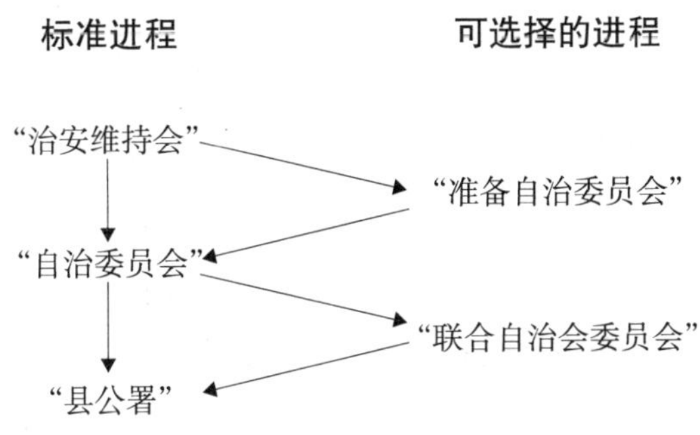

自治会吸收的成员是先前“维持会”的职员，他们或是“宣抚班”认为可以接受的，或是无法解雇的人员。除此之外，“宣抚班”

还设法招募其他一些重要的人物。这些不同的人，有时是有竞争关系的人拼凑在一起，彼此之间很难相处。“宣抚”人员试图不伤和气地将那些令人讨厌的人打发走，招收一些更有魅力的人物，但这种周旋工作非常困难。建立准“自治会”，然后通过协商谈判，将
54 “维持会”过渡到“自治会”，这一过程充满着艰辛。在这个过程中，“宣抚班”职员可能将政治上不负责任的人调到其他职能部门或援助组织中，尤其是不需要多少机智或财政责任较轻的地方，譬如警察或民兵。这也给了“宣抚班”职员时间来争取那些卷入到抵抗力量中的头面人物。受过较好教育的人非常敏感，如一个加拿大传教士于1938年6月在河南北部注意到的那样，他们的第一选择是逃走，而不是滞留在地方上无动于衷，“接受过教育的人尤其是那些接受过西方教育的人选择离开，原因是他们害怕日本人的到来，会强迫他们参与征服者指导下的地方政府”。[34]这种担心不无道理，“宣抚班”职员定期审查这样的人，并强迫他们进行合作。

由于这些原因，建立一个令人满意的“自治会”可能是个漫长的过程，任务艰巨。有些地方从“宣抚班”的抵达到“自治会”的就职典礼只要短短的一周时间，如太仓和丹阳。而有些地方则长达四个月，如松江，这主要依赖于地方上的条件。虽然如此，但由于日本人有军队，且急切于看到成效，因此这个过程通常而言还是比较迅速的。“中支派遣军总司令”1938年1月28日的报告指出，在长江三角洲，已有27个“宣抚班”奔赴各主要城镇，“大概有15或16个主要城市已建立了‘自治会’，而且农村也渐渐成立了‘自治组织’”。这些成绩表明，如其满怀希望的那样，“秩序正在恢复之中，老百姓感觉地方正在趋于安定”[35]。

尽管“自治会”比“维持会”要高一个层次，但日本人还是将其看作是临时性组织，一旦地区稳定，就要被正规的行政机构所取代。它们是过渡到另一组织的桥梁，本身不是最终目标，这在“中支派遣军”1938年1月18日制订的11条“中支地区政治事务指导计划”中规定得很明确。第十条指出：“行政机构准备就绪，‘自治委员会’将被解散。”[36]建立“自治会”，目的是让“特
务部”有个可合作的对象。但从一开始就很明确，至少在日方是 55
这样的，没有人指望它们为“占领政府”提供有效乃至顺从的地方根基。但中方人员被招收进来的时候有没有意识到这种情况，就不太清楚了。如果意识到这种情况，他们会阻止日方的行动吗？根据他们所下的赌注，或许不会。但这意味着，在建立地方权力的漫长道路上，这个障碍将伴随着另外一些人和机构。

当规模较大的县政府筹备之时，“宣抚”人员驻扎在一线，亲自指挥“自治会”的工作，尤其是一些关键性的部门，如治安、财政、经济复兴等，其正式名称叫“宣抚班”。在接下来的几个月，它是一个非正式组织，与这个含糊不清、普通的“班”意思相符。只要有可能，在最初的几个月甚至几周后，“宣抚班”及其职员尽量从公众视野中消失。然而，他们的权力是众所周知的。1946年，“内政部长”梅思平在因通敌罪被审讯时说，“宣抚班”的权力在被占领各县是首屈一指的，监督中方官员所做的每一件事，他相当精确地描述了这些县的权力所在。[37]对梅而言，“自治”是日本人的虚构，其名称与实际情况恰好相反。地方政权在日本人的控制之下，毫无权力可言。梅的陈述是暗示法庭，不应该由他来承担基层“占领政府”所作所为的责任。无论法庭如何评价

梅的陈词，但它还是选择不接受梅的暗示。

随着政治工作的就绪，“宣抚班”开始修复遭受战争毁坏的地区，重建“稳定”的基础，允许老百姓继续他们的生活。对占领者来说，更重要的是，利用占领区的劳力，将占领转化成符合其利益的行为。“北支派遣军总司令部”绘制了一个表格，题目为“工作纲要”，具体规定了“宣抚班”要做的工作。这个“工作纲要”所包括的一些规定，显然不适合华中的“宣抚”工作，比如涉及马匹的那些条款。尽管如此，它还是很好地概述了“宣抚班”在最初清理尸体和残骸之后所必须从事的大致工作。我从华中“宣抚”工作档案中找不到与此相媲美的工作纲要，因此将此全文翻译如下：

56 1. 政治“宣抚”工作：

（1）鼓励逃走的人返回：颁发良民证、通行证，确认政治上和经济上有影响的人；

（2）稳定人口，安定人心；

（3）收集土地登记簿、户口登记簿、课税清册；

（4）组织和训练保安大队：自卫队、保甲、青年团；

（5）赢得老百姓的心。

2. 社会政策工作

（1）安抚难民：成立难民接收中心，施粥，发放学校用品；

（2）提供医疗救助，发放药品；

（3）将以前妓女所住的地方改造成敬老院；

（4）开设咨询处：职业介绍所、纠纷解决办公室、人民法庭、意见箱；

（5）发行报纸；

（6）保护逃亡业主的财产；

（7）保护良民的财产；

（8）表彰公认的道德楷模；

（9）安抚那些在战争中失去亲人者或受伤者；

（10）惩罚坏人和罪犯以及出示告示。

3. 经济恢复工作

（1）鼓励军用券和准纸币的流通；

（2）发放春耕种子；

（3）发放树种（鼓励植树）；

（4）鼓励收割农作物：收割标语，偿还抵押物，警告；

（5）设立农民谷仓；

（6）开放市场：商店、饭店、市场、大众喜欢的信用机构（当铺、本地的银行），定价，逮捕投机商；

（7）农产品买卖，协商商品购买价格：供应民众需要的全部车 57
辆，建立商品交易所；

（8）农村合作，商业合作。

4. 宣传工作

（1）消除共产党的反日教育：创办流动图书馆、小型图书馆、展览读物、报纸阅览室，以及在公共场所张贴报纸；

（2）传播日语：举行演讲，在幼儿园教授日语；

（3）介绍日本发生的事情：组织到日本观光旅游。

5. 公共福利工作

（1）修建路桥；

（2）征兵；

（3）积极推进军用物资的生产；

（4）自我供给房屋和马匹；

（5）恢复武器弹药的供应。

6. 与村庄合作保护重要设施和交通路线

（1）在需要保护的村庄建立和增强领导者网络；

（2）在需要保护的村庄建立青年团和儿童团等组织和领导；

（3）挑选道路保护周的领导；

（4）在铁路雇佣工人中直接从事“宣抚”工作，并建立其领导阶层；

（5）砍去铁路线两边较高的灌木。[38]

长江三角洲地区与此最近似的文献是1938年3月16日“满铁上海事务所”的“宣抚”工作报告。[39]这个报告将“宣抚”工作分为三部分，而不是“北支派遣军”的六个部分：

“政治工作”：主要是照顾难民；

“经济工作”：恢复公用设施等；

“教化宣传工作”：主要是医疗救助。

58　“北支派遣军”所称的“社会政策工作”，是指“上海满铁事务所”分布在政治和宣传中的工作。与华北相比，上海的报告中缺少“宣抚班”建立民兵组织（第一部分第四条）、修建公路、保护铁路的计划（第六部分）[40]，以及非常引人注目的征兵工作（第五部分第二条）。尽管前两项工作于1938年春在长江三角洲地区到处都有不同程度的展开，但总体而言，“宣抚班”对有些工作还没有制订计划。

从另一方面，“北支派遣军”的纲要未提及公用事业的恢复、地方工业的复兴，以及用“满洲国”或日本的教科书取代现有的课本。这两个纲要的不同，反映了繁荣的长江三角洲与尚未发展的华北平原在经济和教育方面的差异。在华北农村地区，学校稀少，公用设施和地方工业还不存在。长江三角洲地区经济商品化的特征意味着那里“宣抚班”所涉及的各种活动，对其华北的同事而言，是无关痛痒的。[41]然而仅仅比较一个纲要缺少另一个纲要的内容，意义不大，还不如考虑这两个纲要都缺少什么，即二者均未提及“宣抚班”的军事职责。尽管长江三角洲地区的“宣抚班”职员都是文官，然而两个地方的“宣抚班”都要从事寻找和对付中国军队和游击队、聚集知识分子、与宪兵队合作执行反恐等任务，“宣抚班”还要承担日本兵的非军需品供给。[42]

第一批“宣抚班”在野外工作一个月后，“满铁上海事务所”编纂了较为全面的纲要，确定了所有的“宣抚班”并将其置于八个地区特务机关管理之下，这八个地区已经划分就绪。到1月底，计划制订完毕（3月中旬又加了几个附件），如下表所示。参照3月16日的宣抚工作报告，这个表格稍微有点改动。乍看上去，这个表格最显著的特征是被派去重建地方秩序、修复遭战争毁坏地区的日本“宣抚员”人数非常之少。然而，表格里的计划有几分不真实，因为在“宣抚班”工作的地方，有数量较多的日本地方驻军作为“宣抚”人员的后盾，强行推行宣抚计划的实施。尽管如此，这个数据还暗示，日本人的控制极其微弱。这反过来表明，日本能投入占领工作的物质资源和人力资源极其薄弱。或许还不如说，打造“宣抚”表面工作的意愿超过其实际工作的成效。确实，日本人只希望有这种表面工程而已！

59 **表三　满铁上海事务所制定的长江三角洲地区“宣抚班”组织（1938年1月）**

分支机构	“宣抚班”	开始工作日期	“宣抚员”人数	来自于“满铁”的“宣抚员”	附加的保卫工作人员
上海	南市	11/15	11	0	4
	浦东		0	0	2
	嘉定	12/12	5	5	0
	宝山		4	0	0
	崇明	[3/18]	3	0	0
	真如	12/14	4	4	0
	昆山		3	0	0
	太仓	12/13	4	4	0
	青浦		5	0	0
	沪西	不详			
	川沙	不详			
	南汇	不详			
	奉贤	不详			
	小计		39	13	6
苏州	苏州	12/1	3	0	9
	常熟	12/12	3	2	0
	无锡	12/7	4	2	0
	吴江		4	0	0
	江阴	不详			
	小计		14	4	9

（续表）

分支机构	“宣抚班”	开始工作日期	“宣抚员”人数	来自于“满铁”的“宣抚员”	附加的保卫工作人员	
嘉兴	嘉兴	12/16	8	8	3	
	松江	11/26	6	4	4	
	南浔		6	0	0	
	嘉善		3	3	0	
	金山	不详				
	平湖	不详				
	小计		23	15	7	
镇江	镇江	12/19	6	5	0	
	扬州		5	5	0	
	丹阳	1/9	5	5	0	
	常州	12/19	2	0	0	
	金坛	[11/26]				
	小计		18	15	0	
杭州	杭州	[12/27]	7	6	6	60
南京	南京	[12/24]	5	5	12	
	句容	不详				
	江宁	不详				
	溧水	不详				
	小计		5	5	12	
湖州	湖州		7	4	0	
芜湖	芜湖	[1/6]	6	5	0	
	太平	不详				
总计	37		119	67	42	

备注：加上［ ］的日期是从其他资料中获得的，原表中没有。

当日本军队在长江三角洲地区扩张时，“宣抚部”必须跟上这一步伐，立即派遣“宣抚班”到占领地点。到3月，又有16个“宣抚班”准备就绪，计划向长江以北进发。但是“满铁”已经用完了所有的“宣抚”工作人员，这就迫使上海事务所要招收新的职员。“满铁”开始在“满洲国”行政部门招收非“满铁”职员，接着求助于“东亚经济调查局”（“满铁”内的半自治研究机构，总部在东京）；再接着从高等教育机构中文专业中招收新近毕业的学生；最后，“满铁”将注意力集中于日本领事馆和上海纺纱厂的职员，寻找任何具有中国经历的日本人。随着体系的扩大，其组织迅速发展。截至1939年初，这个体系包括7个特务机关：苏州、南京、杭州各1个，其余的分布在南通、蚌埠、安庆和武汉。到1939年10月，上海、苏州、南京、蚌埠等特务机关在59个县建立了“宣抚班”。[43]

61 但这一切对1937年12月8日而言还太遥远了。那天晚上，当伊藤武雄向第一批被派去长江三角洲的“满铁”职员致辞时，这些年轻人对他们将要就职的岗位没有详细深入的了解，动身时他们只带了极其粗糙的计划以及完成使命的信心。但由于其经验仅来自于远没有那么多暴行、甚至有天壤之别的“满洲国”，这会误导他们对长江三角洲地区状况的理解。一些人刚到时发现，情况远比他们想象的要糟。抵达上海北边真如的“宣抚班”职员发现，这一地区几乎杳无人烟；到更西边的太仓、常熟、嘉兴和常州的职员感到情况更糟。这四个“宣抚班”汇报到上海的报告中都声称，分派给他们的城市完全空无一人。“宣抚”仅仅是一个计划，在没有中国人的地方，他们如何开展“宣抚”工作？

第三章　外观：嘉定

日军的入侵使长江三角洲地区的国民党政权机构陷入瘫痪。62
“中支派遣军”每到一处便开始实行统治，不需要与任何人谈判协商。一旦日军占领国民政府的领土，关闭其行政机构，废除其权力时，就需要建立一个新的政权组织。如前章所述，日军派去做这项“宣抚”工作的不是军人——尽管只要“宣抚班”有需求，当地日本驻军便会随时给予武力上的支持——但日本占领者还是不想利用暴力方式将政治权威强加给本地居民。他们的方式是政治策略、说服教化和经济补偿。而如之后所见，经济补偿的款项一直不大且不久便告枯竭，所以就只剩下政治策略和说服教化较为有效了。政治策略就是转变中国人的立场，使其放弃抵抗，转而与日本人合作；说服教化是使中国的顺从者与不顺从者都相信：日本将成功实现统治中国的目标，而且他们的统治是符合中国人长远利益的。

本章研究时间跨度比较短，主要是“宣抚班”到达后的三四个月内。这个时间段可利用的文献资料非常有限，但正合我的目的：我试图展现日本人与中国人“合作”过程中匆匆忙忙的重建将带来什么。如果时间足够长的话，占领就可能被看成习以为常的事了。然而，在短时间内，入侵具有攻击性，且滥用武力，使它建立的新“政权”看上去非常不具有合法性。“宣抚班”首先不得不关注并打造稳定和良好的政府形象，尤其是过去政府所没有过的形象——具有讽刺意味的是，正是由于他们的暴力入侵而毁
63 坏了社会财富。“宣抚”过程必须消除日军入侵时带来的暴力，使新“政权”看起来不像是突然强加给中国人的；必须将规划中的政府组织机构建立起来；必须将民众表面上的屈从解释成积极的支持。不仅如此，负责这件事的日本人还必须尽可能快地完成这项任务。对占领者而言，只有在很长的一段时间里才能得到自己想要的东西。

新“政权”成功控制地方的标志很大程度上依赖于与合作者的关系。如果说合作是一种关系，而这种关系又建立在外来势力与地方代表之间固有的权力不平衡的基础上，那么新的地方头面人物首先要做的就是掩饰这种不平衡。合作者必须坚持以为公众服务和维持良好秩序为最高原则；必须要掌握实权，不能唯占领者马首是瞻；必须将自己打扮成代表地方民众的最高利益的角色，或者至少要比他们所取代的政权多带来一些实惠。这些表面形象是很重要的，因为他们没有较稳固的合法性，就必须有一点实实在在的业绩才能站得住脚。如果不让地方民众相信新的“政权机构”能有效地代替原来的县政府，谁愿意不厌其烦地去登记户口、纳税、听从合作者的指示呢？除非他们被迫这么做。这就是1937至1938年那个冬季，日本“宣抚班”职员和地方头面人物所面临的实际问题。

从某种意义上说，占领当局强加的地方权力与外来权力之间的不平等关系不是唯一的，中央与地方的联合体中，二者之间的关系也不平等，这似乎是根植于中央和地方利益之间的实际互动中。所有的政府都存在这种不平等性，而且所有的政权又都试图掩饰这种不平等性，以争取大众的支持。不同的是，占领时期中央和地方的关系中不可能只维持这两种权力关系，还有其他政治力量的存在，这可能使地方政府影响甚至侵占中央政府的利益。

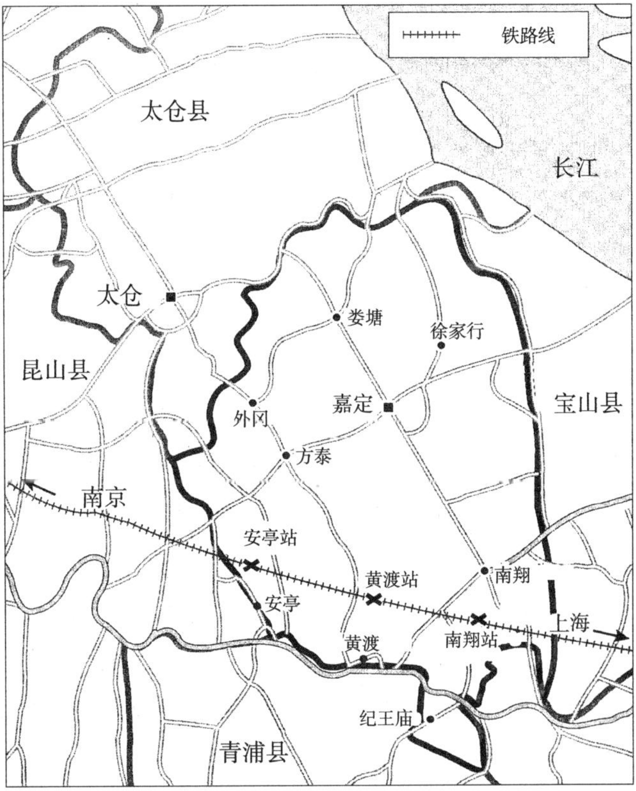

地图二　嘉定县

大多数沦陷时期的权力关系是自上而下的。然而，正如我们即将看到的，这种自上而下的权力关系导致了占领者或合作者都没有选择的自由。基层政治行为的不自由使合作者看起来更像个傀儡。

64 我们能通过嘉定县探索上述诸问题，是因为熊谷康写了两本书，记述了他担任“宣抚班”班长的生涯。这些记述并未展现他为建立一个地方合作政权做了些什么，而是揭示他勉强取得成就的一些权宜之计。一本是他的工作日志，在嘉定“宣抚班”分类工作报告中被大量引用，因而被保留下来。像其他每个“宣抚班”
65 一样，他的工作报告4月要上报到“满铁上海宣抚部”，向“陆军特务部”汇报。[1]另一本是他的回忆录，记述了他在嘉定和蚌埠的经历。这本回忆录是1943年出版的，作为战时日本人家中读物。回忆录是历史研究者梦寐以求的东西，因为揭示了日方同一个作者“主观”解释的“宣抚”经历，它现在就“客观”地躺在东京自卫队研究所的档案馆里。

两个文本在语气上是不同的。“满铁”报告是由简洁条目化的日本片假名写成的，作为战时交流的官方手稿，只有那些深藏不露之人才能阅读的“最机密”文件。而回忆录，发行广泛，富有感情色彩，是提供给日本民众的读物，用平假名印刷。另一方面，回忆录再现了他在中国乡村的工作经历。他在序言里告诉读者他这么做的目的是：如果“共同繁荣”名副其实，他的读者们可能会比较欣赏中国农村生活的完整性和真实性，中国人将得到他们应得的尊敬。一方面他是殖民政府的代理人，另一方面，他也是文明开化任务的执行人。“宣抚班”报告避免个人角色出现，而回忆录则用第一人称给人们讲述了沦陷时期的一个旅行/冒险故事。

工作日志中的一些事实也出现在回忆录中，但后者所渲染的气氛比事实重要得多：熊谷是个冒险家，他前面有个凶险的、未知的世界等着他去发现，等着他用双手去“拯救”；熊谷是个英雄，勇敢地面对乡村那变化无常的敌意，将安全、文明与和平带给强健的、可靠的农民。讲述不同的故事或者以不同的方式讲述同一个故事，这两种不同的表达并不矛盾。当然，熊谷的回忆录不仅仅是他个人的经历，还是他行动的证实；工作报告正好相反，要模糊他的个人行为。与工作报告一样，回忆录也主张“宣抚”政策和方法是正确的和正义的。由于缺乏嘉定沦陷初期半年内的中文文献，熊谷的著述便成了记录嘉定沦陷时期基层政权建立过程的唯一文献了。再现当时熊谷希望能提供的合作与实际情形之间到底存在多大的差距，这大概也是唯一可参考的文献了。

一

1937年12月12日清晨，熊谷和四个“宣抚班”职员乘坐一辆
军用卡车出发了，他们的任务是再次稳定嘉定县的秩序。嘉定县 66
位于上海的西北面，是该市的一个周边县。熊谷描述了他们到达
时的情形：

天气特别冷，为近几年来所罕见。大卡车跑了10公里，将我们从上海“宣抚部”拉到这个县城。下车时，我们的手脚都冻僵了。

我们共计五人执行这次任务：我、古川、川赖、行元、山中。到达西门时我们很兴奋，但当我们进到城里环视四周时，却看不到

一个活的东西。城内一副惨状：道路被毁坏了，房屋坍塌了，没有一个人影。我们发现了四五个警备队员围着一堆火站着，对我们突然闯入，他们很惊讶。

“你们这些该死的家伙是谁？”他们想知道我们是谁。

“我们是宣抚班的。”我回答。他们的脸上立即浮现出友好的表情。

“真的吗？我们很高兴你们来工作。”

这些士兵经历过一次恶战，那天作为警备队正好被派到这一地区值勤。无论如何，见到熟悉的面孔，他们很放心。他们的年龄全比正常的士兵稍大一点。

“我叫熊谷”，他们问我名字时我回答。

我们直接去找警备队队长，接着去找一个合适的房子作为宣抚工作的营地。第二天上午，我们就着手工作。[2]

说完这个小故事，熊谷康开始叙述如何稳定嘉定社会秩序。熊谷是“南满铁路株式会社”的职员，他在12月的第二周从上海出发，带领一个“宣抚班”来内地。然而，熊谷只是“满铁”的一个长期雇员，他在一周前刚应招从事“宣抚”工作。他从不提及自己的真实背景，只是说在战争前好几年就来中国了。他中文很好，能偷听别人对话，能根据方言判断谁是本地人，谁是外地人。作为两种不同体裁著述的作者，熊谷是我们最好的见证人，他见证了日本在长江三角洲各县建立占领政权的初始阶段。

67 嘉定，作为日本的一个“宣抚”地区，与11月中旬日军西进侵占的长江三角洲腹地其他各县差别不大。如果说嘉定有什么特别重要的军事意义，那就是它为沪宁铁路沿线的第一个县，因此它是日军摧毁中国中央政府过程中必须占领的第一块领土。熊谷和他的同事12月12日到此地。嘉定县城不在铁路线上，但嘉定县三个较大的镇——南翔、黄渡、安亭——在这条铁路的前三个站的附近。这些地方在11月的第二周就被日军占领，是嘉定县最早被占领的地区。县城被彻底空袭后，于11月12日最终沦为日军的囊中之物。空袭平民是日军在1932年第一次袭击上海时发明的方法。在第二次入侵期间，这一方法更被广泛应用。

嘉定县城是个只有三万人的小城，人们主要聚居在那个很有名的、明朝时期建立的宝塔周围。轰炸没有击中宝塔，但却毁坏了城区三分之一的建筑物，最终全城居民一逃而空，人员伤亡惨重。根据日本当局成立的嘉定安葬社社长的报告，截止于4月底，该社共安葬了4570个平民和士兵尸体。战后嘉定县政府就全县范围的人员伤亡作了调查：确定日军在1937年杀死嘉定居民8031人，1938年又杀了3720人，1939年又有332人莫名其妙地死于日军的屠刀之下。[3]日军在其他地方也常将平民作为打击目标。例如，在熊谷到达嘉定的第二天早晨（1937年12月13日），另一个“宣抚班”职员到太仓县城附近，他们发现二分之一的建筑物被烧毁，其余被劫掠；政府粮仓和盐库被洗劫一空，公安局消失了，城中图书馆化为灰烬。太仓“宣抚班”工作日志上描述：当他们进入城里时，“没有一个人影”[4]；铁路线西面的较大城市丹阳，很不幸正好坐落在日军进军南京的路线上。11月27日的第一轮空袭后，大火熊熊燃烧，火势迅速蔓延，持续烧了三天三夜；两天后的第二轮空袭，将第一次幸免于难的地方又点燃了，丹阳完全被焚毁。[5]

有关征服嘉定的中文文献没有被保存下来。但临县“太仓自
68 治会”1938年5月的工作报告中描述了该县县城的情形。这个工作报告的作者没有留下姓名。他不惜笔墨详细描述毁坏的惨景，目的是让“中央政府”明白，“地方政府”目前所面对的环境是什么样子。他写道：“县城及沿江沿公路各处商店民房多半成为灰烬。全县民众弃家逃避，惨罹锋镝者不下十万人，受灾惨重为有史以来所未有。”这还是一位合作者所写的！嘉定未被言明的灾难是史无前例的，正如我们所看到的，然而它呈现的惨景与太仓差不多。甚至在太仓恢复秩序后，这位作者仍写道：“劫后灾黎大多无家可归，啼饥号寒，伤心怵目”，很普通的措辞，但没有比这更能传达真实情况的了，城厢一带、浏河镇及“附近乡村，受灾惨重，炮火所及，庐舍为墟，颓垣残壁，满目疮痍”。[6]

嘉定唯一类似的描述是熊谷第二天所写下的，与日军在太仓的军事暴行差不多：

多么惨痛的一副场景啊！当我们一到嘉定县城，从西门走到东门，从南门走到北门。房屋坍塌，屋顶的瓦片散落在路上，折断的电线撒满一地，让人无处落脚。到处是空袭时留下的破洞。非常奇怪的是：耸立在城中心的宝塔是唯一留下的完好无损的东西，看不见一个人。我们所能看到的活人就是偶尔从倒塌的小屋子里爬出来、立即又爬回去的步履蹒跚的老人。城内三分之一的房屋被毁，惨不忍睹。我们发现自己在一座死城里，一个恐怖的无声的世界里，唯一的声音是我们自己的脚步声。这些居民到底跑到哪儿去了？一间

挨一间的房屋，空无一人，空无一物，无椅子可坐，无东西可吃。[7]

在回忆录里，“毁坏”可以帮助熊谷将自己塑造成嘉定复兴故 69
事里的英雄人物，因为当某人面临巨大困难需要克服时，他就变成了英雄人物。毁坏越严重，他取得的成就越大。然而没有任何人出来愿意接受他们的帮助（除了步履蹒跚的老人外，对熊谷来说，这些老人只是同情的对象，没有其他任何意义），刹那间，他很恐慌：

> 多么可怜啊！我们感叹道。复兴这样的地方好像毫无希望。我们应该安抚民众，可他们不在那里，我们无法开展工作。站在废墟之中，我们的美梦全破碎了。除了将散落在地上的木头和瓦片堆放在一起，使道路恢复正常，我们无计可施。

在回忆录稍后的旁白里，熊谷后见之明地评论道：其他“宣抚班”职员面对如此的惨景只做了一些打扫卫生之类的工作，这是名副其实的“表面工作”。他轻蔑地称这种“宣抚”会危及日本殖民主义的完整性，他是不会这么做的。熊谷认为，他正在从事征服中国民心的战斗，客观的效果是必要的。最有价值的胜利是赢得中国民众的信任，这意味着表面工作毕竟还是很重要的。实际上，表面工作可能是每一个“宣抚员”最希望看到的。熊谷坚持主观想法的正确性是为了他的日本读者，主观性始终是一个殖民者所诉诸的武器。因此不能长期没有计划。熊谷迅速地为“宣抚班”制定了七项任务：“首先让逃走的居民回来，建立地方自治，与军队密切联系以维持治安，帮助恢复经济，利用教育和宣传启发民众，热心为民众治疗和提供医疗设施，这些都要密切联系军队并取得他们的支持。”[8]其中关键性的首要任务，就是成立某种形式的“地方自治组织”，其他六个任务就迎刃而解了。

在熊谷到达嘉定前一个月，日军就占领了嘉定，并征召当地人成立了“治安维持会”，会长叫孙芸笙。孙的生平不详，只知道是宝山县人，9月落到日军手里。他至少是个外地人。此外，他周
70 围有些人怀疑，他来嘉定之前，在家乡就与日本人勾结上了。实际上，孙有可能是被日本人抓来的。山田部离开嘉定县城向西进发时，留下了内野警察总队来维持治安、监督“维持会”。在这个被日军炸得破烂不堪的城市里，“维持会”所做的第一件事是建立一个日用品供销合作社，试图控制和管理地方粮食供给。“维持会”还制订了人口登记计划，检查人们的身份，对那些证明自己是当地居民的人发放良民证。后来，宣抚班指出，“维持会”在确定居民身份方面，几乎什么工作也没做，它只对每张良民证能卖五分钱感兴趣。

熊谷别无选择，只能在军方建立的“维持会”中工作，但他第一步计划是废除“维持会”的人口登记方案，在“维持会”设立“良民审查办公室”。起初成绩不太理想，大概每天有300人来登记。但到12月底，当逃难的居民大批返回时，登记的速度加快了，每天有700至800人来登记。“宣抚班”发行的良民证很简单，却是相当有效的维持治安的凭证。如果有人想进入或者离开城区，或者在西门外的市场内有一个摊位，他必须向日本警备队的士兵出示良民证。“忠诚”的人才会持有良民证，“不忠诚”的人

则没有。截止于1月29日，有16,541个居民持有良民证，仅占战前人口的四分之一，这说明“宣抚班”能实事求是地评价其所做的每件事。（嘉定的良民证没有按年龄和性别来细分，太仓县这么做了：早期的四分之三的良民是由40岁以上或20岁以下的人组成，男性超过女性，两者比例是三比二。）3月底，登记人口数为32,286人。[9]“宣抚班”认为超过战前一半人口数就是政治上的一大成功。

“宣抚班”较早投入的工作还有宣传事宜，与登记注册人口工作同时进行。在他们抵达后两天内，“宣抚”人员便将城内反日宣传单清理完，贴上他们从上海带来的“宣抚部”印制的标语。15日，他们贴出通告，禁止抢劫被毁的城区，禁止从城内把任何东
西搬到农村。在熊谷的回忆录中，他很困惑，占领已经一个月了，71
白天城内街道上熙熙攘攘，还有不少人，可每到夜晚，就空无一人，所有人都离开了。过了一段时间，他才发现，他们到城内来是带走每件有价值的东西。这一发现给了他发表感慨的机会，这个感慨早已根植于他的脑海中：中国是个典型的缺乏社区感情的国家，中国人之间缺少互助友爱的精神。他不愿意从战争给中国社会带来深重灾难的角度来充分理解居民的行为。他所要建立的“新中国”将不会如此。[10]

九天后，“宣抚班”公布反对盗窃、赌博、纵火的规章制度。反对赌博的规定引人注目。为什么“宣抚班”认为赌博对日本占领区的安全有影响？很显然，它不像盗窃和纵火那样给社会治安带来巨大的冲击。禁止赌博暗示着别的意义：某种程度上是出于国家政权建设的意图，不仅仅是“占领政府”具有的特性。正如

国民政府所认识到的一样，如果要想建立现代化的国家，赌博是必须革除的陋习。在塑造道德秩序方面，嘉定即将建立的“占领政府”与国民政府有着相似的甚至是同样的考虑。“宣抚班”承担起更远大的目标：通过鉴别民众习惯中的反现代成分，使他们屈服于法律的认可，改变他们的习俗，以免危及现代国家的道德工程。就这点来说，熊谷紧跟国民政府改革者的步伐。

4月4日，嘉定地方当局发布鸦片销售店注册登记命令，这同样出于国家政权建设的意图。然而，这件事更有风险，因为控制鸦片贸易的财政后果远远超过赌博税所带来的。熊谷说他怎么也不能理解为什么嘉定有这么多人抽鸦片。他发现，中国民众有众多陋习，吸食鸦片和赌博只是其中两个。茶馆、花鼓戏、京戏、不正当的两性关系等是他列举的其他不好的习惯，这些也正是国民政府改革者在1937年前所鄙夷的恶习。乡民与熊谷争辩道：“所有疾病最好的治疗”方法是吸食鸦片。但熊谷是个激进的现代化改革者，他不接受他们认为的“传统”观点。[11]

72 熊谷的观点在长江三角洲“宣抚”人员中普遍存在。跟他极为相似的“太仓宣抚班班长”玉置新是这样表达其思想的：“复兴工作的客观条件是重建稳定和恢复经济，且必须伴随着人们个人生活方式的革新，尤其是戒除鸦片和赌博，‘宣抚班’一定要拯救战后的中国民众。”[12]不难看到这种正确的主观认识和实际工作之间的差距。玉置新在汇报中指出，他领导的宣抚班“指导‘自治会’创办鸦片吸食中心，并于6月1号成立了”。与此同时，撰写前引“太仓自治会”工作报告的那个中国职员认为，国民政府在禁烟方面取得的成就比日本人大多了：

> 本县办理烟禁颇著成效，嗣经战事，禁政废弛，未戒者固吸食如故，而已戒者亦难免死灰复燃。若不严予查禁，势将变本加厉。

这些记述展现了合作者和日本人在提到中国过去和未来时，讲述的是完全不同的两个故事。

在到达嘉定后几周内，嘉定“宣抚班”所做的第三项工作是提供医疗服务。这方面工作在提交给上海特务部的报告中并不突出，然而却是熊谷回忆录的一大特色，或许是因为这项工作给了他直接接触中国普通民众的最好机会。他评价道，人们的健康状况极其糟糕，尤其是农村地区，并赞扬“宣抚班”给嘉定县送来了“文明的医学”。从12月13日到25日，“宣抚班”共计治疗了196位病人，其中大多数病人病情有所好转。尽管他们的医疗服务仅仅是最起码也最基本的救治，使用的也是比较普通的药品，但这足以给一些农民留下深刻的印象，认为“宣抚”职员就是医生。嘉定农村的医生极为稀少：战前粗略估计25万人中大概有50名医生，其中只有两人学过西医。如同其他地方从事现代化运动的工作者所做的那样，熊谷利用免费医疗在从来没有见过医生的人中建立信任。他解释说，他们收到了鸡、鸡蛋之类的礼物，体现了 73
乡民对日本人提供的服务充满了感激之情。[13]但这些礼物是否可以看作是乡民们偿还所欠的人情，希望结束而不是永远记住他们与日本人之间所存在的人情关系？也或许是乡民“孝敬”这些令人恐惧的占领者？

以上所有的工作都是第二位的，“宣抚班”的首要任务还是建立一个有效的地方行政组织，与日本人合作，服务于占领区基层社会。声名狼藉的“维持会”应被弃置一旁，代之以一个更具坚实基础的“自治委员会”。熊谷的回忆录稍后才涉及这个主题，或许因为这是一块“宣抚班”成就不大的领域。他另起一章谈论中国行政机构建设问题，并用了一个略带无奈的标题——“政治现实”，坦白承认他所面临的重重困难：

对于我们“宣抚班”来说，最重要的任务是指导建立一个地方自治组织。这是个非常艰巨的任务。我们不得不找这一地区相对有权力的人物，将他们召集到一起，迅速将他们组织成“治安维持会”或“自治委员会”。在大多数情况下，我们先组织“治安维持会”，然后进一步发展成“自治委员会”，最后，经过多次失败和重组后建立了县政府的根基。

事实上，为了完成工作，我们不得不克服重重困难，我说不清到底有多少困难。在前两个月里，我们渐渐能得到一些比较有权力、自愿而来的人，建立了“委员会”。[14]

指导建立中国行政机构困难的根源是缺少“相对有权力人”，即日本人想与那些有影响的人合作。熊谷对工作简单地评述道，直到4月，那些“不可靠的中国人”阻碍了委员会的发展。在回忆录中，他反复推敲、字斟句酌地表述出问题：

人与人的关系实在很复杂，这使我们陷入了真正的困境之中。一些人秘密忙于有利于国民党的事，有些人利用他们的职位牟取私
74 利，另外一些人聚集私人武装冒充警察，还有一些人与盗匪私下勾

结。最初很多人隐名埋姓，使用各种各样的假名字，我们对此一清二楚，但却无力反对。[15]

熊谷不愿意将这些困难上升到占领状态下政权建设所必然面临的问题，而是选择了“人与人之间的关系”这个概念来搪塞。他将那些与他一起工作的中国人描绘成缺乏忠诚团结训练的掠食者。他相信，情况之所以如此之糟，是因为中国人自然的、不正当的特性所致，他们将微不足道的个人利益放到了社会利益之前。在地方政权的形成过程中，日本人的在场则完全没被提及。又一次，熊谷不允许设想他的存在被看作是在中国建立“占领政府”步履维艰的根源，就如“宣抚班”刚到嘉定时他不愿意承认民众不愿意接受“宣抚”一样。他断定问题的根源在于他来的这个地方极其糟糕，在于中国人自己也纠正不了的陋习。

在到达嘉定后几天里，熊谷所面临的首要难题是“迅速”（熊谷的原话）组织“维持会”。很显然，在这个不稳定时期，军队同意任何人来负责此项工作。“维持会”的成员已安排就绪，晚来的熊谷只有与他们共事。“维持会”会长孙芸笙的势力相当坚固，他的联盟或者至少他与警察局长内野的关系，就使熊谷很难安排自己挑选的人。如果可能的话，在成立“自治委员会”时，熊谷很想安排自己的候选人。对付前任留下的一群合作者是一件非常令人头疼的事。再加上这个问题与另一个更为困难的问题交织在一起，即在占领状态下征召精英分子，越发显得难上加难。占领之初的那些自告奋勇者——正如他在机密工作报告所指出的那样，“大部分是不可靠的、品德和能力都令人怀疑的人”——那可不是他建立一个“有德行”的占领政权所需之人。[16]他需要那些品德高尚的地方头面人物，因为复兴嘉定秩序的工作需要这些人的声誉、视野及其号召地方民众的威信。没有一些地方公认的头面人物的合作，是不可能建立起一个像样的行政机构的。他不希望建
75 立一个只会流失稀缺资源、藏污纳垢的“占领政府”。但是在日军抵达之时，有地位、受过教育、有钱的人早就逃走了，根本找不到他们。从另外一些角度来看这个问题，也可以了解为什么地方头面人物不愿意与日本占领者合作。第一，已合作的人一无所获，而且他们精心修复的房屋会被日军征用，或许复兴的机会已被日军的专横行为所断送；第二，地方头面人物因日军的入侵而遭受的损失更多；第三，合作常常以短期安排开始，且合作者遭受道德的压力，他们的恐惧心导致合作失败。

嘉定民众尤其具有强烈的抵抗外来侵略的精神，并将其作为一种崇高的道德品质，因为他们有着特别的抵抗经历：1645年嘉定人民奋勇抵抗满洲入侵者的军事接管，尽管最终失败了，但这个英勇的故事一代代传下来，其所有民众都是在抵抗的记忆中长大。在那场战斗中，地方头面人物和民众领袖组成的联盟抵抗清军的围攻，但最后嘉定县城还是陷落了，城区遭到残酷地破坏，保卫嘉定的人被屠杀。熊谷知道这个故事，并在回忆录中讲述，目的是解释为什么嘉定民众具有如此强烈的反日意识。[17]他非常欣赏这个反抗故事，因为这个故事很容易向民众灌输抵抗侵略者的美德。他拒绝提到较近一次的抵抗事件，即1932年日军袭击上海。那次袭击主要是转移人们对日军占领中国东北强烈不满的视线。在这场袭击中，日军不仅炸平了上海北部新建的重要地区，

且炸毁了上海至嘉定的铁路，迫使嘉定、宝山、太仓居民向西南方逃难。1937年日军轰炸机不仅激活了人们的记忆，而且使人们再一次逃向五年半前的避难所。

主动与入侵者合作的人，脑海里或许早已淡忘了这些鲜活的记忆。那些地方上政治意识较低的人，可能观察形势的角度有所不同——他们将入侵看作是个人前途从未有过的大好机会。他们是大胆的机会主义者，为了进入权力之门，宁愿忘记1932年和1645年的历史——在通常情况下，这些权力之门只向极少数的特权阶层开放，这些特权阶层来自为数极少的地方统治家族。由于占领所导致的政治真空，使那些试图获取公共权力的边缘人物，利用这个新旧转化的机会进入了“维持会”。他们的机会主义倾向 76
使熊谷进退两难。他不得不依靠那些已经进入“维持会”里的人，唯恐后者断绝与日本人刚刚建立起的忠诚关系。然而他们的存在又使占领初期由于各种原因不愿意卷入的人更少有机会进入“维持会”了；如果他们仍留在“维持会”内，这种情况还会继续下去。在日本人没有权力强迫不大愿意的候选人进行合作，也没有任何理由假定一个新来的头面人物能赢得民众支持的时候，不断与这些机会主义者谈判、妥协就是唯一的选择了。由于这些实实在在的问题，“占领政府”的基层领导人物最终由那些面对打击（反抗势力的暗杀等）、愿意与占领者合作的人组成。但是威胁立即就出现了：一个暗杀团杀死了陈贵全（音译），这个中年人与“宣抚班”建立了良好关系；接着是张连贵（音译），也被枪杀了，这是一个有能力的、年轻的国民政府税收人员，“宣抚班”刚招他来制定税收方案。[18]合作是一桩提着脑袋过日子的危险营生。

1月，“宣抚班”主要的幕后工作是改组“维持会”，尤其是18日以后，上海军方号召逐步以正规的行政机构取代临时性的地方组织。1月21日，“宣抚班”宣布由9人组成的“嘉定自治筹备委员会”成立。“筹备委员会”负责监督现存的“维持会”重组为“自治会”。“宣抚班”在其机密报告里也不得不承认，“自治筹备委员会”实际上只不过是“维持会”的另一个名称而已。换句话说，“维持会”成员是不容易被排除出去的。（熊谷的抱怨不是孤例，“太仓宣抚班”班长4月也沮丧地指出：“目前‘自治会’主要人员大多数是些三流人物，甚至更糟。”[19]）唯一有所变化的是，在返乡的人群中出现了一些新成员。这些所谓的新成员是“以前真正有权力的嘉定人”，“宣抚班”报告所称的地方上层头面人物，也就是那些在日军袭击之前首先离开嘉定的人。其中一些人向西逃往苏州，另外一些有能力支付费用的人到上海公共租界避难，与1932年的情况一样。去上海的地方头面人物1月间返回嘉定，这正是新“委员会”成立的时候。“宣抚班”设法诱使其中一些人进入“自治委员会”，这不仅是想提高“委员会”的声誉，还想利用
77 他们来削弱那些处心积虑捞取好处的老成员的权力。“维持会”还试图诱使地方有钱人资助“新政权”，即支付“自治会”的费用。

“宣抚班”所关心的是将“自治会”改造成符合日本人目标的组织，这在2月初“筹备委员会”起草的章程中体现出来了。（在2月最后一个星期，改名为“自治会委员会”。）委员会由七个部门组成：即总务组、民事组、交通组、救恤组、财政组、治安组、经济组。总务组三项职责的第一项是：“联系日军和宣抚班，协调与军队的各种工作。”这个组的任务是与日本军队合作，更明确

地说，是处理日军与本地老百姓之间所产生的矛盾和冲突。冲突事件不计其数，“宣抚班”2月份上半月的工作日志中频繁出现短小的“日军与民众冲突事件的决议”，从这些决议可以知晓一二。“宣抚班”也要处理这个问题，早在1月10日，“宣抚班”给日军士兵做报告，要求他们不要挑起与地方民众的冲突，但他们只是文官，不能期望他们的权力能凌驾于军队之上。

“自治会”民事组有三项任务。第一项，发行良民证，与他们的前任一样；第二项，进行全县人口登记，目的是建立保甲制度；第三项，为日军提供劳役。1937至1938年冬季，日军索要劳役频率很高，因为他们需要努力抢修自己所毁坏的桥梁和道路等等。然而，日军的兴趣只在于基础设施，损坏的房屋留给受损者自己去修理，且那部分工作耗时较久。1938年12月，省政府调查发现，城内和郊区遭到轰炸和火烧，毁坏“非常严重”，甚至一年后，破坏还没有完全消除。[20]

“自治委员会”其他组的规章都有相同的主旨：使“自治委员会”成为占领当局的工具。例如经济组的章程是：在上海“宣抚部”所任命的商人来嘉定恢复经济之前，经济组要购买急需的全 78
部原材料，包括上海所需的原棉和农产品。没有原棉，日本棉纺织厂无法生产。早在12月28日，日本上海棉纺织协会便派代表去嘉定调查，因为棉纺织厂厂主正焦急地等待原棉供给恢复。“自治会”任命代理人购买农民产出的所有原棉，垄断这项业务。军队禁止利用内陆水路，给运输带来了很大麻烦。2月下旬，“太仓自治会”秘密与军队交易，逃避禁令的制裁，允许地方银行和商会用船只运输100担原棉到上海。几个星期后，嘉定宣抚班也得到东洋棉花株式会社的安排，垄断并大规模购买嘉定原棉。棉农在这笔交易中获益颇多。1938年，中间商以每斤12元的价格从农民手中购买，比战前上涨20%。[21]第二年价格上涨到每斤20元。

重开商路对日军控制货物和人员的安全流动产生了压力，这意味着“宣抚班”必须严格执行非法旅行的禁令。例如，“宣抚班”于2月17日发出通告，禁止船只夜间航行，第二天又公布一次。而另一方面，货物和人员流动是恢复和繁荣本县经济所必需的。“宣抚班”想方设法使嘉定的人口达到战前的水平，希望每条道路都向从上海归来的居民开放，让他们带着资源和关系网回来。18日，“宣抚班”与“自治会”交通组召开会议，商讨如何改良交通路线。交通组同意在上海和嘉定间开通两艘渡船。然而，一个月后，因这两只船的课税问题，交通组与“上海市大道政府”发生冲突。好像是后者单方面扣押了“自治会”的船，阻止了县城与上海间的商品与人员流动。3月底，“自治会”将这一切告诉“宣抚班”，希望它出面交涉。“宣抚班”无能为力，无法对上海方面施加影响。

这些工作能增强“自治会”的行政权力吗？“宣抚班”报告指出这根本不可能。在“自治会”成立（2月3日成立）的前一天晚
79 上，“宣抚班”在“自治会”总部举行招待会，参加人员有日军军官、地方头面人物等。“宣抚”人员鼓励他们与即将管理嘉定的人密切往来、加强联系。第二天下午，“宣抚班”将“自治会”所有成员召集到办公室，“就有关事务给予指导”（工作日志是这样记载的）。[22]理论上，“宣抚班”不希望县行政机构看起来像个傀儡，但实际上它正好把“自治会”作为它的傀儡。“宣抚班”报告中很清

楚地指出，“自治会”大多数工作都由“宣抚班”发起，从清理道路到派遣巡警去茶馆查禁群众集会。实际上，“宣抚班”不但发布命令，还要署名。如12月25日，禁止移走城区物品的布告中就同时署有“自治会”和“宣抚班”的名称。不过从那以后，“宣抚班”的署名在权威布告中消失了。如1月12日由“宣抚班”拟定的罪犯名单布告中，只标注“自治会”的名称。接下来“宣抚班”继续草拟各种公告，如禁止砍断电线杆作为木材使用（2月初）、收缴枪支（2月14日）、搬走尸体（2月18日）、划出演习区（2月22日）、反空袭步骤概要（3月21日）等等，所有这些都是以“自治会”的名义颁布的。

二

“宣抚班”与“自治会”一样，对将其管理机构延伸至农村地区非常关心。在“宣抚班”到达之前，“维持会”已经建立了娄塘和徐家行支会。1月“宣抚班”又建立了两个，2月再发起两个，它们分别是外冈、孙浜桥、方泰和安亭。2月27日，其中四个改组成“自治会分会”，重新建立了国民政府时期嘉定五个区的管辖制度。这时还有一个区没有“自治分会”，即铁路经过的南翔镇。南翔被日军炸毁得太严重了，以至于占领初的几个月内无法建立任何形式的行政机构。在熊谷的监督指导下，终于在3月5日建立了南翔分会。“自治会”的最终构架是由一个总会和五个分会即徐家行、娄塘、外冈、方泰、南翔等组成，前者监督后者。

在回忆录中，熊谷这样描述了“自治分会”建立的曲折过程：

> 80 分会在嘉定县各区建立起来了，由于治安状况和各种各样的内部问题，很多场合下我们无法与这些分会取得联系。在特定条件下，我们不得不“监视”他们建立一个健康的自治组织。有好多次，我们很困惑，不知道该做什么。我不打算将各种情况和问题详细地写出来，但那时，我不能让“监督者”这个身份过度地束缚我。我做的“监督”或“工作”实际上只是简单的监督和工作。我关心的是这工作或监督是否起作用。政治理论或经济工作本质上是一个人的真心诚意。真心诚意地拯救农民和重建乡村比什么政治工作都重要，那才是真正的政治。[23]

熊谷发现很难与分会里的投机分子共事。他们并不真正热心于“重建乡村”。当然，熊谷埋怨这些分会不健康，可能是因为分会成员的观点与他的看法并不必然一致。被动接受日本人的“督导”并不是“自治会”成员优先考虑的事，他们首要的兴趣在于地方利益。无论何时，只要国家政权侵犯这些地方利益，他们就会制造熊谷提到的各种麻烦。

五个分会各就各位后，熊谷便向上海“宣抚部”汇报，建立全县行政机构已初步完成。当然，只是表面上的各就各位。现在第二步工作是让这个管理体制名副其实。“宣抚班”的部分任务是控制这些分会以免它们的运行独立于“自治会”和“宣抚班”。例如，3月5日，方泰分会会长汇报：安亭和黄渡（铁路经过这两个镇）的“维持会”是由流氓地痞等坏分子组成的，目的是为了非法征税。第二天，熊谷和两个“宣抚班”职员以及其他几个自治会的成员一起赶往安亭，控制了该分会，并检查其财政账目。合作者增加了而不是减轻了地方上的不稳定。

日军主力西进后，安全问题加剧了。4月下旬，中国军队从昆
山和青浦地区穿过西部和南部边界进入嘉定，并与这些地区的头 81
面人物建立了联系。一个名叫赵济堂（音译）的人，在南翔西部与青浦县的交界处的纪王庙擅自建立了一个“维持会”，并开始搜集武器。“宣抚班”猜测他将这些武器送给游击队。“宣抚班”无法控制这五、六个镇的外围地区，因为这些“宣抚班”已授权的“自治分会”被地方人士所控制。在娄塘，有一次熊谷发现，那里的管理特别具有两面性。他说，他在那里参与了一次黎明袭击，他们坐在一只小船上向一群盗匪开火并抓捕了四个，其中有一个女孩，是他认识的一个人的女儿，此人与地方“维持会”关系密切，值得信任。当熊谷问女孩的父亲是怎么回事时，他告诉熊谷，女儿两三天前去买东西就没回来。熊谷可能没有想到，形势比他认识到的要复杂得多，当地人既与日本人合作，同样也与另一边的人往来频繁。

这些复杂性表明，在占领地区的大多数地方，基层政权不能正常运作。在“宣抚班”工作报告中，不能正常运作的第一个迹象是：2月20日“宣抚班”拟定了“自治会”所有职员的名单，可能是为了审查他们，但“自治会”并没有按照“宣抚班”的规定执行。两天后（2月22日），“宣抚班”召集所有“自治会”职员并加上娄塘和徐家行分会的会长开会，讨论一个听上去很文雅的条款——“强化‘自治会’组织力量的措施”。四天后有人汇报说，“自治会”职员在一家茶馆里与一群坏分子混在一起——推测他们是在出卖消息——这印证了熊谷的感觉：宣抚班已经失去了

对“自治会”的控制。熊谷决定先发制人。23号，他将孙芸笙和另一位“自治会”头目李品先（音译）招来，告诉他们他计划任命一位前国民政府的区长来掌管该县事务。四天后，他提出了一个改组计划，并强加于“自治会”及其分会。熊谷不信任这些人，决定将他认为不负责任的人从新的基层政权里清除掉。

“自治会”不听“宣抚班”指挥的现象只出现在3月。2月27
82 日，李品先以生病为由，突然主动离开“自治会”，孙芸笙接替李掌管“自治会”。3月2日，熊谷警告孙说，原“自治会”职员吴红生第二天将被免职，因为他从事“非法活动”，损害了“自治会”的声誉。熊谷还严令孙建立保甲制度和商品供销合作社，日本人认为这两个机构是占领政权生存下去的关键。

三

建立占领政权的基层政府困难重重，筹措经费也是如此。在2月初的“宣抚班”报告“目前经费与预算”一栏中，很简单明了地写道：“没有，正在筹集中。”报告说，“自治会”只有几千块钱，并认识到可靠的经费来源是自治会运作的必要条件。可日本人没打算从上面拨款，这要靠“自治会”自己想办法。

2月初唯一的收入来源是发行良民证的收费（5分钱一个），以及征收来往于上海和嘉定间的船只通过费（每条船1元），其他的税收都是临时性强加的。嘉定城外的治安状况极差，意味着无法从那里征收一分钱。税收人员张连贵被暗杀，更没有人敢妄想这项收入了。财政收入的主要希望是城区商业税。随着回来的人越来越多，曾关闭的店铺又开张了（1937年12月只有两家豆腐店和一个手表修理店在营业）。一些男孩子骑自行车迅速从上海买来物品给本地小商小贩出售。大一点的孩子一天可以跑两个来回，但这样的买卖规模很小。到3月中旬，只有268家商铺被允许营业。“自治会”盼望能从肉铺店、茶馆及鸦片零售商处征税，前两项于4月4日登记注册。[24]

“宣抚班”痛苦地意识到，如果没有长期的财政来源，“占领政府”是不会稳定的。只要地方政权不能支付一定的费用，使一些制度恢复到正常状态，如让小学重新开门，它就不能声称自己是地方上的行政管理机构，不能合法地满足地方社会的正当需求，因此也就没有征税的权利。当“自治会”只采取向县城商业区征税的措施时，就不可避免地需要收税人。“宣抚班”采取不同的行动方针，决定从那些还未出场的地方精英中寻求政治和经济上的支持。三周前，邻县的“太仓宣抚班”已经去上海，动员太仓旅 83
沪同乡会出面牵线，请那些有影响的人物回家乡投资。3月16日，嘉定“宣抚班”的两名职员也采取了同样的行动。他们与嘉定旅沪同乡会会长商谈，建议他们为重建家乡秩序做一点贡献，投资家乡经济建设，毕竟家乡经济活动大多数是依赖于与上海之间的货物交换。

那些商人不愿意满足“宣抚班”职员的请求，最终他们同意与“宣抚班”职员去法租界一家饭店共同进餐。但是嘉定“宣抚班”的希望最终还是化为泡影，与太仓“宣抚班”一样。熊谷在回忆录中将他们的失败隐约归结为那些商人的令人讨厌的西化。他描述了那个35岁的发言人：

> 特别奇怪的是，从他们嘴里出来的不是中国话而是外语。他彬彬有礼，穿着考究，给我的印象是不像中国人，好像是英国人或者美国人。这些人看上去已经失去了对中国的感情，怎么能指望他们对中国或者东亚文化做出贡献呢？如果一个中国人看上去、行动上都像中国人，那感觉就好多了。[25]

熊谷非常需要这些人的合作，但他的动员失败了。通过把“东亚”与“西方”相对抗，他将其失败转化成这个观点：中国的未来在于农民，重新回到农村，促进农村的改变，而这些西化的人在这一过程中不能担当任何角色。他得出结论，“毕竟中国真正的力量在乡村”。那些嘉定商人与西方文化关系密切。在上海，这些人很普遍，也不显得特殊，但对熊谷而言，这些人就有问题了。与西方文化接触并不仅仅将这些商人从固定不变的中国农民中分离出来，而且还培育了一种“不健康的民族主义”，使他们对熊谷的计划——为了服务中国他们应该增进日本人的利益——嗤之以鼻。熊谷可能知道他对中国商人特性的看法有点文化上的偏激，尽管他已经不在意这些了。对他而言，最可资利用的是约翰·道尔（John Dower）关于战争的意识形态理论，即后者所说的“中层语境”的另一种背景：“当人们对敌人与自己进行评论时”，一方面在力图淡化自己的种族偏见，另一方面又不想承认自己语境中政治与政策性的考量。

熊谷沿着健康的亚洲路线，通过建立基层行政组织，帮助日
84 本达到在中国的政治经济目的，建立新中国。尽管“自治会”已具备了自治的外表，然而他所渴望的更大成功却迟迟未出现。他

决定强迫“自治会”沿着新的方向继续前进。熊谷清楚地意识到孙芸笙从不积极主动建立一个有效的或负责任的政府。3月21日，他命令孙彻底改组“自治会”，任命新的职员，重新设计章程来管理“自治会”、分会及其职员，命令乡村基层人员执行好保甲制度，以及公布其他一些必要的规章制度来控制局势。熊谷继续希望4月份归来的原嘉定头面人物中的杰出分子来接替孙的位置。

无论如何，嘉定农村游击队的频繁活动使得上述希望迫在眉睫，因为它挑战了熊谷的说法，即嘉定秩序正在恢复正常。[26]4月10日，他在日记上这样写道（回忆录也有同样记录）：

> 本月上旬，当农作物茁壮成长、树木枝叶繁茂之时，城外的不法之徒蠢蠢欲动。每晚枪声密集。他们好像在利用驻军变动的机会。农村被杀被抢的事件不断传来，尤其是富裕农民损失严重。治安状况突然迅速恶化。每夜，戒备严厉，宣抚人员轮流值班站岗，值班时不许睡觉，不敢有丝毫松懈和怠慢。[27]

熊谷想听听盗匪的枪声，但他听到的是政治抵抗之声。方泰和黄渡周围的游击队日益活跃，实际上，外冈和娄塘的“自治分会”两次被占领。4月22日那次，有40个士兵和50个男女卷入其中。游击队不仅仅羞辱合作者，而且还想要合作者的命。在外冈，游击队行刺了“自治分会”会长，一起丧命的还有该地区一个臭名远扬的土匪头子。熊谷说，“宣抚班”职员忧心忡忡。4月“宣 85
抚班”报告中记录：两所学校恢复正常，训练了30个警察，一所日语学校开始招生，但是白天里取得的这些成果，夜晚就被武装反抗的枪声和暗杀的行动抵消了。

临县的太仓“宣抚班”班长玉置新也面临着同样的问题：农村地区极不稳定。他在4月15日的日记中提到：“‘宣抚班’、驻军、‘自治会’紧密团结，三位一体。鉴于目前动摇分子的被捕和盗匪的抢劫行为，我们必须全身心地投入，赢得民心（农民）。”这样的乐观解释出现在玉置新道出春季面临的艰难困苦之后。这段话读起来很像熊谷康描述的嘉定情形：

县境内很多人继续从事意识形态分裂活动。首先，目前局势仍是盗匪猖獗；其次还存在以下诸问题：“自治会”成员是在事变后最紧张的阶段加入的，而且全县境内没有一个“自治会”成员能胜任工作。在物质和精神方面要赢得全县民心极其困难；最后，几乎在所有事务中，“自治会”只会等待“宣抚班”的指导。尤其是只要治安问题得不到解决，什么事也不能做。这也是“自治会”一事无成的原因。[28]

玉置新和熊谷都希望有一次成功的军事镇压，他们认为这会给农民带去和平与安全，使其不再受到盗匪侵扰，不再遭到国民党游击队的经济压榨——国民党游击队正利用农民来支持蒋介石政权。帮助人民摆脱压迫能使日本人赢得那难以捉摸的民心。玉置新或许是在给上海的报告中曾坚决要求，他和地方驻军在5月份进行了一次军事行动。但是当月30号两名“自治会”职员就被暗杀，这证明了军事行动只是虚张声势，[29]没有实际效果。直到1939年底，日伪军联合采取大规模的军事扫荡，赶走了这几个县的抵抗力量，治安状况才略有好转。但赢得民心则是另外一回事了。

1938年夏，占领政权彻底调整结构。为了支持自上而下的行 86
政机构“制度化”，取消了地方自治会，也放弃了“宣抚班”建立的基层组织。“自治会”变成了“县公署”，“自治会会长”由“省政府”任命的“县知事”取代。6月25日，一个叫冯诚求的本地人就任“县知事”一职。[30]稍后不久，嘉定改组，隶属于“上海市政府”，他继续担任此职。然而，他实际的权力微乎其微。一年后的1939年5月，在提交到中央的报告中，冯坦白承认，他在职一年几乎一事无成。[31]两个月后，“兴亚院”派来一个调查小组，调查农村实际情况。他们这样叙述在嘉定农村的经历：“一踏出城墙外，情况便糟糕透顶，感觉自己正身处险境。”[32]1939年10月16日，冯诚求奉命召集一次群众集会，纪念县公署成立一周年。为了维系一种表面上的外观，上午他在一所小学召开了会议，下午举行了群众游行，晚上还有提灯笼的游行队伍。《嘉定新报》报道了这次活动，这张报纸被保存下来了，一名官员为表明一切照令行事，将这天的报纸送交到上海市政府。这张报纸和其他一些剪报、七张照片（六张表演、游行照片和一张孔庙会议照片）一起收藏在上海市档案馆。[33]瞟一眼这些照片就会发现，六张表演、游行的照片和第七张在孔庙拍的照片中，所有的参与者都是小学生。看来，在这个场合中，冯诚求能动员的也只有这些小学生了。

1938年冬春之交，那些依靠与日本人的关系而短暂掌权的老“维持会”/“自治会”的职员下落如何，没有被记载。“自治会会长”孙芸笙从文献资料中消失了。然而，我们从他的消失中看不到更多的意义了，因为关于后几年发生的行政或政治事件，嘉定县档案馆几乎没有保存下来。直到1943年才出现一些可以参考的资料，但仅有那年6月统计的嘉定地区主要行政人员花名册，早期合作者的姓名没有一个在上面，还有那年7月和11月的区务会议记录。[34]为了让外来者管理这个县，1941年2月县长和其他几个头目
87 一起被免职，一个完全不同的统治群体当权了，原来政权所具有的“草根性”再次消失。

四

基于压力，在建立“占领政府”的过程中，日本人迅速完成了好几个任务。嘉定沦陷后半年的短暂历史便能概括这些任务。在后面几章里我们将详细讨论每个任务，以了解长江三角洲各地的“宣抚班”如何在困难重重的条件下，贯彻“特务部”的指导方针。第一步，清理碎石、尸体，为无家可归者搭建临时居所；为新的“占领政府”寻找行政人员；在县城及之后的边远小镇建立基层行政机构。第二步，收税，但这不是在第二步就能成功完成的任务。地方行政机构需要经费，另外还需要承担日本入侵的成本。日军可能偶尔资助基层政权的合作者，但没打算长期支付这项费用，它也没那么多钱来管这些人。基层“占领政府”依赖意外的横财、没收和随意收费来维持其低预算的运作。“宣抚班”的任务是通过构建稳定的地方税收来源，建立一个不依赖上面拨款的行政机构。

为巩固前两项任务而开展的第三项工作是创办看上去可信可

靠的行政机构，诱使地方头面人物加入或支持。占领最初几周，主动前来的那些通敌者令人生厌，在稍后的地方“占领政府”建立过程中，这些人也非常不负责任。一些人没有管理能力，一些人盗窃他们掌管的物资，但这可能不是匆匆取消“自治会”的充分理由。尽管“自治会”拼命自我打造，使自己看上去像个合法的县行政机构，但它行事不当，完全缺乏道义或政治权威，这可能是“自治会”被取消的另一原因。然而问题的症结可能还是缺乏安全。如果说“宣抚班”的政治成功依赖于日军军事力量的话，那么其经济、意识形态正常化所需要的安全保障似乎也只能依赖于全副武装的士兵。没有士兵保护，县行政和经济事务无法开展。如果税收人员、教师、杂志社的编辑易遭到暗杀，就没有人敢去收税，也没有 88
人敢去学校上课，更没有报纸敢来从事反对对手的宣传事宜。如果“宣抚班”不能保证安全，那么其傀儡靠不住是可想而知的；“傀儡”这个词有点贬义，不太友善，但却相当公平地描述了嘉定地区大多数与“宣抚班”职员一起工作的中国人。农村的不稳定意味着强行建立的“占领政府”的权威只限于县城的城墙之内。[35]

五

“宣抚班”职员与其合作者有时意见一致，有时不一致，“自治会”看上去是个运作良好的“民政机构”。表面工作的背后几乎没有物质支撑，每走一步，他们都陷入因入侵而造成的破坏中。我们已经看到很多例子了：一开始秩序就恢复了，但没有房子可住；城市居民回来了，但只是搬走他们的东西；良民证发行了，但只是收取费用而不提供身份证明；"自治会"代替了"维持会"，但人员没有更换；乡村头面人物建立了自治分会，但只是捞取个人利益，不是推动"占领政府"的运作。熊谷尽管付出了最大的努力，但结果仍是他所鄙夷的表面工作。光靠个人奋斗是不够的，它不能提供物质基础，那需要与其合作者建立完全不同的特殊的关系，但在这种环境下，是不可能建立此种关系的。

4月底，熊谷离开嘉定去长江以北的安徽省省会蚌埠从事另一项新的"宣抚"工作。就任新职后不久，他便给嘉定一个朋友寄钱，叫朋友为他继子国树买礼物。国树的父亲是"自治会"职员，那年春天他多次请求熊谷收他长子为继子。送一个儿子给朋友做继子在嘉定是很普遍的，父亲希望借此提高儿子的社会地位。继子没有和熊谷一起居住，但期望未来能得到他的帮助和关照。熊谷很谨慎，但孩子的父亲不希望此事泡汤。最后，熊谷同意举行过继仪式。孩子的父亲试图与嘉定县最有权力的人保持紧密关系，熊谷没那么天真，没被他蒙蔽。但当孩子叫他"爸爸"时，他还是很开心的。

89 钱寄去一段时日后，熊谷接到国树的一封信。信的结尾几句这样写道：

> 前天张先生对我说，你写信托他买一件纪念品给我，真使我感激得很。张先生问我买什么，我以为买一只手表是好的，因为我时时刻刻看到手表，好像时时刻刻看到你大人一样呢。不再多讲了。
>
> 祝继父健康。
>
> 继子 国树 上[36]

熊谷在蚌埠完成任务后回到上海。他刚回来时，国树的父亲带着儿子到上海来看他好几次。接着，没有任何预兆和解释，他们之间的往来中断了。熊谷不明白为什么他与国树以及国树父亲的关系疏远了。“一定发生了什么重大的变故”，他推测，“我一直想见他们。”他们再也没来了，他想不出原因。占领者本应该想到他与国树的关系是没有结果的，本应该清楚地知道会失去干儿子的。这也是占领期间需要表面顺从的另一表现。熊谷承认他不是小孩的亲人，这需要强迫自己重新定位他与国树谨小慎微的父亲之间的关系，他们之间只是互相利用的关系，不需要付出感情。

第四章　成本：镇江

90 侵略战争是一项代价高昂的冒险活动。入侵者必须承担由此而来的各种成本，如派遣部队的开支，维持军事占领的费用等；这些开支和费用只有从占领区掠夺，别无他法。被占领区遭受战争所带来的各种创伤和损失：财产流失，基础设施毁坏，生产能力下降，而且所有这些破坏都不可能迅速恢复。农场主丧失劳动力、耕畜和市场。集中在城镇工业区的工厂易遭到入侵者的轰炸和没收；即使还有能力投入生产的企业，如我们在镇江案例中所看到的那样，也因为缺少原材料和可靠的运输系统而关闭。除了恢复战争创伤的费用外，还有复苏经济的成本：重新开放交通要道，保证投资的安全，补充被战争损毁的资产等。如果不立即投入生产，“占领政府”将无所依靠，无生存能力；这反过来又使政府无力支付必要的经济投入，来规避财政瘫痪的恶性循环。地里没有庄稼，政府的税收将无从谈起；如果没有经费雇用警察来保护征税人员，即使有收成也白搭。

日本侵略者必须承担最初的入侵成本，但这不可能持续太久。“宣抚班”职员希望参与占领政府的中国人能自己找到财政来源，不希望他们靠日军的补贴过日子。通过帮助和培养占领政权自治，来解决武装占领的主要矛盾：一方面占领者试图摧毁被占领者的抵抗能力（如摧毁经济能力、基础设施等），另一方面又希望保护占领区的经济能力和基础设施，以便为占领当局生产各种物品，这两者之间存在着尖锐的对立。至于参与占领政府的
中国人，由于与占领当局的固有关系，也存在着这些冲突。他们 91
既想为本地人增进利益，又想为雇用他们的占领当局提高经济效益。必须面对这个问题是合作者的代价。大多数人认为合作者是被贪婪本性所驱使，服务于占领当局能发财致富。在一些地方可能存在这种情况，但镇江的证据表明，“大汉奸”为自己的通敌行为付出了惨重的代价。

占领政府最初的困境是其在短期内不能收回成本，合法的财政收入枯竭，战后重建费用又很庞大。不稳定因素有增无减，且继续蔓延，到占领中期，入不敷出。在这章的结尾，我将思考日本征服长江流域的成本问题，它汲取的资源能支付占领的成本吗？尽管数据不完整也不太可靠，但能说明其汲取的资源不足以支付成本。既然如此，那么合作者又能得到什么奖赏呢？可是，就有那么多人愿意去赌一把。

一

镇江没有设防。当长江下游地区的县城被日军陆续占领时，国民政府内政部下令：凡日军有可能推进的路线，坚壁清野，撤

走所有的运输工具。当时的镇江是江苏省的省会，沪宁铁路和大运河在此交汇，具有重要的战略意义，且易受攻击，因此它是日军打击的重要目标。有钱人最先逃离，他们躲到上海或者远离长江的地方；接着省府和市府的官员于11月中旬开始撤离，23日前大部分人都走了，这时镇江只剩下少数巡警在交通路口值勤；24日，银行也关门了。此时日军已断断续续地开始空袭。三天后，日军对镇江进行狂轰滥炸，那些还在犹豫要不要逃走的人这时拿定了主意。但此时从长江水路逃离已不可能，因为政府和军队征调了所有的船只。对大多数人来说，唯一的选择就是用双脚逃到西南面的小山里。到11月底，该市的21万居民或该县的47.6万人口到底还有多少没撤走，已无法估计了。[1]

那些留下的人，有的无处可去，有的年纪太大跑不动，有的
92 留下来照看家当。在这批留下的人中还有很多伤兵，他们是在东边战场受伤的。伤兵是从丹阳或东南面乘火车到这里的，也有人花了好几天时间从运河上乘船而来。可是现在没有更多的交通工具将他们带走了，他们滞留在火车站的站台上、城墙边的驳船里，患病、痛苦、死去，几乎无人过问。一个小蚊香厂的经理张怿伯，28日晚在新西门附近看见一些受伤的士兵，请求将他们送进医院。张怿伯在其令人感动的回忆录中，描述了他为减轻士兵痛苦所做的一些事，尽管他几乎什么也没做。“此时人力车早已绝迹，无车可乘，也无医院可送，只得将伤者扶到桥堍，就烧饼摊旁坐下。”张拿来了一些食物和水，但很多人无法下咽食物，甚至连水也不能进，很多人因伤势太重而无法小便。其中“有一少年兵，感觉伤兵处境，如此没人照料，不禁热泪交流，见之令人

酸楚”。那天晚上，张将这个孩子和其他伤兵留在新西门，他悲痛欲绝，觉得自己为他们做得太少了。也是在那天晚上，日军炮轰了这个门。张第二天没说那些士兵是否还在那儿。他只提到运河上几只船被炸，一半沉于水下，一个幸存船女，无人救济，无处安身，在岸上奔走嚎哭。一天半后，镇江国民政府驻军撤离，留下一小部分人殉职。最后一批国民党官员也离开了，大街上留下了大量的标语鼓励人民“保卫镇江”。

中国军队撤离镇江九天后，日军第十三和十一师团的两个支队（其中一个支队由天谷直次郎少将率领，他即将控制南京）从东门入城。12月8日中午，一阵枪响，宣布他们进城了。日军不断地炮击城外少数仍坚守阵地的中国军队。居民躲避家里，大门紧闭。第二天一早，抢劫便开始了。在日军军官的指挥下，有组织地、彻底地搜查了市内的每一户人家，翻箱倒柜，扯坏撬开所有的地方，搜劫财物，搬走了所有能搬动的东西。祖宗的画像也被当作有价值的艺术品带走了。（张怿伯说：“后经奸民指出，不是 93
古画，始止不取。”）电灯装置被砸碎了，灯泡被取走了，大概日军灯泡已用完了。他们把不想要的东西扔到大街上，一把火烧掉。抢劫持续了很多天，每天士兵都闯入居民住所五六次，寻找他们在第一次、第二次、第二十次落下的东西。张怿伯用“川流不息”来描述一群群士兵光顾他的家。“所以敌军入境，不几天后，家家户户情形，都弄成了残毁凌乱，什物狼藉，哪里还成人家，简直是垃圾堆，没处下脚。”张怿伯震惊于日军的粗暴、猥亵、浪费，完全与他心目中的日本人形象相反。他原以为日本国人民是圣洁的，具有审美意识的，可是他错了。

与抢劫相伴的是更严重的人身袭击。当人们拒绝日军进入家中或者反抗日军的抢劫行为时，就会立即被枪杀。当躲藏起来的人被发现时，也会惨遭杀害。男人和男孩被抓去做苦役，很多人再也没回来了。妇女和女孩乔装打扮，或者躲藏起来，但一旦被发现即遭强奸。日军特别热衷于强奸躲在贫民窟的女人，她们因害怕遭到凌辱而躲在那里。日本兵不进入里面，而是放火将她们赶出来，在他们的住所强奸她们。一些人在无路可逃时，选择跳水自尽。大多数人则去难民营避难，难民营里男女性别比是1：2。然而即使在难民营，也不很安全。张怿伯的回忆录中说，其中有三个难民营的卫兵强奸了妇女，甚至一个13岁的小姑娘也被强奸。被俘的中国伤兵的遭遇比妇女还惨。他们被泼上汽油，放火烧死。张没有亲眼所见，是听别人说的。他描述南门附近的几个地方，“均多被烧伤兵尸首，颜色漆黑，四肢屈曲，缩成一团，面多向下，爬伏于地，行如龟鳖，惨不忍睹”。新西门那个泪流满面的小男孩即使成功地逃脱了轰炸，但就他那样的伤势且无人照顾而言，最终结局也是被烧死。

94 掩埋被丢弃尸体的任务落到红卍字会的头上。这是个1920年代兴起的志愿组织，替代中国本土的红十字会。用佛教的“卍”字号代替基督教的“十”字号作为标志，允许中国精英在模仿西方现代公民社会时不丢弃他们自己的传统。这是中华民国时期，具有较多传统思想的精英提出的建议，他们以此来抵制年轻一代人全盘西化的潮流。12月28日，“镇江支会”会长提交第一份报告给“宣抚班”，说他的掩埋小组在前10天里已处理了市区292具尸体。这只是他们工作的开始。张怿伯后来听说那个冬季，红卍字会掩埋了1400至1500具尸体。战后，一个收埋小组组长杨佛生回忆说，总数大概在1500至1600之间。红卍字会并没有收埋所有死去的人。战后的调查估计死亡人数在1万以上。[2]

张怿伯分析日军暴行的原因简单明了、直截了当：打了胜仗的日本兵最得意的事就是屠杀中国民众，仅仅是因为“得意”。[3]他不需要从更深层次的心理或文化方面寻找原因，战争本身就是解释。

第一轮抢劫后的一两天内，大火开始燃烧。大概有十天，烟雾弥漫，夜间“满天红光”。张怿伯的临时居所被烧毁了，而那些最贫困的人挂着日本国旗以求保护。焚烧具有选择性，但凡城市较繁荣的地区如主要的商业区都毁于一旦，还有为数众多的学校以及该省五座最有名的佛教寺庙也化为灰烬。对张怿伯来说，这些大火一点也不奇怪。日军试图用此来毁掉中国的财富，削弱中国的经济。“普遍原因，当在有心毁灭我们的财产，所以全城才烧得这样广。各处的火，只有听他烧，固然无人救，且敌兵亦不许救。”在回忆录后文，张怿伯说：“因救火而被置诸死命者，实繁有徒。”[4]日本人在做出决定焚烧这个城市前，应该考虑其他需求，比如保护人口，为了日本占领者的利益管理经济等。但张怿伯的 95
观点是，这样的想法对日本兵来说无任何吸引力，没有毁灭来得痛快。“宣抚班”的报告承认，占领镇江后，日本兵可能毁掉了这座城市60%的商业区。

暴行不是毫不相关的主题，因为已决定了将要在这个充满暴力、强奸和破烂不堪的环境中进行合作。要理解一些人为什么决定与占领者合作，必须考虑暴行这个原因，这些人包括那些因受挫而与自己妥协的人，那些因无人保护而主动寻求改善困境的人。我们之所以能探索占领时期此方面的问题，是因为有一本书《镇江沦陷记》保留下来，作者张怿伯详细记录了镇江沦陷初期两个月的情形。张的回忆录试图证明，日军在一周后进行的声名狼藉的南京大屠杀，与其在镇江的行为如出一辙。

96 军事毁坏给占领政权带来了经济上和道德上的不利影响。"宣抚班"1938年和1939年两个报告中有一些断断续续的经济统计数据，能勾画出入侵和占领给这个县所带来的经济负担。根据首倡者的所作所为，我们发现他们试图使地方经济管理得法，赚取利润。但是我们将看到，他们找不到可行的解决办法。

二

与其他地方一样，日军的入侵，使很多居民无家可归而变成难民。在镇江，1万人失去房屋或没有生活来源，他们居住在七个难民营里。中国人与镇江穆斯林各建立两个难民营（这四个俱在日本人的监控下），基督教组织三个。大照公司发电厂的那个难民营有600人。穆斯林的两个，一个在东清真寺，收容了2200人，另一个在西清真寺，有400人。自从唐朝波斯商人在镇江建立第一个清真寺始，穆斯林的信徒便居住在这里。1930年代，穆斯林的瓦哈比教派教徒来到镇江，改革了中国传统的伊斯兰教，他们分散在市区，这就是为什么他们有两个难民营的原因。与其他难民营不一样，穆斯林难民营经常缺乏食物。穆斯林难民营显然收容了大量的儿童（占50%，其他两个中国人的难民营只有40%的儿童）。在日军入侵时，很多人将孩子送到农村去避难，但由于穆斯林家庭很少有亲属在农村地区，所以其难民营儿童比例较高。[5]

剩下的6000难民分散在镇江基督教圣会里，然而几乎找不到这些难民营的蛛丝马迹。发现的唯一资料是：由一个自称是上海美国情报局的机构出版的1939年战时状况调查报告，收录有镇江基督教慈善事业情况。这本小册子来自于中国内陆传教士的报告。根据这个报告提供的信息，六名英国和美国牧师支撑国际救济委员会，从1938年10月到1939年4月，每月给15,000人供应食物。[6]估计在占领的第一个冬季他们也在现场，提供差不多的救助。“宣抚班”班长1938年12月的工作报告也提到了教会。他写 97
道，他很烦恼，因为他们的救济工作增强了“依靠欧美的观念”。正是这个原因，他请求上海的上司制定一些政策，减少基督教的存在。“宣抚班”报告没有基督教难民营的其他信息，大概是因为西方人由宪兵队管辖，不受“宣抚班”节制，“宣抚班”只处理中国人的事情。

“宣抚班”到达镇江的时间不十分清楚。“满铁上海事务所”给“特务部”的3月份报告上记有镇江“宣抚班”抵达的时间，是12月19日，但镇江“宣抚班”的工作报告说他们是26号开始工作的。[7]“满铁”报告是根据“宣抚班”工作日志编写的，第一项工作的时间是26号，记录了“宣抚班”和驻防部队司令官的一次会议，讨论如何获取食物供应难民的问题。第二天，“宣抚班”班长中山四郎和他五个职员一起去省医院难民营，现场调查情况。当时张怿伯的妻子也在现场，她说某日军军官集合大照电气公司的难民，做了一场报告，宣扬日军士兵是非常守纪律的，他们应受到难民极大的尊敬。[8]这或许是中山四郎试图给人们留下良好的第一印象，但是他失败了。

“宣抚班”的当务之急是供给难民粮食，但此项任务只是重建镇江这一工程的一个组成部分。难民营是必需的，但难民营只能短期存在，最终目标是尽快关闭这些难民营，让每个人都回到家中。然而由于损毁和劫掠，这还需要一段时间。一旦人们确信不再被日军骚扰，那些有家可归的人还是愿意早点离开难民营回到家里。迄至2月中旬，“宣抚班”监管的难民营人数减少到2813人。在这些人中，大部分根本无家可归，或者穷困潦倒而无法度日。[9]这些人是镇江长期流浪街头者的主体部分。3月中旬，“宣抚班”将难民营工作推给“自治委员会”，撒手不管了。

几个有利因素使难民食物供给变得稍易点。第一，大照公司的经理要对电气公司的所有难民负责；第二，日军占领镇江时，
98 国民政府75,000吨的粮食落到了日本占领者手中。由于这笔横财，日军能从中抽取一小部分分给难民，但这只能解决短期内的问题。每次运来的粮食不会超过1000公斤，常常发生只运来一半的情况。离开难民营的人只给三天的食物。日军答应给的其他物品到1月底才运到。“宣抚班”工作日志概要中提到，日方的支持是短期的，希望中方能理解。

“宣抚班”12月27日（即第二个工作日）工作日志有三条记录。第一条是去省医院难民营视察，汇报到上海的3月工作报告中也有这条信息。第二条是组织征收日军所需的军用品和劳役，这一条记录了与日军少将开会讨论“宣抚班”在这些地区如何供应军队的需求。尤其征召劳役，成了“宣抚班”第一个月连续不断

的任务。12月30日需要50个苦力做运输工作；1月4日需要30个清扫街道；11日又需要30个修理河道；12日需要47个做日陆军工程兵助手。列举的这几项只是少数有正式命令的、希望“宣抚班”给予满足的劳役需求，大多数情况下由难民来做这些劳役。很多人希望能挣点钱，但不清楚他们到底是否有报酬。此外只要需要，军队便到大街上抓人，不通过“宣抚班”。正如张怿伯所述：

> 拉夫的事，兵初到时，最为厉害，久驻之后，比较好些。在镇所拉之夫，有的随军输送辎重，至扬州、南京一带；有的在各队担任种种劳役。不管老少，不分上下，都做他的奴隶就是。当一月中旬，秩序已稍定，面店已开，正在吃面的十几个人，一齐被兵拉走，“自治会”职员，也有被拉的，小孩也要拉。笔者第三子，系低
> 能儿，年十三，兵来搜劫木柴，叫他跟着送去，时在早晨，至晚才 99
> 放他回来，一天未给他吃。[10]

“宣抚班”征丁的工作可能也扩展到招妓女。张怿伯回忆录指出，日本在爸爸巷、浮桥口、小码头设立了三个慰安所。其慰安妇是日本女人，估计大概是朝鲜人吧。在中正路上还有一家中国人慰安所。军官不愿意去那些慰安所，另有秘密安排。张怿伯断言“宣抚班”也是如此——这是我看到的唯一一条资料：

> 更有不少，强占民妇，硬行住家，或出钱雇佣，供其淫欲。又有在恐吓威胁之下，包定妇女一人，专供同党数兵，更番奸淫。日军随军政治机构名为“宣抚班”（各地伪组织，均为其造成，不啻

> 地方上之太上政府），随军初到镇时，内中亦有不少中国妇女，闻系各处掳来，较有姿色者。长官既多好色贪淫，上行下效，自然不能禁其部属。[11]

12月27日“宣抚班”工作日志的第三条记录是有关建立伪政权机构的事情，在供给难民食物和组织劳役之后。这条记载了那天“宣抚班”班长去驻军司令部请求建立“治安维持会”事宜。他们肯定得到了驻军司令部的同意，因为接下来一天的工作日志记录了“宣抚班”招收“维持会”职员的事，这是这天唯一的一条记录。与其在嘉定及其他县的同仁不同，镇江“宣抚班”不需要在前几个月忙着清除军队征召的合作者，而且也没有中国人自己组建的新机构，而其他地方有很多人积极努力建立各种组织。因此28日，“宣抚班”畅通无阻地穿梭于地方头面人物之中，物色符合条件的候选人成立“维持会”。当天晚上，便找到了一个会长和两个副会长候选人，只给他们一个晚上的时间考虑。

第二天早晨计划泡汤了。中山班长收到颜触的来信，说他
100 不想干了，而前一天他答应来“维持会”工作。除了他的名字外，其他方面的情况，一概不清楚。颜在28日那天扮演了关键的角色，但从此以后消失得无影无踪。他在信中很不看好即将成为“维持会”职员的那些人的素质，他用“贫弱”二字来形容他们。看上去“宣抚”人员太急于求成，他们只想匆匆找几个人凑成一个班底，而这些人以后可能会令他们恼火。他们现在建立的“维持会”正是其他地方的同仁刚到达时设法除掉的东西，不过这次却没有军队可谴责了。“宣抚班”决定听从颜触的建议，暂时不设

立“维持会”。但这件事传出去，双方都丢面子。他们找的借口是镇江不组织“维持会”，直接建立“自治委员会”，这需要多一点时间来酝酿。颜触的介入可能对某些人有利而对另外一些人不利，但我们不知道他们是谁或出于什么目的。“宣抚”人员在镇江的时间太短了，他们还不太了解这个地方的政治和社会情况，这使他们易于被地方头面人物所操纵，成为利益群体间互相斗争的工具。

将这些候选人一笔勾销后，“宣抚班”又开始物色另一批人。他们盯上了一个人，郭志诚，大照电气公司经理，主动担任那些彷徨无助者的保护人。“宣抚班”到镇江的第二天志愿去难民营调查时就已见过他。中山班长好像很喜欢和信任郭。他来镇江的第四天便访问郭，并请教他下一步该如何行动。郭答应考虑出任“自治会”会长，并依照第二天工作情况行事，因为其他人提出了一个竞选者尹恭甫。我们只知道尹很有钱。“宣抚班”决定让尹出任“自治会”会长，郭做二号人物。12月30日的工作日志对此事几乎是一笔带过——“决定由尹恭甫担任委员长，郭先生幕后支持”——这暗示中山班长将郭看成是“他的”人，这是个掌握“自治会”正确方向的人物，可以无视尹的所作所为。让尹抛头露面，实权掌握在其他人手中。第二天他们在尹的家中开会，最后决定“自治会”的成员。现在“宣抚班”对这一群人满怀信心，可以将“维持会”升格为“自治会”了。

在12月31日的会议和1月10日的“自治会”就职典礼之间，
“宣抚班”工作日志上几乎是空白。唯一一项是6日军队让“自治 101
会”和“宣抚班”从前警政大学的寓所搬走。但这十天里一定发生了一些事情，因为当自治会与公众见面时，人物排列的顺序改变了。郭仍然是二号人物，尹现在只是一个普通委员了，会长是一位新人物——柳肇庆。柳，53岁，毕业于日本高等警察学校，这意味着他可以说日语。日本人的记录表明，他在1910年代的南京法律界很活跃。但后来的情况不得而知，也没有透露半句他怎么成为“自治会”会长的。我只见到张怿伯在回忆录中提到了一点线索，柳肇庆出任“会长”是不同政治势力角逐的结果：

镇江“自治会”，系于一月十日成立。在十二月半后，即有尹姓等人，至大照电气公司接洽，是时大照以巨薪雇用一徐姓，充当日语翻译。徐出身微贱，做了通译，便觉大权在握，志得意满，郭五郭八，亦须仰其鼻息。至后日方以年老昏庸，不赞成尹为会长。经过长时间接洽磋商，数次改易人选，直到一月之久，地方仍不安定，人心仍然恐慌，柳先对日方提出请求十一条，其第一条即系禁止奸淫掳掠，当时柳出担任，推其用心，自亦抱有救民水火志愿。[12]

张的回忆录与“宣抚班”的报告在几个重大问题有分歧。张怿伯不认识尹恭甫，在其回忆录中，尹是个年老昏庸之人，而“宣抚班”报告中指出，因尹是个财大气粗之人，才将他放到第一把交椅上，在郭的前面。大家一定想知道，为什么尹下台后并没有将位子留给郭志诚？好像是因为日本人和郭自己都认为，将郭置于幕后更好。更有趣的是，张怿伯对新出现的“会长”柳肇庆
102 表示同情。张说，柳是想利用“会长”一职减轻日本占领者对镇江市民的压榨。他接着说，然而柳被日本人架空，没有权力，甚至都不能改变自身极糟的处境：

彼到医政学院难民收容所，召集难民演说时，号啕大哭着说，我是为了你们出来的。当时在镇人民处危难中已历月余，人怀恐惧，及见柳出维持，觉得到此时候，才算地方有主，群情稍觉安慰。柳上任之日，贴出红示，上用昭和年月。举行开会典礼，来宾须经敌兵检查。柳乘包车出外，一人前导，手执日旗，观此种种，已被无形管制，失却自主，要为环境所迫，论情犹有可原。但最近“自治会”组织日益扩大，品类庞杂，奸人趋就，如蚁附膻，做出种种把持侵吞鱼肉敲诈之事，劣迹多端，吾民更苦。此当非柳初愿，而现则陷入泥淖中，不复能自拔矣。

尽管张对合作者很厌恶，但他还是无法谴责柳。他认为柳是个悲剧性人物，不是投机分子。然而张没有解释为什么柳还愿意待在自己所描述的困境中。柳最终被允许辞职的正式时间是在5月4日，他在“会长”位置上滞留到月底，实际上，孙昭从4月底就开始接替柳的工作。[13]到5月底，电气公司经理郭志诚，经过三次很明智的推却后，“会长”一职终于成为其囊中之物。

很显然，郭志诚垂涎于“会长”职位。他似乎是一位很有效率的管理者，因为“自治会”在8月1日重组成“县公署”时，他继续担任“县知事”。实际上，据我所知，他的合作生涯超过了其他任何地方的“自治会”会长。他几次躲过县政权改组，直到1944年秋，他终于消失了。这是占领之初就被招收而来者的非凡之举，这表示他将取悦于日本人的能力发展到炉火纯青的地步。103
其他县的合作者不具备此方面的能力，早早结束了任职生涯。即使那些特别会阿谀奉承之人，其职位也岌岌可危、朝不保夕。郭管理电气公司的经历一定使他具备了令人满意的管理能力。

然而，张怿伯拒绝将郭志诚往好处想。在他那本小册子出版前（1938年夏季出版），他在手稿补上这么一段：

> 镇江“自治会”会长柳某，厌倦傀儡生活，已离伪职。六月一日，已换大照电气公司经理郭某，近已颁发伪布告，征收田亩、房屋、落地、屠宰、筵席、旅馆、戏院等捐，尚有其他苛细杂捐，敲骨吸髓，怨声载道。[14]

张指控郭及其大照公司的兄弟从一开始就与日军积极勾结，证据是他们愿意在徐翻译官面前卑躬屈膝。郭志诚夺取“会长”职务是为了捞取好处。

郭是中山班长的亲信，红得发紫，但是中山没能长时间留下来与他一起工作。在就职典礼13天后，中山班长调到松江去了，接替他的是加藤幸藏。更换“宣抚班”班长表明“宣抚”工作运作很不稳定。例如丹阳的“宣抚班”，在十个月内换了三个班长，每换一次便发生一阵混乱。但中山去松江了，镇江似乎没有出现骚乱。尽管松江“宣抚”工作开始得很早，但那是最难应付的县之一。4月上旬松江简短报告了“‘宣抚’工作较为平稳”，但充其量也只用了“较为”来形容。[15]这个县的“宣抚”人员几经易人，居长江三角洲各县之首，且“自治会”成立前就有两届“维持会”。那个“自治会”也酝酿了很长一段时间，在中山班长与日驻军司令之间进行了艰巨的、反复的谈判后，才得以建立成。[16]

104　用加藤代替中山另有原因。即有可能是重建镇江。当然张怿伯绝对不会这么认为。加藤离开镇江后几个月，于1939年7月在《南京新报》上发表了回忆录，分两部分刊登。[17]这个回忆录没有张怿伯回忆录详细和坦率。但它至少提供了日本占领者正反两方面的声音，对镇江“宣抚”过程作了批判性的观察。加藤是“满铁”职员，加入到第二批派往华中地区“宣抚”工作的年轻人中，1月的第二个星期从大连赶到上海。14日，他接到任命，担任镇江“宣抚班”班长，九天后抵达镇江，顺利接管了中山的工作。

在加藤回忆录中，他说中山告诉他，柳肇庆，即张怿伯笔下那个悲剧性人物，是镇江民众的选择。这条奇怪的资料使我想到，一般情况下是不需要评价“自治会”领导人享有社会声望的，除非其他领导人都不受欢迎。实际上，加藤仿佛想无意中指出，他从中山那儿继承的“自治会”“并不特别理想”。又一次，“宣抚班”班长发现自己与一群他认为有缺点的人一起工作。加藤的评论至少印证了张怿伯的观察，柳与日方负责人步调不一致。这或许还表明，日本人发现柳太不愿意干了，已没有实际的用处。加藤接下来用“一致同意的人”形容郭志诚6月接替“自治会”会长一职——但这不是我们从张怿伯那儿得到的印象。加藤试图断言，任命的每位职员都是受民众欢迎的；“宣抚班”仅仅是对公众意愿做出反应。张怿伯认为这是莫大的谎言，他坚决抵制这种说法。

加藤和张怿伯给我们提供了镇江沦陷时期两个不同的版本。在回忆录第一部分结束时，加藤讲了一个故事，暗示了他监管下的占领区人们看问题的两种不同方式。这个故事是有关“宣抚班”在农村地区安排医疗服务的。所有的“宣抚班”职员都以为这项工程能使他们赢得公众的支持，然而却有谣言传出，医疗诊所发

的药品是毒品，会使中国人上瘾。由于日本人卷入中国占领区非法走私鸦片，使谣言听起来有点道理。据加藤观察，有些中国人
105 对谣言反应不同，因为中国人有“两种概念的日本人”。加藤和张怿伯对沦陷时期镇江的描绘正好走上两个极端：加藤提倡“同种”人团结起来，而张断言日本人是“非我族类”；加藤抱怨中国人应该停止将自己看成是战败国人民的想法，而张号召人民千万不要忘记这点：“如果中途屈服，弃战言和，甘心做亡国奴”，那将永无复国之望；张说“自由”[18]，加藤说“共同繁荣”。他们的分歧——他们对日本人“两种不同的看法”——走到两极。这两个人帮助我完成了这一章。

加藤对郭志诚的看法与张不同。1938年5月机密工作报告指出，郭是个理想的“会长”，吸引了很多好人来“自治会”工作，而张的观点完全想反；在加藤看来，郭领导下的“自治会”唯一的失败是无力保证农村地区的安全。但加藤很谨慎，没有将这笔账记在郭的头上，而是指出，如果农村地区稳定，那就锦上添花了。7月准备解散“自治会”，积极酝酿一个正式的县政府机构取而代之，郭志诚的合作生涯在此过程中受到了最大挑战。（这个县改名为丹徒，但为了本文前后一致，我将继续用“镇江”。）加藤向省政府（已从镇江搬到日军军部所在地苏州了）推荐，郭志诚可以继续留任。令他沮丧的是，省政府准备从上面派一个他们自己的人担任此职。加藤非常想保住郭的位置，他亲自去了苏州，向有关部门请求，而且他还想让“会长”的秘书也留下来。他成功了，但这两人的下属都被遣散了，大概是为保留他们的职位而达成的交易。一年后，加藤在《南京新报》写道，他在镇江任职

16个月——这期间镇江发生了“天翻地覆的变化”——做得最好的一件事是让郭担任县知事。

郭志诚得到了加藤的支持，考虑到他所面临的各种困难，他也需要这种支持。6月他担任“自治会”会长，第一项任务是试图巩固镇江农村地区的“自治会”。任务分为两方面，但这两方面又 106
是不可分离的。其一，需要征召“好人”充实“占领政府”的地方行政机构，尤其是税收和保甲工作。其二，必须制止地方叛乱。两个任务是相辅相成的，一个解决不好另一个也免谈。5月徐州战役后，日军特别担心有大量的中国士兵渗透到长江三角洲的腹地，因此这一地区处于高度警备状态。虽然迅速而广泛的渗透并没有如他们担心的那样发生，但整个夏季，保卫镇江农村地区安全的驻防部队削减了。夏末，日军觉察到抗日势力建立了好几千人的特工组织，分布在镇江、丹阳及其周围的县。如不迅速打击抗日特工组织的行动，日军就无法自如地调动军队了。如果日军在占领地区留下大量的驻防部队，就不能继续征服中国其他地区，所以中国人必须自己设法保护自身的安全。解决的办法是“自力更生”，即将治安工作移交给中国人。丹阳县“宣抚班”4月工作日志记录道：“治安问题最根本的解决之道是占领区的安全由该地区的中国人来保卫，这是日中合作的基础。”移交治安职责是一个长期的过程，日方不愿意给予太多的信任。1938年12月已有99个地方警察被雇用，这只实现了这个乐观评价的第一步。

为了抵制接连不断的破坏，郭志诚要将全县整合到一起。他和加藤做出决定，在他上任的第一周内召开16个“区长”（“自治会分会长”）会议，会议定在6月底，并警告他们说，如果不来镇江开会，就被认为是反对新政权。有两人没有来，因为旅途不安全，其余14人出席了6月24至25日为期两天的会议。郭主要期望其下属们整理好田赋系统并运作起来。但区长们在会上明白无误地报告这是不可能的：日军来的时候，这个县70%的人都逃难去
107 了，三分之一到二分之一的农民仍遭残酷的剥夺，春季小麦收成可怜，耕牛稀少（镇江战后调查称日军杀死或没收牛、马和驴共计3490头）[19]，农村信用很不稳定，区政府官员超负荷工作，交给他们的所有任务都没有经费预算，包括保护日军电话线。

当夏季抗日势力增强时，区政府的能力只限于保护自己了。尤其是县城东边和西南边，“占领政府”控制的区域迅速减小。有关他们困境的资料很少。1938年8月的报告中，加藤坚持说，阻挠民众站到日本人一方的是地痞流氓，他们只图自己的利益，制造种种混乱。他确信，如果他们能了解日本人，一定会放弃在国民政府统治时期养成的反日思想。这是太过于简单的想法，尤其在9月的报告中指出游击队夺取了丹阳区政府，丹阳是镇江东部沿长江最大的镇，是主要水运贸易的中转站，尤其有利于食盐买卖。游击队占领丹阳时间不长，但这大大损毁了“占领政府”的威望。这大概不仅仅是地痞流氓在作怪吧。因此，秋季的目标就变为在农村地区建立治安网络，阻止这种事情再次发生。11月，加藤狠抓保甲工作。张怿伯证实了这个工作确有效果，因为第一个月，每个保甲长每天必须亲自到宪兵队处汇报他管辖范围内的情况。[20]加藤也希望通过民兵自卫团更好地将县城附近的农村各区整合进保甲体系内。

很难评价保甲的作用。4月，两个“区长”在两天内被抗日

势力暗杀，其中一个就在丹阳。或许这两个“区长”正是响应11月份号召，加强丹阳周围的安全措施，试图打击这个港口的非法买卖食盐，使其恢复常态。此处食盐以低于官方规定价格的1/20在出售。加藤在后来的报告中坦率地承认，暗杀“给我们的工作当头一棒”。他认为，一劳永逸的解决方法是在农村地区建立行政机构，将民众带到“占领政府”这边来。但是，只要治安还存 108
在不稳定因素，这个计划又如何完成？加藤除了要求他的“合作者”们提高警惕外，没有其他措施。直到“占领政府”结束，区长一直易遭攻击。1944年12月，镇江东部共产党的平级政府（区政府）抓捕并审判了一个“占领政府”的“区长”。他被定为叛国罪，判处死刑。

三

“宣抚”任务庞杂，“自治政府”开支自然相应巨大，如果考虑到治安费用的高昂，情况更是如此。越是不安全，成本越高。留下来的档案资料使我们对镇江“占领政府”的财政情况有一定的了解。如前所述，日本占领者只愿意给合作者提供短期援助，以解燃眉之急。“占领政府”的费用得由中国人来支付。合作的好处从哪里来？至少沦陷初期的情况不太清楚。

镇江是河流、运河、公路、铁路交会之处，地理位置优越，因此经济复兴相对而言较好。战争阻碍了部分交通，但并没有完全中断所有的线路。维修这些线路是镇江城市经济的主要组成部分。这意味着本县其他行业饥肠辘辘的失业工人还有一定的收入来源维持生计。镇江是战前的江苏省省会，还有其他流动资产，使日军得到了实实在在的战利品。战后调查估计，日军从省政府的保险柜里没收了6万元现金，这还不包括前文提到的大量谷物。

再现沦陷时期一个县的财政运作状况是不容易的，部分原因是缺乏统计数据，部分原因是大多税收没有记录，大多支出记录不规范。大多数县财政记录冗长、互相矛盾完全不可靠，但镇江有所不同，最起码其文献记录要比其他县稍好些，因为加藤总结了1938年秋冬季的预算概要。这些资料包括不断变化但前后一致
109 的信息，例如，10万元的救济金是宣抚班从前镇江商会会长账户上没收的，加藤于1938年12月5日将之移交给“县公署”。这些信息集中在一篇关于镇江经济的文章中，发表在《南京新报》上，试图暗示县政府和镇江人民努力恢复经济和财政支付能力（二者不是一回事）。这个资料揭示了日军被武装反抗势力所激怒，而且日军也无法提供经济发展所需要的正常治安环境。

战前镇江经济包括高度商业化的农村经济和少量的城市工业经济。刚开始，“宣抚班”不明白这些经济是如何运作的，其资源是由什么组成的。他们被初生的现代工业弄得心烦意乱，因为他们试图从这里找到经济发展的动力。加藤在1938年8月报告中插进了简短的镇江经济分析，他花了几个月时间才弄清楚镇江的繁荣主要是依赖商品流通。工业对沦陷时期的镇江也很重要，下文即将讨论，但关键部分是商业。而且商业也不依靠镇江的物品，而是取决于水路交通网的有效运转。加藤绘制了一张表格，内容是1938年11月流经镇江的商品，这个表格收在后来的工作报告中。表格显示，镇江是大运河下游流域与上海东南区域之间商品

运输的主要中转站，其主要优势在于介于大都市和农村腹地之间的地理位置。将镇江及长江以北的谷物及其他农产品，由镇江运送到东南边的上海；将大部分加工于上海的工业品以及一些经过特殊加工的农产品，由镇江运送到北边的扬州，比较典型的是从上海到内地的香烟贸易。似乎入侵带来了很好的商业机会，一个名叫哈拉·哈希尔（Hara Hachir）的生意人12月底出现在镇江，他被允许从上海运来香烟，[21]“宣抚班”欣然同意。有关早期其他商品的批发情况，我们几乎一无所知。

加藤对镇江经济的分析不仅仅限于镇江市及其周边地区，他 110
还认识到紧靠该市边界地区的农村腹地也是城市经济繁荣的重要组成部分。这些乡下居民消费了由镇江运来的部分商品，但更重要的是，这些地区出产农产品原材料，源源不断地供给工业部门和部分商业部门。因此镇江经济的生存能力需要稳定的农村、较好的运输基础设施，以及为农村服务的信用机构。没有这些设施，城市和农村的连接就会瘫痪，这反过来又会中断更大区域经济重要商品的输入，镇江是这些区域的组成部分。当然这是站在县城的角度得出的看法：将政治经济控制从中心延伸到其所依赖的外围地区。

镇江市城墙内的经济还仰仗诸多因素，其中一个重要的因素是需要资本雄厚的商人来操作和促进商品贸易。加藤迫切希望中国人的生意尽快恢复运行。正如返回人口的多少与发行通行证的数量具有相关性一样（他在1938年9月明确指出，这反过来又表明“相互依存、共同繁荣”的政策发挥作用了），商业繁荣的标志是“自治会”发放的营业执照数量。他的报告中通常包括这些。截止到1938年2月底，有1239个商家接到营业执照，大多数是小规模的服务性行业。最多是茶馆（169个）；其次是小商品零售点，出售油、酒、干货（87个）；再次是米店（65个）、五金店（34个）和肉店（32个）；除此之外，还有大量的小商小贩，这是镇江大多数男人所从事的业务。然而，这不是加藤想召集的那种大商人和大工厂主，希望他们站到“占领政府”一边，来推动商业经济大规模发展。他还希望日本商人来复兴镇江的商业经济，但在占领初期，他也只有想想而已，根本无法实现。日本人只在城市商业区建立小的零售店，2月份注册了几个，接下来的几个月越来越多。到5月，加藤很兴奋地报告说，城市人口已达15万。他指出，日商的存在是“有利于”镇江经济复兴的三个因素之一（其他两个分别是：没收的商品——正由日本零售商销售——和
111 交通运输系统的改善）。但日本商号数量不多，四个月后，加藤统计只有18家商号与扬州进行贸易，再加上20个餐馆老板和小零售商。尽管他们为经济复兴带来了具有重要意义的资本并参与经济活动，但还没有达到加藤的期望，他要解决下半年已迫在眉睫的谷物短缺问题。

为了激励中国商人的活动，加藤努力劝说处于地段较好的商人组织商会。他在8月报告的摘要里表达了这样的想法，并指出这是复兴镇江经济的重要组成部分。“维新政府”颁布新商会法，表明建立商会的时机已成熟。他拒绝承认这将进一步加强对商业团体的控制能力，以及操纵他们的商品买卖，但这些好处随之而来。战前的商会名存实亡，其会长躲到上海公共租界去了，仍留在商会里的本地屠夫和五金店主不可能成为新商会的中坚力量。9月，

情形有所好转，案卷上第一次显示镇江有一笔超过5000元的交易单。11月有5笔，第二年1月有9笔。这就是加藤迫切需要共事的那些人。但这种趋势并没有完全按照他的愿望发展，大商人并没有源源不断地来镇江。实际上，如果看一看下一类别交易数量，我们发现，除一笔交易外，商业增长正是由5000元以下的买卖累积而成的。加藤仍认为他得到了一大批重要的商人，过了秋季，就可以建立商会了。11月，他从省政府那里得到了一张允许组建商会的申请表，不知什么原因，申请在苏州耽搁下来。差不多过了两个月，批示还没有到镇江。加藤无论如何不能再等了。12月，在没有得到许可的情况下，镇江商会开始运作，声称有600个会员。

商会成立后，下一步计划是组织同业公会（“宣抚班”每做一件事，通常有下一步计划）。对外宣称其目的是实现日本人理想
的“自治”——每个行业要自我管理——但真正的用意是每个行 112
业选出代表，以便帮助加藤约束商家的行为，处理经济上的问题。在日本人试图控制镇江的大部分商品贸易的情况下，同业公会领导人的能力尤为重要。到1939年1月，39个同业公会组织起来了，但加藤敏锐地觉察到缺少一个船业公会。刚刚出台了一套新的河流管理交通规则，并成立了相关机构，部分终止了军队的水上运输而委托给私人船只。加藤很清楚，水上运输只有继续与军队合作才会有成效，可地方上缺少类似的人物来帮助在河运交通要道口上建立船只运输代理机构网，为此他很着急。军队下令船夫保证不允许抗日人员和走私物品从水上搬运，加藤只有建立一个听命于他的船只运输代理机构网才能给予这样的保证。然而，船夫

最初没有组建同业公会，他不应该感到惊奇。1937年11月国民政府撤走时破坏了本地的船只运输业，1938年8、9月，日军准备长江上游的武汉战役时，没收了所有船只来支持这场战役，镇江水上运输又被彻底地毁坏一次。镇江市这时还要给六万士兵提供营房。在这种情势下，商家购买船只具有很大的风险，然而没有船，经过镇江中转的物品便无法运走。

加藤有点幸运，因为镇江有了初步的工业部门，包括两个纺织厂、一个火柴厂、一个面粉加工厂、一个小型大米加工厂，另外还有一千个小作坊——其中包括张怿伯的蚊香—蛤油厂。这些企业大多为上海市场加工农产品，并生产轻工业品向内地出售，大多销往扬州以北地区。此外还有一个现代化的印刷厂和郭志诚的电力公司，燃烧煤来发电的，宣抚班较早介入发电厂，与日海军谈判，希望它能提供煤给发电厂发电。3月上旬，全城水电供应恢复。因为宣传的需要，印刷厂是日本人优先考虑的另一项工作。“宣抚班”到达镇江时，很高兴发现印刷厂还库存大量
113 的原材料。2月1日，印刷厂开始发行《镇江新报》（日报），每天700—800份（最后好像一份也没有留下来）。50份送到长江以北的扬州。火车一开通，丹阳也有50份。因为很少有商家支付得起广告费，报纸亏本经营，虽然如此，还得给日本人优先使用。“宣抚班”提供开办经费以确保报社顺利开业，接着便强迫“自治会”筹集营业费用，直到它能自负盈亏。一年后，报社每月仍需要200元的补助金。

日军占领镇江后，五个现代工厂中，两个纺织作坊消失于所有的记录中而不见踪影，一定是被毁坏得太厉害了，无法修理，

至少是不值得投资了。纺织厂没有重建，这暗示，在“占领政府”不能保证农村地区安全时，实业家不会热心投资这些地区的工业。大米加工厂没有被炸毁，只需工人回厂就可以恢复生产，1月9号复工。火柴厂和面粉厂是镇江两个最大的工厂，毁坏也不是很严重。日军进城时，这两个工厂都停产了，但厂房损害较轻。让这两个工厂恢复生产是“宣抚班”的主要工作。但如下文所述，它们还是经常引发“宣抚班”的焦虑。

荧昌火柴厂是大中华火柴公司设在长江三角洲地区的七个分厂之一。战前，它每天生产50多万根火柴（80箱，每箱7200根），雇用了375个女工和350个男工。因为预料到日军将占领镇江，工厂于11月23日停工，厂房幸免于难。日军接管后，将其作为兵营。中国工人被允许留在厂内，这对后来恢复生产有益。还有好几个因素也发挥了作用。首先，大中华火柴股份公司本地代表周阳乔会说日语；其次，上海总公司与日本领事磋商要求重开工厂，[22]但是在重组公司时名义上是中日合资企业；第三，镇江沦陷时，工厂还储备一个月生产所需的原材料，这意味着在找到新原料之前，114
可以恢复生产；最后，“宣抚班”也积极与日军协商，希望他们尽快离开工厂，2月27日，士兵搬走了。到5月，工厂已有300个工人。加藤允许周阳乔继续管理工厂的日常事务，并预先任命他为工厂所在地区（镇江东区）的“自治分会”会长。然而，当日军在夏季控制力削弱时，工厂能否继续生产就成问题了。因为原料缺乏，工厂不得不停产好几周。8月原料供给恢复，加藤在这时安排了一个日本人管理工厂，生产规模没有扩大。到9月，工人减少到200人，原料供给又有问题了。11月，日本大阪一个公司签了供应合同，工厂又有了点原料。但到12月底，供应中断，工厂再度关门，这次足足停产一个多月。

对“宣抚班”来说，火柴厂很重要，这里有好几个原因：它是战前保留下来的厂家，而且还有一定的生产能力，卖出产品，能挣钱，是“占领政府”的纳税大户；它还是城市劳动力大军最大的雇主。只要它处于正常运转，就能证明“占领政府”在经济上仍有可行性。它在镇江经济中地位举足轻重，占11月份镇江运出总量的11%，是仅次于大米的重要商品。（然而，从另一角度来看这些数据，即意味着占领当局无力从农村地区得到充足的谷物。）但这个火柴厂前景黯淡，因为它也经常面临原料供应中断的问题，冬季的输出量出现了大幅度下降，2月又恢复到9%。

火柴厂是“大民会”的经费来源，因此它对镇江“宣抚”工作又有另一层意义。“大民会”是由“维新政府”于1938年夏成立的，它是高度集权的“群众”组织，与中国华北的“新民会”和东北的“协和会”相似，是占领政权的意识形态宣传机构。9月，“镇江大民会分会”筹备工作开始，10月1号举行了成立典礼，郭知事被推选为分会会长。“大民会”立即着手开展了几项工作：
115 即宣传工作，建立一个当铺来资助一些小买卖（但这个计划失败了），组建一个青年团，开办一所日语学校等。1938年冬和1939年春又主动做了另外一些事。大民会活动经费来源是优先获得火柴厂生产的火柴。大民会以每箱低于零售价一元的批发价格购买火柴，然后在工厂附近的小店出售。第二年4月《南京新报》报道了这项商业活动，其中有一条信息加藤的工作报告从未提到：“大民会”和火柴厂之间的协调工作是通过一个名叫恒川的日本人从中斡旋的。恒川不是镇江“宣抚班”成员，也从未在“宣抚班”报告中出现过。报纸用了“宣抚员”暗示他是做特务工作的，可能是南京特务机关的，由“中央政府”派来协助“大民会”工作。

如果说火柴厂反复无常的命运使加藤有点烦恼，那么面粉厂的上下波动则使他大失所望。面粉厂成立于1924年，是镇江市现代经济的亮点。镇江地区小麦产量丰富，面粉厂可以就地加工，否则就要运到上海加工。（战争改变了运往上海加工的模式：以太仓为例，1936年产于此地的76%的小麦运往上海加工；1938年，满足本地人的消费已变得困难重重，因此93%的农作物收成留在当地。由于交通中断，加之镇江依赖于外地供应粮食，因此一般而言，太仓粮食价格比镇江低。）[23]1931年面粉厂扩大生产规模，每年能生产75万袋面粉。对日军来说，面粉厂是一笔净资产，它储存了大量的小麦。“宣抚班”迫切希望面粉厂投入生产，与日军迫切渴望没收库存谷物的心情一样，期望面粉厂的收益能支付“自治会”的费用。“宣抚班”还试图通过出售面粉刺激市民使用日军所发行的军用券，因为只有军用券才能购买面粉。

“宣抚班”发现部分磨粉机被毁坏了，决定到上海购买新的设备。2月中旬开始与新井洋行商讨来镇江投资，这是一家在上海周
边经营的日本公司。但新井洋行不能满足“宣抚班”的全部要求，116
于是“宣抚班”职员又找面粉厂原来的老板，希望他们雇用原来的技工修理机器。日本袭击镇江时，那些修理工人都跑回宁波老家了。于是就采取了一个折中的办法，新井洋行3月从上海运来一些机器，面粉厂原来的老板从宁波找回几个修理工人。但让面粉厂的工人回来工作也是件麻烦事，他们大多是长江以北扬州附近

的苏北人。寻找小麦来加工更令人头疼。针对这个问题，“宣抚班”与军队协商，希望他们将没收的谷物转交给“宣抚班”，面粉厂的部分收益将资助“自治会”的运作。5月，面粉厂差不多全线开工，工人比战前稍微少些，有200人。既然面粉厂和火柴厂都恢复生产了，加藤就可以向上海总部汇报，镇江城市经济在复兴道路上运行良好。

尽管加藤将新井洋行拉来做合伙人，但面粉厂实际管理工作还是由他控制。8月，他确实将面粉厂转移到“县公署”名下，但这只是形式，不影响企业的实际运作。他最希望将面粉厂办成合资企业，将它打造成中日资本家合作经营并从中收益的典范。加藤尽其所能，鼓励中国商人投资，鼓励日商带来资本和贸易关系。然而到9月，面粉厂开始被该地糟糕的治安问题所困扰，与火柴厂面临的困境一样。从农民手中获得谷物日益困难，加之1938年春，小麦收成只有前一年的40%，使局面雪上加霜。秋季，面粉厂虽然断断续续一直在开工，但产量不断下降。加藤的解决办法是将面粉厂移交给新井洋行管理，条件是该公司确保小麦的稳定供应。火柴厂也做了类似安排，移交给那个大阪来的公司，但效果都差不多。因为在战争期间，所有的公司都无法保证原料供应充分。新井洋行有可能在别处收购到小麦，但它无法确保交通道
117 路线畅通。12月，面粉厂被迫只开动战前30%的设备。1月，情况稍稍好转，但到2月又不得不关闭，因为镇江内外的交通路线差不多完全中断。11月，输出面粉的价值大约占搬出镇江商品总价值的10%，可是2月输出面粉情况完全从统计表上消失了。有一些小麦从长江以北运来，但直接运往上海加工。

"县公署"靠这两个工厂的利润来维持开支。1938年夏秋两季，两厂将收入的大半贡献给了"县公署"。"自治会"刚开始运行时几乎身无分文，由日军安排贩卖些米粮以及颁发通行证收取点手续费，以维持开支。（与其他县发行良民证不同，镇江是通过发放通行证来控制人口并赚取利润，因为在交通繁忙地区，流动人口是经济活动的关键资源，固定居民就不那么重要了。）"自治会"还设法从遍及全县的食盐贸易中汲取收益。1938年1月中旬，自治会得到日军帮助，2月能从"扬州自治会"安全地运来食盐并在镇江出售，但获利不多。到2月底，尽管还有地方驻军的财政援助（未说明来路），但"自治会"快撑不下去了。3月初，"宣抚班"按"自治会"所求划拨了一些补助费，用于发放职员的薪水，但这只是一次性的补给。如果有很多人为"占领政府"工作，"宣抚班"因财政困难仅仅给点补助费恐怕是不行的，这预示着基层合作面临着瓦解。接下来一两个月，"自治会"每月成功地汲取了好几万元的收入，3/4是来自各种各样的税收，其余的来自面粉厂和火柴厂，但是这些收入记录都没有保存下来。

9月份的财政记录又保留下来了，"县公署"预算显示月财政收入下降到可怜的6500元，这大多数来自于货物搬运税；另一方面，月支出费用达到49,333元。巨大的亏空由两个工厂的利润来填补，有这样的后援虽是幸运的，但不是长期财政收入的基础。"县公署"仍在办公，但财政收入岌岌可危，尤其是"宣抚班"为吸引投资者而许下的诺言：两个厂的利润不再被扣押，财产也不会被充公，这使"县公署"的收入更雪上加霜了。所以，必须要
重建本县战前财政的基础：田赋。"宣抚班"决定敦促"占领政 118

府”的中方人员制定税收目标：10月份完成一万元的征收目标；11月底使田赋征收系统恢复正常。整个占领期间，向土地所有者征收田赋，一直是本县财政收入无法企及的幻想。前四个月各区累计征收的田赋只占国民政府时期的1%。失望之余，加藤于11月下旬召集区长会议，向他们施加压力：必须改进征收方法，提高征收数量。

在田赋征收取得绩效之前，短期解决管理费用的方法有两种。第一，提高货物通过税的征收额度，在东、南火车站安排税收人员（1月“维新政府”禁止此项征税）；第二，征收鸦片税。自从初夏以来，各级政府便在打鸦片的主意，试图将其作为“县公署”的财政来源。1930年代初，国民政府为了长期限制吸食鸦片，严格垄断鸦片买卖，但在此过程中，政府也得到了一些财政收益。[24]战争中断了供销体系，使“占领政府”的官员无费税可征收，但这并不意味着鸦片买卖终止了。占领前几个月，一个黑市开始运作，尽管吸食者在那里购买鸦片易遭抓捕，[25]但交易如火如荼。2月中旬，在中国警察与日本士兵的帮助下，“宣抚班”在镇江市破获了一起横跨长江两岸、生意兴隆的鸦片走私贸易。但是即使处于严打高潮时期，也没有控制住走私活动。在“宣抚班”的同意下，一些地方的小商贩还能从日军那儿得到鸦片运往内地。但这些活动没有在镇江“宣抚班”报告中留下任何痕迹。

镇江设立了地方禁烟局，是长江三角洲地区首先响应“维新政府”号召的两个城市之一（另一个是松江）。7月20日任命了局长，但直到11月4日镇江禁烟局才正式挂牌成立[26]，大概是因为与上海建立鸦片供应体系，以及零售商从镇江政府取得营业执照都

需要时间的缘故吧。鸦片税首次出现在10至11月收入预算上，两
个月总收入为34,801元，其中有一个月鸦片税为3760元。11月的 119
数据没有单列，但鸦片税至少占这个月收入的20%。一直到1939年1月前，鸦片收入一直保持这个水平，当年县财政总收入为104,897 元，其中鸦片收入为21,040元。到1939年1月，鸦片税总入账为29,554元，占县财政总收入的33%。3月鸦片收入继续保持稳定（估计10,000元），但本月财政总收入为41,435元，鸦片收入降低到25%。之后，这个数据就没有了。

即使有鸦片税进账，镇江“县公署”还是出现财政赤字。12月的预算缺口是31,410元。火柴厂和面粉厂捐助了40,000元弥补这个缺口。1月两个工厂停工，县财政少了这项收入，“宣抚班”提供了17,298元，但没有说明这笔钱是从哪儿来的，也没有说明为什么要提供资助。货物搬运、鸦片、田赋等收入为54,036元，超过1月份的总支出47,725元，该县财政状况终于柳暗花明。然而，2月，“维新政府”禁止地方征收货物搬运税，这对步履蹒跚的镇江财政来说是个沉重的打击。2月，财政赤字达57,171元，足以让“宣抚班”职员晕倒。3月下降到16,840元，那仅仅是因为火柴厂又开工了，捐献25,000元。

镇江财政赤字日益加深，并不是管理者经营不善、腐败或短视，主要原因是战争带来的经济危机。1939年1月底，《南京新报》上发表了一篇文章，通过对比战前镇江的谷物产量和流通量来估算下一年的情况。它是以最中立的不带任何感情色彩的语气来介绍这些信息的，没有作评论，也没有得出结论。有心的读者或许会被这糟糕的情形吓坏，也或许不会。该县战前生产大米300,000

担（大约合20,000公吨），估计1939年将颗粒无收。该县战前消费
120 大米500,000担，预计1939年的消费量下降40%。该县战前出口面粉100万袋，预计1939年只能达到这个数据的40%。后来证明这还是个乐观的估计，1月份面粉厂因小麦短缺而关闭。当人们看到这些数据时，应该一点也不奇怪。镇江是个谷物净进口县，因为战前该县消费的粮食是产出的近两倍，这还不是问题的关键。真正的问题是该县大米流通减少一半，小麦流通减少三分之二。在夏季前，加藤明白了商品流通是镇江经济的关键。流通量缩减是本地经济陷入危机的根本原因，但它无力依赖自身财力来解决这个危机。

1939年1月上旬，郭“知事”派主管救济工作的第二负责人去苏州恳求“省政府”资助。一周后，他又向“省政府”申请，说镇江是受灾最严重的地区。与此同时，他全力以赴对付冬季的来临。郭自己拿出一些钱缝制了100套冬衣，分发给穷人。他的慷慨激发了其他慈善家又捐赠了100套衣服。然而，这不是普通的衣服，因为每件上衣的背后都印有醒目的两句话：“致力中日亲善，支持东亚和平”。为了在公共场所粉饰“占领政府”，郭在镇江老公园的中央移栽了一些樱花树。《南京新报》向读者许诺，这些樱花树在春天里将绽放出美丽的花朵。[27]但是这些园林里的宣传，除了吸引日本人的眼球外，有谁会留意？

四

我讲述的发生在镇江的关于入侵者与合作者之间的“合作”

的故事，是建立在郭志诚和加藤主动联络的基础上。之所以这么认为是基于一个事实和一个推测：一个事实是加藤偏爱郭并公然支持他领导的县行政机构，一个推测是郭长期任职证明他善于与日本顾问一起工作。主导者与跟随者之间不可能发展出更深入密切的关系，对某些问题的看法使他们处于敌对状态，在县行政事务的处理过程中必定会产生各种分歧。我们所看到的是加藤对他 121
们关系的解释，在这种关系中他处于主导地位。至于郭的观点我们一无所知。我们所知道的郭的情况全是张怿伯的陈述，他说郭不顾人民的死活，一味地征收税款，汲取财富。我们都知道张怿伯对郭的政府带有强烈的敌意，尤其是这个政府将其工作重心放在征收赋税上（伪政权总是入不敷出，使它不得不这么做），使人不禁产生一种看法，这个政府除了汲取财富，其他什么事也不做。

那么我们如何评价郭的行为呢？他作为大照电力公司难民营的组织者，与日本占领当局取得联系，但有证据表明，他想方设法参与了12月份镇江“自治委员会”的组建，第二年5月他又担任“县知事”。他参与“占领政府”到底得到了多少好处？这个问题不能轻易地做出回答。重开禁烟局之前，县财政吃紧，表明他没有多少油水可捞。日本占领者到来之前，他是电力公司的老板，有可观的经济收入，已成为富人。即使到占领后一年，他仍很有钱，足够支付得起100套棉衣来补充冬季的救济。但是人们不能期望他无限制地慷慨大方。

《东亚新秩序》一书透露，郭志诚在其位置上并不快乐。该书是美国情报局于1939年出版的，主要内容是批判日本宣传机器美化占领区的幸福生活。关于镇江的一章中，篇幅很短，时间是

1939年5月11日，可能是位美国传教士写的，题目为“战前的省会现在处于贫困之中”。作者自然强调占领时的毁坏。他不仅详述了日军最初袭击时的情景，还特别突出了目前的困境：经济条件极其糟糕，90%的人口生活在极度贫困之中，鸦片公开买卖，教育停滞不前。但下一段尤其吸引我的注意：

> 通常的做法是日本人接管了公用设施和所有重要的商业。例
> 122 如，电力公司“重组”了，尽管其原来的主人是本市傀儡市长。郭的弟弟因建议日本人应付给他们家30,000美元而被捕入狱。[28]

这里的“傀儡市长”毫无疑问是指郭志诚，如果这件事是真实的而不是谣传，那么沦陷时期的郭与其他人一样，是听从别人指示而不是指示别人。在与日本的“合作”过程中，他连自己的弟弟都不能保护，手中的权力可想而知了。

在日伪政权里任职，郭志诚没有权力为其家人牟取利益，但他并没有辞职。他弟弟被捕一事对“县公署”里的其他职员也没有造成任何影响。郭的政府易于将其职员组织起来，给予他们汲取财富和违纪的权力，也很容易给他们带来贫困。没有证据表明郭能给“占领政府”施加某种影响，来庇护民众免于日本占领者强加的秩序和赋税。合作者陷入上面日本人的命令与下面民众的抵制的夹缝中，不得不考虑忠于哪一边的问题。在沦陷时期的镇江，郭决定满足上面的要求。但看不出郭本人在此这个过程中到底得到了什么利益。

“宣抚班”于1939年2月解散，沦陷时期镇江的历史文献也就

逐渐消失了。加藤还继续在镇江待上几个月，指导镇江“县公署”的工作，然后他被召回上海从事其他工作。1939年7月在《南京新报》上发表了回忆录后，他便从历史记录中消失了。

五

征服合算吗？彼得·利伯曼（Peter Liberman）有一本著作就以此为书名。书中指出，一个国家征服另一个国家能增加物质资源，进一步增强其经济基础。对占领者来说，这些新增资源的多少是变化不定的，它依赖于被占领国的经济发展程度和占领者严加管制的意愿。战争期间只能维持生存的农业国是没有什么资源可被占领者榨取的。被占领国要具备相当程度的现代经济成分——特别是工业化、有效的运输和信息等基础设施，这样占领者才有利可图，否则，剩余产品太少，汲取费用太高。入侵时的战争破坏程度也影响占领者的获利前景，因为恢复现代工业所需的时间取决于损失的大小，因此也影响着占领者的汲取能力。至 123
于占领者，利伯曼发现，其限制条件是是否打算积极无情地捞回征服成本。“占领政府”的经济汲取率不可避免地低于本国政府控制时期。如果占领国不愿意强迫被占领国服从，那么汲取率将降到零。占领者必须试图通过严厉的镇压迫使被占领国屈服，尤其是被占领国民族主义情绪特别强烈的时候。

利伯曼研究得出，日本帝国在1895至1937年间征服朝鲜和台湾、满洲地区，是一个有利可图的案例。起初镇压的费用巨大，但根除有效的政治抵抗后，那项投资便赢利了。“一旦占领政权巩固，日常的控制费用就很低了，不会耗尽日本人的财政或殖民地的生产力。”他将日本人在这些地区的成功归结为“政治高压、军事镇压和鼓励合作三位一体”。[29]只是附带提到，1937至1945年日本占领中国是完全另外一回事。维持占领的费用庞大，而从这些支离破碎的占领地区汲取财富和资源的前景暗淡，且贯穿战争之始终。中国当时现代经济部门极其不发达，以至于不能快速产生回报；其通信设施落后，以至于不能执行高压政治；民族主义力量又是如此强大，以至于日本占领者不支付巨额镇压费用就无法进行经济剥削。

从沦陷时期的镇江来看，证实了利伯曼的观点，日本人没能收回征服成本，然而原因不是缺少残酷暴力。从各项指标来看，本地经济在征服时期的生产能力低于沦陷之前。本地大部分行业要么任其崩溃，要么在补贴下开工生产。这取决于日本人的理解，对战争重要的经济部门进行补贴，其他的任其自生自灭。不可能计算出日本人占领镇江到底花了多少钱，但是有证据表明，在经济上，日本人从镇江几乎没有捞到好处。这个证明不完善，因为这章只涉及占领第一年的情况。巩固和强化征服，一年时间可能不充分。但是接下来的几年，仍没有巩固的迹象，因为《南京新报》上零零星星刊文证明，经济不稳定仍在继续。1939年7月，好几篇文章报道了镇江农村动荡不安。报纸很有把握地说，正在准备清乡，然而第二年春天的饥荒使这个地区更难获得安全
124 了。[30]最终于1941年夏开始“清乡”，中国士兵被派遣到农村地区，并在已“清乡”的地区构筑篱笆墙。但是士兵们白天搭起的篱笆墙，晚上就被游击队烧毁了，游击队烧毁的速度几乎与士兵

们建造的速度一样快。当士兵们建造了91公里的篱笆墙时，2/3已化为灰烬。[31]1943年3月一个更全面的计划开始执行，但是农村地区依然无法控制。由于没有足够的经费来整合农村地区的合作者，日本人无法将镇江农村地区纳入到“占领政府”的控制之下，也无法汲取农村地区的资源。只有镇江市在新政权里占有一席之地，而且合作者和反抗者一样都付出了巨大的成本。我们不知道合作者是否合算，但占领者确实不合算。

第五章　共谋：南京

125 南京是长江三角洲占领区一个较为特殊的地方。用皮埃尔·诺拉（Pierre Nora）的话来说，南京是一个聚集着各种思想和幻想的地方；对中国人而言，由于在此遭受到血腥的大屠杀，南京是见证他们在历史上曾遭受外敌残酷统治的地方；对日本人来说，南京作为中国占领区的首都，被看作是检验战时日本政策——即日本是“亚洲解放者”——“合法性”的地方，也被看作是战后日本赢得世界尊重的地方。记忆的力量是如此强大，以至于1937年12月南京实际发生的各种各样的事情，几乎已无关紧要了，双方都在有选择地记录历史。

在现今南京所有的回忆中，找不到有关日本占领者与中国合作者合作的故事了，而这也是双方历史记录中很重要的组成部分。在占领史中，南京与其他地区一样，也一定存在合作。这一章主要重现占领初期南京地方头面人物与日本占领者串通的经历。在此过程中，甚至有一些非常特别的故事。现有档案资料不仅凸显了惯常的通敌主题，而且还事无巨细地展现了勾结的过程：他们主动顺应形势，相互适应，相互妥协，讨价还价，最后串通起来。他们必须这么做，因为已走投无路了。日本接管南京时，留在此地的20多位西方人留下了大量的日记和书信，正是这些日记和书信使我们一眼就能看出合作者和非合作者之间的交迭。实际上西方人的存在使合作的过程更加复杂化了，因为当他们不赞同日本占领者的做法时，他们便和中国合作者一起工作。因此沦陷时期，占领者、合作者（包括中国合作者和留在此地的西方人）和非合作者都毫无例外地卷进了恢复正常社会秩序的公共事务中。罗伯特·吉尔戴尔（Robert Gildea）注意到："法—德的相处是 126
一门参与方都愿意学习的艺术，而且大部分团体或组织都处理得天衣无缝。"[1]很难说南京各方相处得很融洽，至少在初始阶段是这样的。但即便如此，他们也清楚明白，要想活下去，必须懂得一起工作的技巧。

一

1937年12月13日，星期一，清晨，日本士兵从各城门蜂拥而入南京这座古老的城市。当日军炮火猛烈轰炸南京的防御设施时，中国士兵坚持保卫首都已达四天之久。但是星期日黄昏时分，他们得知指挥官已弃城而逃，军心迅速涣散。他们扔下手中的武器，脱掉军服，逃向西北门的下关港口，不顾一切地横渡长江。日本士兵继续通宵轰炸南京，窗户震颤，大火开始燃烧，他们丝毫没有觉察到中国南京防御军队的溃败已成定局。拂晓时分，各城门已无人抵抗，第一批日军开进城内，南京沦陷时期开始了。[2]

虽然日军占领南京以残忍而臭名远扬，但它占领和接管南京的方式与11月到12月间占领和接管长江三角洲其他地区大同小异：大批日军抵达并对平民聚集区进行铺天盖地的轰炸，大批人员伤亡，财产损失惨重；在这里，如中国人在别处所做的一样，红卍字会组织人员收埋街道里的尸体；在这里，日军停止轰炸后，“宣抚班”人员出现，开始组建基层行政机构；在这里，也有少数地方居民前来与“宣抚班”职员一起工作，成为基层行政机构的职员；在这里，占领当局甚至也引导“合作”。总之，在这里，占领者与被占领者交织在一起。

南京是日本“中支派遣军”继上海之后占领的最大一座城市。战前南京有100万人口，但到11月已缩减到一半。平民人口数决定了此处的“宣抚”职员在管理规模上远远超过稍前占领的城镇。
127 再者，南京是首都。在1928至1937年间，南京渐渐开始发生变化：崭新的街道布局、美观的建筑物以及大面积的绿化，到1937年，南京看起来像个首都了。四个月前（即1938年8月），蒋介石及其政府拒绝与日本谈判妥协，使南京又获得了巨大的精神象征。蒋介石拒绝让步，更激起了日军占领国民政府首都的强烈欲望：如果蒋不与日本人妥协，那么他的政权就必须被推翻。12月1日“中支派遣军”接到命令，向南京推进。只有通过军事征服，迫使南京投降，取得最后胜利。

“中支派遣军”总司令松井石根明白夺取南京的重要性和意义。因为如果南京失陷，中国人民会知道继续抵抗日本军队将是徒劳的，这与占领其他城市的意义完全不同。进攻之前，松井石根提醒下属军官：他们的行为将成为“帝国荣誉与光荣”

的典范，这是一次赢得“中国人民信赖”的大好机会。[3]从松井司令官后来逃避责任的声明中，我们推测出他的意图：他想迅速取得胜利。但这并没有赢得中国人民的“信赖”，这是个残忍的胜利。从长江三角洲一路打过来的日本士兵，登上南京的城墙时，也感觉到了占领首都的荣耀。他们轻易地抓到了南京这个战利品，现在将它翻个底朝天，抢走所有的东西。指挥官的逻辑也是他们的逻辑，尽管各怀鬼胎。他们要让中国人知道谁是老板。日本士兵进城的那个早晨，一个13岁的女孩（美国外科医生罗伯特·威尔逊后来给她治疗）“和她的父母站在城门边观看士兵进城，一个日本兵走过来，刺死了她的父亲，枪杀了她的母亲，猛扭小女孩的胳膊，直至骨折。她没有亲人了，一个星期都没有人带她去医院”。[4]虽然城市已经不设防了，但仍遭受了“惩罚”。

南京不同于其他占领区，这里有20多个外国人，大多数是美国人和德国人，加上两个俄罗斯人和一个奥地利人。他们是留在南京的所有西方人。二十世纪二三十年代很多西方人来中国首都 128
居住，主要从事服务性的工作，如商人、教育家、技术员、医生和传教士。大多数人在11月底离开了。那些留下来的人被推选建立了“南京安全区国际委员会”（以下简称“国际委员会”）。当日军进城时，委员会已粗略地划出了八个中立区，战争双方的士兵不允许进入，他们邀请市民入内并提供保护。由于外交原因，日军没有触动这些中立区。西方人利用自身独特的地位担当起这一角色，并记录了占领军如何对待与他们一起居住和工作的人们。“第三国”（借用当时日本人的表达）的身份，意味着他们所记录的、迅速广为人知的“南京大屠杀”是可信的。

西方观察者所看到的比他们想象中最坏的还要糟。12月17日，国际委员会会长、德国商人约翰·拉贝（John Rabe）在给日本大使馆的信中说："你们的士兵从14号开始抢劫和屠杀，所有27个西方人和与我们在一起的中国人完全被这种抢劫惊呆了。"
129 他们记下了从12月中旬到2月中旬南京恐怖的情形，其恐怖程度居于日军华中占领区的首位，它反映了占领期间中日之间主要的争端，日本占领者对中国人所犯下的罪行该负什么样的道德和法律的责任。这个"事件"（日本历史著作喜欢用这个词），这起"屠杀"（中国人宁愿这么表达），界定了日本占领中国的全部历史。松井总司令官断言占领南京是个考验。毫无疑问，其士兵的行为已使日本赢得"中国人民信任"的计划彻底失败。松井写了一首入城仪式的诗，高度赞扬其士兵"将驱散令人作呕的气味，送去前景美好的春天"。[5]因为这次赢得"中国民众信任"计划的失败，战后远东国际军事法庭判决松井个人对大规模虐待中国人民负责，并处以绞刑。

国际委员会的存在也改变了特务机关的"宣抚"工作。日军特务部没有像其他地方一样，派遣一个"宣抚班"来这个城市，而是建立了一个较高级别的机构，名为"特务机关"。佐方少佐军官带着两个文官松冈勉和马渊诚刚来到南京，两人都是"满铁"职员。他们抵达南京当天便开始工作。事情千头万绪，使他们无法承受。两个星期后，佐方向上海请求增调一些在中国有较多经历的职员。特务部应请求派去四人。丸山进于12月28日最先到达南京。佐藤鹤龟人、小岛友千和川野正直三人在1月第二个星期到达。川野是松江"宣抚班"班长，有"宣抚"经验，但如前章所述，他后来被镇江“宣抚班”班长中山四郎取代了。调他到南京不知是因为他的专业技术还是他没有能力。两星期后，川野似乎从“特务机关”消失了。同时佐方少佐也调走了，他是临时被派来监督“特务机关”组建的。松冈勉1月28日主持了“特务机关”与国际委员会的第二次会议。

夺取南京后，“特务机关”被立即派来主持艰巨的恢复秩序工作，但它不是唯一从事该项工作的日本组织。另外一些“特务部”职员也来了。其中一人叫冈田酉次，他后来写了一本关于他担任 130
占领政权军事顾问经历的书。他当时作为天皇叔叔朝香宫的一名随从，也于13号到南京。正因为这个原因，有关他的活动没有出现在“特务机关”的记录里。作为一位经济专家，冈田与“宣抚班”没有什么联系。他被派来接管南京市政府的金融机构，并执行日军军用券代替中国货币的政策。他抵达的当天，直奔交通银行，试图将其纳入日本人的监督管理之中，结果却发现交通银行被抛弃在那里无人问津，其职员带着所有的账本和资产逃走了。冈田到中国银行，发现情形差不多。他从这个银行跑到那个银行，发现每个银行都是如此。[6]但长江三角洲其他城市的一些银行却有利可图，如苏州被占领时，其银行总共存有50万现金。[7]日本人从南京的银行里什么也没有捞着。

冈田出现在南京表明特务机关不是唯一的“宣抚”机构。南京“特务机关”的职责限于政治和社会事务，经济改造则留给诸如冈田这样的专家们。很难根据特务机关留下的记录来推测它的工作情况。与其他“宣抚班”一样，南京“特务机关”每月向上海递交工作报告，“满铁上海事务所”职员于4月汇编成册。但与其他“宣抚班”工作报告相比，南京“特务机关”的报告很零碎，没有什么信息。报告主要集中于管理机构和程序，几乎没有提及发生在他们中间的谈判和冲突，对参与其中的人员也几乎未披露什么信息。长达87页的报告中却很难看到南京“宣抚”工作鲜活的一面。

最好的文献资料是战时留在南京的西方人保存的:《南京安全区国际委员会备忘录》，是一年后出版的，中国政府向全世界发行；还有委员会里的德国人和美国人留下的日记和信件，大多数是最近几年才出版的。这些资料是无价之宝，它能重现“合作”的过程，而此过程在“满铁”摘编的“特务机关”工作日志中却销声匿迹。既然国际委员会没有被赋予与“特务机关”对等的身份，那它只有通过没有多少权力的领事官与日方谈判。其成员很少谈论“宣抚”过程，但他们好奇地观察着南京“自治委员会”
131 的运作。这些观察再现了南京“自治委员会”的一些政治运作过程，且比其他“自治会”详细得多。

“特务机关”对国际委员会很反感，首先因为它是由欧洲人和美国人组成的，日本正计划将中国从这些帝国的统治下拯救出来。更切中要害的是，国际委员会坚持独立于日本人的要求，干扰了“特务机关”的行事。毕竟，国际委员会不是匆匆忙忙组建的“维持会”，其成员也不是见风使舵的投机分子，不能用甜言蜜语使他们屈服，也不能粗暴地将他们弃之一旁不理不睬。其成员的国籍身份使它在某种程度上能够自治，中国的“自治会”不敢有这个妄想。同样重要的是，它能胜任工作，没有腐败，且赢得了民众的广泛支持。南京未来的行政机构不可能不考虑它。因此南京并非政治真空，等着日本人用唯唯诺诺的中国政客来填补。日本人不得不先使国际委员会失去合法性，然后建立一个替代机构。最起码要让该市居民对替代机构言听计从，毕恭毕敬，尽管市民不是热情地支持。

国际委员会职员尽管意识到他们作为非日籍的外国人所处的有利条件，但并没有打算干涉中日之间的冲突。他们将自己的角色定位在暂时保护中国人。他们不阻止日本人占领南京或者试图建立某种基层政权。他们为军事混乱地区的居民提供一块缓冲地带，将人员伤亡和财产损失减少到最低程度。正因为这种定位，他们事实上轻松地接受了由国民政府的统治转换到日本人的统治。与上海不一样，南京的外国人没有租界，也没有一个合法的管理机构来执行法律权威。与日本人面对面的时候，他们不得不保持迁就的姿态。他们只希望这座城市不要让日军肆虐，但他们无法用其他的方式来干涉日本的胜利。

在占领后的第一个晚上，约翰·拉贝起草了第一封给日本官方的信，接下来的七周内他给日方大约写了20封信。他请求占领当局改善安全区内的条件。拉贝在信中很明白地表示，国际委员会成员只是暂时接受自己的权威，并声明他们迫切希望以“任何形式”与日军“合作”，“照管好这个城市的居民”。但日方没有回音。在等待答复期间，恐怖统治开始了。三天后，拉贝怀着挫败 132
的心情又一次给日本大使馆写信，再度保证委员会的“权威不会延伸到安全区外，也不拥有安全区内的主权”。秩序仍没有恢复。他很茫然，请求尽快成立一个能胜任的管理机构。当时佐方少佐、松冈勉和马渊都在现场，但很显然，占领前几天没有“宣抚”工作，也没有建立民间管理机构的措施。12月17日，拉贝在给日本大使馆的信中写道："已充分做好了你们和平接管安全区的准备，请继续让安全区的正常生活不受干扰，直到城市其他地区恢复秩序。然后，这座城市的生活能完全步入正轨。"大概感觉这样写很空洞无力，他进一步写道，请日本占领者"发发慈悲，派一名专家来南京地方行政机构，管理居民的生活，直到新的市政府成立"。如我们已经注意到的，拉贝两天前已见过佐方少佐，少佐一定给他留下了能胜任这一工作的印象。

对"特务机关"来说，提出平等合作的要求在政治上是不能容忍的。正是国际委员会的存在，扰乱了日本帝国的目标。日本占领者本打算以救世主的身份出现，来拯救被民族主义和共产主义思想侵染的中国人民，而那些民族主义和共产主义思想与西方结下了不解之缘。这里的"白色"外籍人表现出了某种领导能力，日本人觉得这种能力应该是他们"黄色"外籍人的特权，他们正努力担任这一角色，并取得了良好效果，受到广泛欢迎。他们是日本人举着反殖民主义的大旗所要抵制的帝国主义者。

二

西方人的行为不仅使日本人存在和行动的合法性蒙受了巨大的影响和损失，还使前来接管西方人工作的中国合作者的正当性受到质疑。日本占领者需要中国人的合作，而不是欧美人的合作。实际上，日本人的策略是改变这种印象和要求。如天谷直次郎少将于2月5日将西方外交使节团聚集在一起，义正词严地指出："没有外国人的干涉，南京的中日关系会和谐地向前发展！"[8]

根据日本方面也签字确认的战争法，“中支派遣军”只用了一两天就证明他们并未准备好占领事宜。到第三天，罗伯特·威尔 133
逊在一封家信中就提到“骇人听闻的屠杀民众”[9]。在这种情况下，国际委员会认为将其资源和权威转交给中方或日方都是不明智的，只有到和平占领基本条件具备的时候才能移交。那将需要两个月。在这两个月内，国际委员会、不同的日本权力机关、参与合作的中国人三者之间表现出既抵抗又合作的关系。这个关系很微妙，但牵涉到卷入其中的每位合作者。

起初，国际委员会成员对“特务机关”一无所知，不知道应该如何对付日军军事的威力。日本大使馆是他们接触日方的官方渠道，但12月19日在与日本领事馆官员会晤后，出席会议的四名国际委员会成员很清楚地明白日本领事馆的权力“无法控制军事力量”。[10]大使馆只将外国人的抱怨递交到东京的外交部和南京日军司令部，甚至不清楚具体交到谁的手里。在占领后两天里，拉贝和其他几位职员试图通过大街上的日军军官与最高司令官联络。最后，一位职位不高的领事官和一位军衔不高的海军军官于第三天早晨来到国际委员会办公室。拉贝交给他们第一封信，信中，他答应国际委员会成员愿意“以我们能提供的任何方式合作”。这次日方立即答复了，那天中午，国际委员会成员被召集到前国民政府大楼接受“特务机关最高长官”的指示，拉贝在国际委员会会议备忘录中记载了此事。

这一阶段，“特务机关”的报告中没有提到松冈勉与国际委员会的会晤。当然这也不是唯一留下的空白，南京“特务机关”到达南京后的十天内，没有任何工作记录。没有记录说明“特务机关”的身份令人怀疑。“特务机关”正式成立于12月24日，但相关人员13日就到南京了。“特务机关”延期公布成立日期，我想到的唯一解释是试图删除它在24号之前所做的一切事情。“特务机关”为什么需要一段缓冲时间呢？从一个日本士兵12月22日的日记中可以窥见其动机：那天，“特务机关”的士兵赶着一批投降的中国士兵去长江边并枪杀了他们。[11]这可不是“宣抚”人员通
134 常做的事情！有证据表明，在长江三角洲其他地方，“宣抚”人员主要从事反破坏工作。[12]特务机关延期公告成立时间是不是在玩不知情的把戏：如果没有文字上的蛛丝马迹，就不可能发现曾经发生的事？

15日，西方代表被召集去见松冈勉，他们很清楚自己面对的是接受一位军官下的指令，而不是与一位文官讨论问题。松冈勉简短谈话的要点是日军首先寻找以及赶走这座城市里的所有中国士兵。他要客人们相信日军会以“人道主义姿态”来“对待已放下武器的中国士兵”。这是国际委员会的秘书、金陵大学教授刘易斯·史迈士（Lewis Smythe）的表述。占领第三天，国际委员会仍准备移交安全区。

那天早些时候，拉贝给大使馆的信中已提出了中国士兵问题。他说：“我们告诉他们，如果他们放下武器和所有的抵抗，我们认为日军会善待他们的。”同一天建立了一个红十字会支会，明确表示是为留在该市里的士兵提供庇护。由于中国军队实际上没有投降，严格地说，身份未定意味着他们仍被看作是现役战士。但人们有个自然而然地期待，占领军尤其是“特务机关”应该公平地解释战争法，拿他们当已投降的俘虏对待。可这个期待被证明

是错误的。在那时，日本的政策是处死被抓住的士兵。占领后的第一个星期里，国际委员会成员已经好几次亲眼目睹街上的日军军官围捕中国士兵。[13]日本人拒绝给他们提供保护，因为他们是战犯。“特务机关”直接参与了枪决战犯的行动。

12月15日会晤中，松冈勉的其他三个指令是：一是允许国际委员会给难民提供粮食；二是准许他们在安全区内配置非武装的警察；三是要求帮助征召工人清理和重新开放公共设施。但日本人很快便自食其言，第二天上午就撕毁了第二个指令。包括队长在内的50名中国警察被赶出了司法部大楼并惨遭枪杀。第三个指 135
令也同样被撕毁。几天后，国际委员会发现，“他们将电灯厂的工人围起来，从54个工人中带走43个，毫无理由地将他们杀了，现在电灯厂已经没有人能管理了，他们还放火烧了电话大楼”。[14]不完全“毫无理由”，国际委员会职员贝德士提到其间也并非“毫无理由”说：街道清洁工被带去做政府雇员，然后日军判决他们为敌人服务，最后被合法地处死。真是欲加之罪，何患无辞啊！

无论如何，在占领后的几天里，“特务机关”所关心的事情与其在其他地方一样。松冈勉首先热衷于建立一个由中国合作者参与的行政机构。12月21日，合作者被召集到日本大使馆，在那儿讨论成立市政府的提议。[15]12月24日前没有特务机关活动的记载，报告中也没有提供与合作者会见的有关信息。可能根据上海方面的指示，“特务机关”决定绕过通常的“维持会”阶段，直接迅速建立自治委员会。不知道哪些人参加了这个会议，但在战后审判中，温宗尧暗示他出席了那次会议。温是广东商人，3月维新政府成立时出任立法院院长，应该算国家级的二流合作人物了。[16]

罗伯特·威尔逊说，开会那天（12月21日）对南京来说不是个好日子：

> 每个商业区大火冲天，实际上，我们一群人已看见他们（日本士兵）在很多地方纵火……更多的屠杀事件不断传来。一个人今天来找美国牧师约翰·马吉，告诉我们有1000人被抓走了，他们待在被认为是安全的地方。大概有100名士兵，已放下武器，穿上平民服装；1000人被驱赶到长江边，排了两列长长的队，然后枪响了。[17]

两天后，"特务机关"召集了第二次会议，"形势稍微平静点"，但威尔逊马上又指出：这是因为"没有多少房屋可烧了，没
136 有多少东西可偷了，只剩下少数男人可被拉出去枪杀了"。[18]在这次会议上，"自治会"筹备委员会开始启动，南京政治"宣抚"即将登场。

为了征召"自治会"职员，"特务机构"利用中国唯一可利用的自愿组织——红卍字会。[19]南京有两个红卍字会支会，都是1922年成立的，一个在市内，一个在下关（西北门外、长江边的郊区商业中心）。1927年前，南京还没有市政府，在青黄不接的季节里，像红卍字会这样的组织会给南京市民提供援助。它主要是由有地位的传统精英和一个有抱负的、新崛起的城市阶层组成。甚至在国民政府定都南京建立了一个功能完备的市政府后，这些慈善机构及其绅士领袖们，继续从事救济活动，如冬天里施食施衣，掩埋被丢弃的尸体等。1937至1938年冬季，红卍字会一如既往再一次参与组织救济工作，尤其这时市政府已逃之夭夭，他们

更觉得义不容辞。1930年代自然灾害和人为灾害泛滥，南京红卍字会成员扩大到600人，为各种各样的突发救济工作动员资源。正是人道主义精神促使红卍字会活动家愿意与任何人合作，甚至是军事入侵者，因此它也较早地与占领当局接触。

红卍字会南京分会会长是一位年长的商人，名叫陶锡三。陶早年在地方上有过一段政治生涯，但1927年国民政府当权后，他的政治生涯被迫中断。1920年代和1930年代，他在红卍字会和其他慈善组织里的乐善好施，为他在政治外赢得了广泛的社会声誉。路易斯·史迈士说，陶是年长的、受尊敬的、非国民党人士，是位“很好的老人”。陶不是日本的首选之人。大使馆的二等秘书福井纯试图选择陈嵘。陈毕业于北海道帝国大学，是金陵大学林业系的系主任，精通英语和日语。他与日本大使馆有着良好的私人关系，这使他成为一位知名且很具吸引力的候选人。但他拒绝邀请，宁愿非正式地担任联络大使馆和国际委员会的工作。福井下一个目标是娄筱锡。娄是南京的一名商人，曾在日本留学，并在 137
上海做过翻译工作。1937年上半年，他担任中国政府与日本大使馆非官方交流渠道的联络人。娄很乐意出任“自治会”会长，但特务机关认为他看起来太像傀儡了，拒绝把他作为候选人。[20]他们想要一个自身具备某种权威的人，不仅仅是日本人的助手。陶锡三留着优雅的白色胡须，与南京传统精英网络关系密切，正合“特务机关”的要求。根据陶自己的陈述，他同意出任“自治会”会长的条件是日军承诺停止屠杀。没有迹象证明他的要求起了作用。实际上，军队甚至都不能保障陶家的安全。19日，一群喝得烂醉的日本兵冲进陶家，翻箱倒柜，直到两名国际委员会的成员来将他们赶走（陶的家在安全区内）。[21]陶那时还没有成为南京"自治会"会长，这次袭击也不足以阻止他与日本人合作。

组织"自治会"是"特务机关"的任务，但因为需要日本大使馆接触并确认潜在的合作者，所以开始阶段大使馆似乎起主要作用。费吴生（George Fitch），南京基督教青年会美国会长，甚至认为南京"自治会"是日本大使田中末男创立的。[22]例如"自治会"副会长孙叔荣（一位穆斯林），是大使馆的雇员，他与南京日本人的密切关系使他早些时候被认为是日本间谍。然而，特务机关不愿意接受大使馆推荐的人。大约过了一天，拉贝听到一个传言："这里的日军司令部不想承认由大使馆聚拢起来的'日本人—中国人委员会'，而应该与安全区内我们的委员会相似。"传言有一定的事实根据。"特务机关"职员丸山进在他最近的回忆录中描述"自治会"表现出"相当反对日军司令部"的特征，这可能暗示"特务机关"发现大使馆为"自治会"举荐的人不是它想要的。[23]此处的"特务机关"与长江三角洲其他地方的"宣抚班"没有什么不同，如果没有按照他们的期望来安排，那这批人将是令他们失望的合作者。

"自治会"其他六名成员是赵威叔、赵公瑾、马锡侯、黄月轩、胡启阀、王春生。黄是红卍字会活动家，他的名字出现在前一年冬天的救助委员会职员名单中。[24]1927年国民党接管南京前，
138 王曾是一名警官，之后他开了一家旅馆，与该市的黑社会搅和在一起。当他掌管"自治会"警察厅时，这个关系网络对他有很大的好处。1月，"自治会"警察厅与"特务机关"、宪兵队一起，到处搜寻隐藏在居民中的中国士兵。王以前也与日本有瓜葛：他在

日本接受警察训练。“自治会”其他好几个成员都与日本有牵连。陶锡三毕业于东京的法政大学；孙叔荣在日本待过两年，日语说得很流利；赵公瑾在长崎接受内科医生的训练；赵威叔和“自治会”秘书王仲调也曾经在日本留学。负责运行南京日常管理机构的人，先前与日本的接触是很重要的资格。

张南梧、许传音、王承典、陶觉三、詹荣光等五人被任命为“自治会”的顾问。至少有三人与陶锡三关系密切，陶觉三与陶锡三是同家族的亲戚，许传音是红卍字会里的同事，詹荣光与陶锡三有私交，他在夫子庙老商业区开了一家药铺。詹的日语也很不错。因为明妮·魏特琳（美国传教士）负责金陵女子学院的难民营工作，新年去看日本人是否停止在校园里的登记工作时，请詹做过翻译。[25]根据有关中国沦陷时期的历史记载，12月31日，一位目击证人听了詹荣光向那些去金陵女子学院寻求避难的人发表演说，建议士兵去日本人那儿确定自己的身份，这样有希望得到日本人的宽大处理。考虑到前五天金陵大学难民营发生的事，詹不可能无知到看不出自首的结果是很可能被枪杀而不是善待。根据贝德士的报告，“中国人听从日本军官的指示”，鼓励中国士兵自愿前去登记。[26]那些遵照指示做的人被带走枪决，詹荣光助纣为虐，使悲剧在金陵女子学院再次上演。

许传音扮演了不同的角色。他在美国伊利诺斯大学获得工程学博士，家中很富有。日本士兵从他家偷走了一辆道奇汽车和一架钢琴。许熟谙英语，并与安全区保持密切联系，红卍字会自然 139
选择他与国际委员会联络。他身居多职：南京红卍字分会副会长、“自治会”顾问、安全区房屋供给专员、国际委员会和日本大使馆联络员。作为陶锡三的朋友，许在占领后的前几周内是个关键性的人物，他将各种关系连接在一起，“占领政府”便建立在这个基础之上。[27]如果需要多种关系来完成某件事，他也知道如何穿梭于其中。3月中旬，明妮·魏特琳正努力帮助妇女保护她们的丈夫免遭日本人的监禁，她便向许传音征求意见，该找政府里哪位主事人。由于卷入新政权早期工作太深，他迅速辞职了。1946年，他再次出现在东京审判庭上，作为起诉松井总司令官的证人。

“自治会”顾问中另一位同样重要的人物是王承典。当我们所指的社会网络不是横向地与其他精英之间的联系，而是纵向地与下层社会发生关系时，他可能扮演了更重要的角色。关于此人，我们几乎一无所知，直到最近出版的一些以前看不到的杂志和日记，此人渐有眉目了。他以吉米·王的名字出现在南京的西方人面前，是一名拍卖商。[28]路易斯·史迈士第一次提到他是在12月24日一封信上，信中谈到国际委员会让王担任商业经理。他还观察到王与“南京下层社会有很多联系”，两天后他又重复提到这一点。吉米·王为国际委员会工作的同时，还参与酝酿“自治会”的谈判事宜。当“自治会”成员新年第一次公开亮相时，他与其他合作者出现在就职典礼的主席台上。在西方人眼中，吉米·王是位有灵气的、很诙谐的玩世不恭者，尤其是他在就职典礼上的表现。罗伯特·威尔逊描述，那天王是“国际委员会里主要的人物，但工作能力平平，与社会下层关系源远流长，他还有其他一些令人不快的特征”。[29]在金陵大学工作的美国人林查理（Charlie Riggs）一语双关地说，作为一个旧货拍卖商，王在就职典礼上的角色“很适合一个二手政府”。路易斯·史迈士同一天提到他时，用亲切开心的语调称他为“著名的吉米”。

国际委员会成员五天后得知，王将掌管“自治会”的食物供 140
给，贝德士嗤之以鼻道：“大米一定将成为最能赚钱的生意。”

史迈士回答：“他可能是这个组织中第一个在3月前能运来粮食的人。”

两天后，德国公使馆秘书乔治·罗森（George Rosen）承认了王的能力，并称他为“新体制里最活跃的成员”。吉米·王，一个商贩，能使自己成为各方都不可或缺的人物，要不是这场袭击发生在他所在的城市，要不是这场战争带来的灾难，他可能在中华民国的历史记录中永远也找不到一个位置。他愿意行动，而不是逃走，与他一起共事的外国人钦佩他的坦白和精力旺盛。

威尔逊无情地评价“自治会”其他成员是“一群二手货，不是这座城市里第一等工人”。这个评价有点苛刻，但也不失公平。“特务机关”1月机密报告中讽刺道：这些人在民众中没有很高的地位，也没有管理城市事务的经验。日本官方记述“占领政府”建立时，并没有如此贬损他们。1940年，日本出版了一本有关中国华中占领政权的历史著作，该书描述“自治会”成员是“地方上有能力的人”[30]，或许不是“一流工人”，然而确是保守派精英中负责任的领导群体，如红卍字会里的精英们。他们所表现出的能力，与其说是他们的才干，不如说是他们的资助人—委托人关系使他们在南京社会中毫无顾虑且相当有效地处理各种事务。他们不是这个时代的新知识分子，也不是新“南京国民政府”的活动家。如果确实要指出他们有什么资格担任这些工作，那就是他们被1927年掌权的南京国民政府赶出政治舞台后的经历。他们是传统精英，但接受了新式教育（在日本有很多这样的例子），加上他们传统的资源：庇护网络、经纪人技能、与地方社会的广泛联系，使他们成为地方上卓有成效的群体。

“自治会”精英的影响力在外国人的记录中也有所反映。12月26日，日本军官到金陵女子学院为其妓院征召女人，明妮·魏特琳坚定地拒绝了他们的要求。拉贝描述了当时的情景：

141 她不打算交出任何人，甚至有个自愿应招的也不行。接着，一些意想不到的事情发生了。红卍字会里一个有声望的人，我们都认识，你瞧，就是那个了解很多下层社会的人，朝礼堂里大声讲了几句友好的话，相当多的年轻逃难女孩走上前。很显然是以前的妓女，能在新的妓院找到工作，谁也不难过。明妮哑口无言了。[31]

如果说魏特琳惊讶于“红卍字会里一个有声望的人”竟然与性交易联系在一起，那么拉贝更多是开心而不是吃惊。自治会建立了三个妓院，征召妇女为其工作，尽管有争议，但确实是这个社会阶层人的正常生意。合作者承认提供性行业服务是他们不得不取悦于日本人的让步，但如果因此能安慰性饥渴的士兵，使他们不再到处强奸妇女，那么这个安排是正确的。

无论是掩埋尸体还是征召妓女，红卍字会成员所积极从事的活动都是把双刃剑，有利有弊，有好有坏。由于占领期间红卍字会与日本当局走得太近，因此而遭到唾弃，并在战后被解散。另一方面，红卍字会因此而得到日军行动的内情和保留的记录，这将在远东国际军事法庭上用来指控日本。红卍字会保留了掩埋尸体的记录，每天提供给“自治会”。根据“自治会”的报告，到3月上旬总数为31,781具，这个数据还会继续上涨。一封红卍字会要求“自治会”给予财政支持的申请书上透露，4月初，红卍字会成员已经处理了三万具尸体，大部分是2月最后三个星期最后一波屠杀居民时留下的。稍后，南京支会的一个报告记录显示：从1937年12月到1938年4月间，共计掩埋尸体43,121具。1946年，许传音将这个数字提供给东京审判庭，记录在案。[32]

现在日本政府辩护者为减轻日本在南京罪行中的责任，不断引出这个数字作为无可争议的证据，来证明日军没有如中国人所说那样，屠杀了千千万万的中国人。例如，“特务机关”职员丸山进在他的回忆录中重复红卍字会的数据。在其他地方他指控许向法庭提供了错误的数据，因此不明白他到底是怎么想的。红卍字会的数字 142
是这场屠杀非常引人注目的遮羞布，它提出的43,000人是个既能理解又可原谅的数字。但那些反对中国的人，将这个数字变成了最终标准，来抵制多数中国人估计和接受的30万死亡人数。43,000太低了！哪些尸体红卍字会统计了，哪些没统计，都不清楚。但大多数观察家同意，红卍字会掩埋的尸体不是南京大屠杀死亡人数的完整记录。比如，这个数字是否包括士兵，是否包括牺牲在城墙附近的士兵，是否包括已掩埋的或者淹没在水中的尸体。一些人试图用日军的屠杀来削弱日本名声，一些人希望用较低的数据来维护日本的声誉，还有各种各样的问题将继续引起他们之间激烈的争论。历史学家可以做出贡献，提供数据，缩小他们的争论范围，但必须保持中立，不能感情用事，不能偏袒任何一方。

南京“自治会”成员第一次在公众面前亮相是1938年1月1日

下午，在鼓楼举行的就职典礼上。参加就职典礼的观众是1000个被抓来的本地人，两天前特务机关便通知每个难民营，让他们派出适当数量的代表。费吴生访问日本大使馆时，正碰上他们在紧锣密鼓地准备，便捕捉了这一幕：

他们正忙着指示60个中国人如何进行新年庆典，其中大部分是我们难民营的管理人员。要为这个庆典准备1000面五色旗和1000面日本旗，北洋政府的五色旗取代了国民党的青天白日旗。超过千人规模的难民营必须有20名代表，人数少点的难民营出10名。新年那天凌晨一点钟，五色旗将在鼓楼上空升起，还将配上一些解说词与音乐（根据节目进行），自然会将兴高采烈的民众挥舞着旗子欢迎新政府成立的场景拍摄成电影。[33]

自从十年前五色旗被孙中山国民党的青天白日旗取代后，从未在空中飘扬过。

费吴生注意到，他的外国朋友不怎么关心新政权的就职典礼，
143 而更在意日军为纪念这次庆典而放的两天假，“因为这意味着有更多醉酒的士兵”，醉酒就意味着屠杀。保存下来的日军士兵日记记载，那天早晨，士兵们举行了一个仪式，面向东方，祝他们天皇万寿无疆；之后，这一天的其他时间全部用来喝酒和“买屁股”（用这个术语来表示购买妓女的服务）。那些想得到免费服务和愿意排队的人可以去军队妓院。一个日记作者提到，他在街道里看到一个中国人挥舞着日本旗子，向一个妓院走去，加入到500个士兵的队列里，享受70个妓女的服务。[34]其他人选择屠杀来庆祝。

（国际委员会记录那天确实有两个14岁的孩子成为两个宪兵队士兵的牺牲品[35]。）一群新年狂欢者竟然开着一辆大卡车鲁莽地冲进拉贝的家，要他去找“花姑娘”。拉贝拒绝了。他的外籍身份使他幸免于难，但很多中国人因拒绝这个要求而被枪杀了。

回到鼓楼，观众正在聆听中国新政治家及其日本支持者演讲（所有的“宣抚班”人员都在演讲台上就座）。陶锡三宣读了五点 144
宣言。第一点，铲除国民党的一党专制，效忠于新政权；第二点和第三点，“自治会”将与日本人合作，实行防共政策，并矫正“依靠欧美的观念”（它承认在南京人民中这些观念很强）；第四点，陶号召振兴产业，造福于民众。然而在讲这点的时候，他身后的医科大学两边的建筑物正在燃烧[36]；最后一点，“广泛选拔人才，以期达到彻底的民众自治”。这是1930年代保守派期望国民党放松手中权力的话语。两天后，《朝日新闻》刊文报道了就职典礼，报道说“自治会”能联合南京所有赞成日本人的组织，然而历史学家很难猜测该文作者想到了哪些组织。

南京现在有两个不同权限的管理机构：一个是“自治委员会”，资源很少，声誉也不高；另一个是国际委员会，资源和声誉均积累得相当多。“特务机关”希望“自治会”将国际委员会推到一边。国际委员会也有所察觉，他们听说日本大使馆答应“自治会”接管国际委员会的所有资金和储备的粮食，而且在就职典礼前一天，他们得到了证实。国际委员会发表声明，寻求先占有没收的资产，并解释它是私人慈善组织，所托管的资源不能转移。第二天“自治会”回应：宣布它能照管好安全区内难民，国际委员会合理的选择是安排好自己的位置。“自治会”拒绝承认发表这个宣言有什么明确意图。再后一天，日本军事当局开进安全区内鉴别、抓走和处死一些士兵，他们还认为另外一个年轻的男士是“抗日分子”。因为“自治会”已宣布对安全区内享有控制权，日本士兵就是去履行此项特权的。“自治会”虽然声称已控制了难民，但实际上与制度化管理安全区毫无关系，每件事都是围绕着消灭中国兵役年龄的男性公民而展开的。因此，“自治会”1月4日宣称享有控制难民的权力实则是与战争罪犯串通一气。几周后，当“自治会调查委员会”和王春生的“警察厅”帮助宪兵队围捕并处死国民政府的士兵时，这种串通行为由一两个人发展成一个机构。

145 起初，国际委员会成员对“自治会”态度冷漠，怀疑它只是一个汲取资源的机器。拉贝在就职典礼前两天的日记中写道：“我们不反对他们接管我们的工作，但其看起来好像只想接管我们的钱。我不会自愿交出任何东西的。”就职典礼当天，副会长孙叔荣走到拉贝面前，说要和他谈一谈。拉贝怀疑他打国际委员会的主意。他在日记中写道，孙“很谦逊地通知我，必须马上跟我谈一件重要的事，正好，我也在等着这件事。我有很好的主意等着”。然而，事态立即便明朗了，真正施加压力的不是“自治会”而是“特务机关”。1月6日，富久田领事（那天很冷，天寒地冻）访问拉贝时，他告诉拉贝，“军事当局”——拉贝大概指的是“特务机关”——决定：国际委员会应该解散，其资产移交给“自治委员会”。

国际委员会第二天回复了，并提出了自己的条件，要求日本
146 在接管之前，制定恢复法律和社会秩序的具体计划。西方人很谨

慎地解释他们并不反对将南京的管理移交给中国行政机构。拉贝在回复中写道：国际委员会渴望“自治会”“以最快的速度建立起一个具备正常功能的地方民政机构，应包括警察队、消防、卫生等设施，我确信国际委员会无论如何都不期望继续履行这些管理职责，这通常是由一个有能力的地方权力机构来完成的”。大体而言，国际委员会不是行政机构，它只是个负责任的、有效的慈善机构。问题是“自治会”不是“胜任的权力机构”。那天拉贝在日记中写道：“即使‘自治会’有日本人的指导，它也没有明确的想法来处理这些问题，他们所有的兴趣都在我们的资产上。”

“自治会”已经成立一周了，它还没有表现出很强的能力能收容62,500个人（难民营1月的常住人口）和为更多的人提供食物。[37]拉贝真正看中的是“特务机关”，他没有觉察到它同样不能处理这个城市居民的需求。在一封信中，他极其礼貌地表达了对“特务机关”的期望：“我们也希望日本军事当局将与‘自治委员会’合作，为难民提供食物和燃料，比现在要更慷慨点。”拉贝没有兴趣去寻求政治合法性，而这却强烈吸引着“特务机关”的注意力。拉贝的关键点是：不要争夺稀缺物品，要确保不浪费物品，要齐心协力聚集物品，他指出：“即使各方人员共同努力，也只能勉强满足需求。”[38]

最近出版的一本关于中国沦陷时期的历史著作，根据这两个组织之间的紧张关系，用它特有的术语来推断：“伪自治委员会与南京安全区国际委员会始终是对立的。”[39]时过境迁，现在回过头来看看，好像确实是那么回事，尤其是“自治会”成立后的一周内。然而，实际情况是，各种各样的因素如连任、友谊、共同的关心、对日本人的不信任、公认的资源有限等等，促使他们默默地联系起来。

共同努力以解决那个冬天的生存需求，推动不同的参与者进行了意想不到的合作。在这场共谋中，一个关键性的人物是王承
147 典，即吉米·王。1月10日，王拜访了拉贝，告诉他日军决定不会使用暴力关闭国际委员会，与富久田四天前提供的信息相反。日本人提的条件不高：国际委员会继续从事它的救济工作，但让“自治会”掌管难民的粮食销售。国际委员会同意了，第二天早晨便停止了粮食的出售。但那时“自治会”还没有建立起自己的销售制度，直到中午，王在安全区内开了一个“自治会”大米销售门面。日本人的下一步是停止给国际委员会供应粮食，第二天中午又停止煤的供应，并禁止它拖运这些货物。可是，在此期间，吉米·王却与国际委员会达成了协议，利用国际委员会的卡车为“自治会”搬运粮食，因为“自治会”没有自己的运输工具。这一步扰乱了下一步。考虑到粮食是从日本人那里运往“自治会”的，封锁就更具有讽刺性。几天后，两个机构都能供应粮食，日本人进行了小范围的干涉：“自治会”唯一的条件是国际委员会雇用的苦力在搬运粮食时不能戴国际委员会的袖章，而要佩戴“自治会”的会徽。即使国际委员会参与工作了，但看上去它也要好像不在现场。[40]

国际委员会监管食物供给工作的是美国人林查理。林查理是国际委员会负责房屋供给的副专员，在许传音手下工作。他负责金陵大学校园的救济工作，在此过程中他与慈善工作者建立了密切的关系，包括吉米·王。林查理和王建立了食物供给制度，使

安全区难民渡过了1月和2月上旬的艰难时光。正如路易斯·史迈士在1月22日救济工作报告中所记载的：他们俩“一起搬走了比日本人答应给他们的更多的大米、面粉、煤，然后用大卡车运走”。林查理用他外籍身份保护他们的工作免遭日本人的干涉，但他自己至少两次遭到日本军官的袭击。王与南京社会各阶层都有广泛的联系，积极主动地得到他想要的东西。德国公使馆大使在一个报告中这样赞扬王：他“至少有勇气对日本人说：‘如果你们要反对我，你们最好现在就在这儿杀了我！’”中国历史编写者喜欢歌功颂德，但他们是不会选择这样的小商贩作为楷模的。如果完全依赖于中国和日本方面的记载，我们现在只知道吉米·王就是 148
王承典——“自治会”花名册上的一个名字。令人奇怪的是，只有西方人的资料中留下了他的事迹和行为。

“自治会”没有库存谷物，吉米·王第一周上班时找日本人要20万担大米，并建议一半免费，一半付钱（一担中低档的大米合62公斤）。日本人断然拒绝这个过分的要求，但几天后送来1250袋大米，免费配给，并答应另外再给1万袋出售（一袋重量为77.5公斤）。条件是“自治会”在安全区外销售大米，以诱使难民离开安全区。到月底，已经送来了4200袋大米——还不足原来答应的一半，仅仅是吉米·王原先要求的3%。日军还答应给1000袋面粉（每袋重22.8公斤），条件还是在安全区外销售，但直到2月面粉供应才到位。国际委员会计算，每袋大米能给125个成人吃一天，这已经是减少到维持生命的水平，那么日军1月给“自治会”的粮食只够这个城市难民三天的消费。

粮食销售冻结后，国际委员会几次请求日本大使馆，让它与军队协商，从前政府下关仓库里提取10,933袋大米和1万袋面粉。1月28日，国际委员会还给“自治会”写信，建议：“如果这些大米是安全的，我们很高兴与你们合作得到它，免费供应给安全区内外的市民。”日本大使馆终于在2月第一个星期给予答复，很不正式地通过会说日语的美国领事约翰·艾利森（John Allison）来做这件事。日高信六郎顾问问艾利森，国际委员会是否愿意与自治会合作销售粮食。虽然国际委员会已经保证并实行过好几次了，可“特务机关”还很担心，唯恐通过粮食供给增强了西方人的政治合法性。日高特别关注，如果发放珍贵的粮食能带来政治资本，那么应该确保让“自治会”获得。

从1月中旬开始，“自治会”在市里建立了一系列粮食销售店。然而，极糟的治安问题阻碍了销售进程。21日新开的深州路一家米店一天里被日本士兵抢劫不下三次。“自治会”决定设置一
149 个较为复杂的程序：在一个办公室发行米票，到另一个办公室付钱，再到第三个办公室领米。第二天，“自治会”试图在宝泰街再开一家米店，离“自治会”总部很近，但还是很难维持安全和组织运输。至少在1月底之前，“自治会”没有能力保证销售过程免遭日军的掠夺。[41]

2月，秩序有点好转，陶锡三建议在被居民抛弃的区域开设米店，并以低于市场价的价格销售大米，目的是鼓励居民回家。为了给这些米店供给大米，他集思广益制订了一个计划，准备在长江以北购买谷物运到南京。副会长孙叔荣反对，他觉得代价太高，并对陶锡三大声嚷嚷，强烈反对他这不经济的慷慨做法。他觉得“自治会”米店里的所有谷物都应该出售，这样既能保障“自治

会”的财政收入，又能表明“自治会”对日本人很重要。孙甚至求助于日军支持他的想法，让陶主动撤销计划。关于米粮的争吵开启了会长与副会长之间长期不和与厌恶的先河，那可是整个1月份好不容易才建立起来的制度。统一的组织开始分裂了。

日军对陶和孙之间的派系斗争不感兴趣，也不偏袒任何一方。与此同时，日本占领者已失去了对陶的耐心。“特务机关”长丸山进想起早期“自治会”是反日的，陶不适合担任会长，因为陶试图与日本人保持一定距离，然而只要“自治会”依靠日本人的资助，他就不可能做到这一点。这是合作者很古老的进退两难问题。当陶在争取“自治会”独立于日本人的斗争中失利时，孙叔荣急切地想取代他，并向日本人证明他是一个更好的合作领袖。根据丸山进的记述，吉米·王和赵公瑾支持孙。王是个非常善于见风使舵的家伙。到1月的第三个星期，陶抱怨说，他在“自治会”里已经徒有虚名，毫无实权。23日。“自治会”成员在日本大使馆集合，等候松井总司令官（松井对他们的印象很差）的接见，陶表现出团结一致的阵营。第二天上午，陶递交了辞职信，理由是上了年纪，身体不好。日本人拒绝接受他的辞职。五天后，他的新住处被洗劫一空，“特务机关”拒绝调查此事。

陶的难题是：在接受日本人的钱时，如何避免傀儡的形象；
他的主要竞争对手与日本占领者串通时，他如何维持自己的领导 150
地位；他意识到日本人对“自治委员会”的财政支持只是短期的。“自治会”1月收入的58%（31,085 元总收入中的17,895 元）来自出售没收的谷物和面粉，这些粮食是“中支派遣军”给“自治会”的启动资金，差不多够支付“自治会”职员的薪水。1月另外1/3

的收入（10,000元）是“中支派遣军”直接送给“自治会”的礼金。“自治会”只创收了3190元（占总收入的10%），是通过征收商业税和人力车税而得。然而第一个月后，日本人的财政支持结束了。2月“自治会”必须自行维持财政收支。日本大使馆以礼金的形式给予的直接支援削减到可怜的1000元（占总收入51,257元的2%），还有其他几笔日军赠送的礼金：藤田部队的2000元，上海“宣抚部”部长原田熊吉少将的500元。但这点钱远远不够市政机构的支出。这时还没有一劳永逸的金融机构为其张罗解决财政问题。一旦进入角色，“自治会”必须找到自己的生存方式。

1月28日，“自治会”通知所有在安全区内避难的人一周内回家。该通知是以“自治会”的名义公布出去的，但这是“特务机关”制定的规章和强加的期限。然而，很多人已无家可归了。“特务机关”在1月机密报告中承认，这个城市在占领时有一半房屋被毁。[42]3月，路易斯·史迈士负责战争损失调查工作，估计南京1/4的建筑物被烧毁，在它们“被烧毁之前，已被彻底地甚至是有组织地被抢劫一空”。另外2/3被劫掠但没有被烧毁。还有11%既没有被劫掠也没有被焚烧，但“实际上无一例外”地都被士兵闯入并抢走了部分东西，接着市内的小偷又光顾了那些无人居住的建筑物。回家的人发现家里已空无一物了。

“特务机关”希望国际委员会配合这个计划，于是在1月28日下午邀请其领导人一起去“自治会”总部开会。松冈勉没有指示如何解决房屋缺少的问题，只是说明将派士兵来帮助赶走难民。
151 民众的反应是歇斯底里的。国际委员会第二天做出回应，给“特务机关”递交请愿书希望延长期限，并建议“自治委员会”在政府大楼里接管难民工作。“特务机关”次日回复，重复松冈勉28日的通告。最终的结果是关闭难民营。“特务机关”指导整个过程，居民回归工作卓有成效。这不是将权威从外国人的手里转移到中国人手里，而是从外国人手里转移到日本人手里，而前者是国际委员会更乐意配合的。[43]

“自治会”忠实地执行特务机关的重新安置计划，贴出告示，告诉居民2月4日为最后期限，并警告他们现在居住的临时性建筑将要拆毁。无论如何，那些有地方可去的人还是急切地想回家。没有人预料到日本士兵对这道命令的反应。他们散布到整个城市，进行又一轮疯狂的强奸、偷窃和谋杀。[44]这种肆意的破坏持续了一个星期，前三天达到顶峰。“唾手可得”激起了士兵强烈的欲望。2月2日上午，满满一卡车的士兵驶向“自治会”总部，“要求给他们至少找13个花姑娘，且多多益善”。约翰·马吉在那天的一封信中记录：“中国人试图拖延时间，但他们（日本兵）包围‘自治会’本部，直到下午仍在那里。‘自治会’找到了两名妓女，但这远远不够。”甚至连提供服务的“自治会”也不安全！[45]

一周暴乱后，难民终于可以不受干扰地居住在难民营外了。到2月第二个周末，回家过程变得更有序了。到2月底，特务机关统计有172,502人回到安全区外的家中或者其他能将就居住的地方。严重被毁的下关——南京最穷的人的居住区——是个例外。在回家的所有难民中，只有4%回到下关。当美国生物学家史德蔚（Albert Steward）在1938年12月从下关经过时，发现这里大部分地区仍是废墟，[46]而这已是占领后一年了。

3月底，有好几个指标说明南京已达到一定程度的稳定：第一，重新安置的难民人口数达235,056；第二，重新建立了与长江上游芜湖批发市场的大米贸易，这减轻了粮食供应的困难，并给
152 了“自治会”征收税款的机会（“自治会”得到“特务机关”的允许，每担米征税6角）[47]；第三，火灾的数量由前一个月的48起下降到22起。尽管有这些最起码的改善，但市内大多数地方在很长一段时间里依然是废墟。4月24日（星期天）下午，美国驻东京领事馆一位叫卡伯特·科维尔（Cabot Coville）的官员来访，与其他好几位西方人到市内商业区参观。他震惊于毁坏的程度，对那些摧毁建筑物的方式更是迷惑不解：“没有几处有炮击的痕迹，但是个体商店和一些建筑物被掠夺、劫掠、火烧摧毁了，并不是整个地区都被大火烧光了，还有零零星星的建筑物幸免于难，它们提醒人们这里原来不是这样的。一个商店空无一物；旁边一个烧焦了，是里面的商品和装置被搬走后放火烧的。如果有现成的照片就好了，便能证明这些劣迹的始作俑者是谁。”[48]

科维尔一直认为这些劫掠、焚烧是中国人干的，他不知道这是残暴的日本兵在执行他们上司毫无理性的命令。那时的人们不明白，为什么日军要如路易斯·史迈士所说的“故意放火焚烧这个城市大面积的商业区和工业区”[49]，尽管这是日军在长江三角洲地区的通常做法。一些人猜测这是他们试图掩盖劫掠的程度，另外一些人说这是对中国人抵制日军征服的惩罚。这些讨论一点也不能使恢复和重建首都的任务变得容易些。

科维尔一行驱车到城墙外，看看南京所遭受这一切的证据：

离开一个城门，我们在行政院院长的官邸前停下来，进去看

> 看。它破烂不堪，砖墙上有一个巨大的炮眼穿过，人们进出的地方全是碎玻璃和砖块，客厅中央有一具马的尸体，花园里的战壕里还躺着几具中国士兵的尸体。孙逸仙的纪念碑似乎被损坏。它被竹架和草垫覆盖着。公园里的战壕是毫无计划乱挖的，战壕里中国人的尸体毫无遮拦地暴露在外。

战壕是中国军队阻止日军袭击所做的部分准备。日军发现
它们可以用来掩埋大批尸体。史德蔚1938年12月到达南京时，
南京市面的损毁仍明显可见。他发现南京市的南区“毁坏的程 153
度无法计算，市民寥寥无几，大多数商店仍然支离破碎”。根据
史迈士的战争损失调查，斯图尔德推测：“如果双方合作保护市
民的生命和财产，不让军事行动干涉，那么这次战争所带来的
毁坏不会超过实际损失的1%—2%。”不过一年前，日本人是不
会考虑这种理性计算的，他们的运作逻辑不是利润和损失，而
是胜利和羞辱。如果斯图尔德的假设是有根据的推测，是成功
合作可能得到的效果，那么由于南京“自治会”和“特务机关”
之间没有摆正好各自的位置而导致的恶果，是个很有说服力的
证据。

到1939年，有73%的人失业，平均工资比战前下降了60%。 154
市郊周围农村地区，农具损失估计达500万美元以上，农作物和
牲畜的损失超过1500万美元。[50]在国际救济委员会最后的工作报
告中（2月的报告在标题上又加上国际委员会）概述当时的形势
是：“整个南京市民的生活水平十分接近战前中国各城市较贫困的
阶层，后者的生活水平是社会工作者在中国不同城市调查所得。”

这两年发生的事件使本地居民的生活水平降低到那样的水平，很多人都处在生存的边缘上。南京处于令人绝望的、非常畸形的困境中。军队和政府的自然本性使通货膨胀继续恶化，这导致了潜在的、更大的危机，经济发展毫无希望。用贝德士的话来说，即“对人民生计产生了实际的影响”，合作的试验失败了。“繁荣和安全似乎离南京人太遥远了”，他总结道。[51]

三

科维尔去南京和市郊游览的那个星期天，也是陶锡三“自治委员会”解散的日子（4月24日）。“自治会”的命运与更高级别的政权机构连接在一起。一个新的“国家”政权——“维新政府”在几周前的3月30日举行了就职仪式。就职只是形式，因为南京太乱了还安置不了一个政府。仪式后“维新政府”便回上海了，在那儿一直待到10月。虽然如此，但一个“新政权”毕竟存在了，至少它期盼统治自己的首都。与国民党所做的一样，新的“中央政府”接管了“市政府”的领导职位，地方人士只控制了四个月的时间，昙花一现，现在它又恢复到“中央政府”控制之下。“自治会”被“中央政府”任命的“南京市政公署”所取代。“新市长”是任援道，“维新政府”中一名杰出人物，同时担任“绥靖部部长”，即是当时南京警察控告的陆军部，指控陆军部听命于国民党。五个月后“市政府”进行重组，任援道放弃了“市长”职
155 位，让给他的“副部长”高冠吾。（这两位“市长”差点儿都被暗杀了，任在1938年7月，高在那年冬天。）高辞去了陆军副部长一

职，做了“南京特别市政府”的全职“市长”。直到1940年年中，汪精卫“新国民政府”登场，南京市的部分机构被改组，这个城市才算脱离了军事部门的控制。

很多自告奋勇服务于“特务机关”，并试图压制国际委员会的合作者，在这次政治洗牌中出局了，但一些人能将他们的政治投机转换成长远利益。[52]陶锡三在“维新政府”中明升暗降，先任“大民会”的副会长，后来由“立法院院长”温宗尧推荐成为其下属。当“维新政府”在1940年3月解散时，陶在汪精卫政府里谋到一个“顾问”的位置。然而那年12月，陶因贪污被立案调查，其政治生涯就此结束。战后，陶因支持日本人，被判处有期徒刑两年，这是个很轻的惩罚。陶短命的“自治委员会”过去已经很多年了，法官们认为他只是合作者中较次要的一个。如果“自治会”解散时他就从政治舞台上隐退，有可能还没有人注意到他，也就不会有惩罚了。陶锡三出狱后两个月即1948年6月死于南京。

原“自治会”的其他成员中，赵公瑾进入了新的“市政府”，先为“交通部部长”后又提升为“产业局局长”。这两个部门都在“市政公署”和“特别市政府”直接领导之下。陶觉三1940年代也在“市政府”里继续占有一席职位。还有另外一个活跃于政治舞台的“自治会”领导成员吉米·王，先任“工商部部长”，接着在高冠吾手下获得了一个很有权力的职位——“社会局局长”。根据《南京新报》7月2日一篇有关保甲制度的文章可知，他担任此职至少到1939年夏。除了这点，我再也找不到吉米·王的任何线索了。然而他的名字在1980年代出现了，一位上了年纪的基督教徒在接受采访时（相关内容已公开出版），提到了吉米·王。那个

人回忆道，1937年12月，在安全区难民营里，王碰巧被安排在他
156 旁边。王告诉他："这是发财的大好机会"，并企图以"自治会分会长"的职位诱惑他，他拒绝了，王说他是傻子。这就是此人对吉米·王的所有记忆，而不是他"很久前就死了"。[53]

原"自治会"成员从"新市府"阵容中消失了，新的政治精英取代了他们。但1938年后南京档案资料充分显示，他们虽然从政治舞台上消失了，但并不表明他们完全退出了城市精英阶层。他们可能从市府职位上被赶走，但他们还要继续出现在公众面前。根据1940年出版的南京公共组织领导名单，好几位"自治会"的活动家出现在了上面：前副会长孙叔荣成为南京清真寺经理，令人讨厌的詹荣光成为江西省同业公会会长，黄月轩经营童善堂，王春生警官也领导一个名叫"行善堂"的慈善组织。名单上还有高冠吾市长，他是日中佛教协会会长；陶锡三管理广丰粮仓。（是不是因为管理粮仓被人指控贪污？）在这些位置上的只能是"地方上有能力的人士"，而不是国家层面的政治家。因此，尽管"自治会"精英在政治上失势，但在社会上却找到了适合自己的位置。失势的一个标志是红卍字会的政治影响减小了。到1942年9月，陶锡三仍是红卍字会南京支会的会长，这是贪污那件不光彩的事后，他抓住的唯一社会职务了。至于"自治会"其余四位管理人员，在政治上均默默无闻。[54]红卍字会不再是日本人接触地方精英的临时的、方便的桥梁，现在他们找到了更好的接触方式。

相互冲突和相互矛盾的压力使南京"自治委员会"身陷夹缝中，正像它使政治家陶锡三左右为难一样。刚出炉的市政行政机构表现得既谦虚谨慎又狂妄自大：谦虚谨慎地试图使这个毁坏的

城市回到某种程度的正常状态中（至少外表上看上去如此）；狂妄自大的是它希望用碎石来建立一座由他们控制的、健康的市民政权大厦。它所处的政治地位，均是相互冲突和相互矛盾的。一方面，“自治会”由一支占领军提供政治和经济上的支持，尽管是短 157
期的。另一方面，又有一个管理良好的西方人组织参与竞争和合作，在某些限制下。西方人的存在与其说扰乱了合作进程，不如说使合作进程复杂化了，因为共谋者增加了一倍。“自治会”与各方面共谋：与一手打造它的日本人共谋；与给这个城市居民实质性帮助的西方人共谋；与提供原初合作者的地方组织共谋。因此正是这种共谋，产生出一些像吉米·王那样的传奇人物，既能与各方一起工作，也能随时终止。他既敢公然违抗日本人，干涉食物供应，又会建立“自治会”妓院，征召中国女人提供服务。正是他在明妮·魏特琳的眼皮底下从金陵女子学院挑选年轻姑娘，接着又在金陵大学故伎重演。王不是那种对自己以及“自治会”的地位抱有幻想的人，正如3月他告诉路易斯·史迈士的：“‘自治’的意思仅是：当日本人说‘是’的时候，我们就去做。”

由于吉米·王按照日本占领者的指示行事，他出现在1939年蒋介石政权正式公告的“汉奸”名单上。重庆方面完全不知道他供给粮食和保护南京市民的事。如果他不继续在“特别市政府”里担任职务，他的所作所为足以抵消他的通敌罪行。[55]因为吉米·王服务于占领政权，而同时抗日战争仍在进行中，他的合作行为便将他和国际委员会成员放到了道德藩篱的对立面。将王看成是汉奸、将西方人看成是英雄，这不仅是从当时事件出发来看他们的行为，而且还将他们的所作所为赋予了道德意义。到1950

年代，从反帝国主义的观点来看，王和国际委员会成员都在道德藩篱错误的一边。王公然为日本占领者工作，美国人不再对中国的政治感兴趣是为了保护他们自己的经济利益。国际委员会完全是为了自身利益，甚至当时安全区外英国鸡蛋包装厂的商人也持这种看法。[56]我们最好将国际委员会和王的行为在道德藩篱的两边都放点。吉米·王同时为占领者和南京市民服务，西方人所从事的恢复公共秩序工作，在某种程度上只是增强了中国合作者及其新政权的地位，二者所做的事既有利于民众也助纣为虐。

158 贝德士不是没有意识到这些共谋行为。在对去安全区避难、身份可疑的士兵执行死刑的报告中，他就暗示了这点："很多天了，一直在对付扮演不同角色的日本军官和士兵，只要有必要便赔着笑脸、点头哈腰，为了社会安全，将上万人带到大学去登记，这是一种折磨。"顺从日本占领者是帮助中国人的唯一办法，即使它也是日本人想要的。贝德士背负共谋的压力在1941年纽约的一次演讲上又表现了出来。当被问到救济工作是否加强了占领政权时，他的答复是："大家都同意这种看法：日本人从中收益甚微；而这项工作对于中国人的贡献，远远超过我们为日本人做的任何事情。"[57]这是个很公正的观点，但同时也承认他们的救济工作对建立"占领政权"的贡献微不足道。即便有时感觉"得"超过"失"，但毕竟共谋还是既有得也有失。诉诸舆论的权威是贝德士为共谋辩解的方式，但从反方的角度来看，可能不是这么容易解释清楚的。

贝德士和吉米·王都明白，与日本人勾结使他们不可能成为抗日英雄。但他们也不会认为其行为是投降，而是理解成：当一个人处在个人无法明白也无法改变的情境里，一定要尽最大努力地活下去；为了得到一些东西，通常要不惜一切代价，且决不能计较任何悲惨的结局。比较流行的相反看法是将日本人和合作者放在一边，将牺牲者和抵抗者放在另一边，这种观点强加在南京和其他日本占领区。“占领政府”确确实实在南京和其他地方都处死了中国年轻小伙子和强奸了中国年轻姑娘，乃至于大屠杀，但在南京还发生了另外一些事。如果不是中国人、英国人、德国人和日本人留下了不同寻常的记录，我们就不能揭开这既有抵制又有合作的一连串共谋。可是当一个点头便能置人于死地或使一个女人成为妓女，而一句恰当的话又可能使他们免于灾难，这是一种多么痛苦的经历、多么难于应付的情势啊！但与暴力压制一样，共谋是“占领政府”一个必不可少的特征，而这两种情形都在南京上演了。

第六章　竞争：上海

159 如前几章所述，合作绝不是一种简单的关系。乍一看，合作好像是百依百顺的地方管理者和军事占领当局直接签订的协议。但仔细审视，如前几章所表明的，合作揭示了一张稀疏但却有弹性的共谋之网，这张网在众人的参与下，朝着众多的方向发展。在各种各样的勾结、串通、共谋、唇枪舌剑过程中，产生了一些对手，于是竞争相应而生。因为军事当局带来的占领政治通道过于狭窄，众多的附庸之人拥挤于此，他们之间一定会相互竞争，以取得占领当局的认可。如果缺乏竞争，那将意味着地方头面人物拒绝与占领者发生关系，这表明占领者组织他们参加政权建设以及使政权合法化的必要工作几乎完全失败。占领政治不仅使竞争成为可能，而且还期望竞争出现。

占领政治以一种突然而至的、破坏的方式出现，并将一些人员卷入进来。它从庞大的人群中吸引积极的机会主义者，这些人包括从权力持有者到非精英群体，前者急切渴望继续保留权力，后者试图抓住现在难得的机会寻求较高地位。然而这些或许可被称为合作者的人以及当时毫无疑问已是合作者的人，并不是参与占领政治的唯一群体。非合作者渴望保护自身的利益，或利用正常生活的中断浑水摸鱼，也试图花费力气挤进“占领政府”内，以便与早期抓到权力的人竞争。他们甚至强烈要求将在位的合作者赶下台，揭发那些人是投机分子，而他们自己是正直的公民，愿意为民众的福祉做出贡献。日本统治时期的上海是研究这种竞 160
争的理想场所，部分原因是其规模巨大、形势复杂，部分原因是其基层行政机构留下了丰富的档案文献，而竞争正是在基层行政机构中一幕幕上演。竞争的结果不仅仅使合作过程更为复杂，而且也削弱了建立一个稳定的占领政权的可行性。

上海“宣抚”工作与长江三角洲其他地方不同。那些地方的情况是，“宣抚部”将“南满铁道株式会社”的职员分成小组，直接派遣到地方重建行政机构，而不管他们使用什么方法。上海则不同。在这个政治和社会要复杂得多的城市建立占领政权就不是“满铁”所能应付得了的，这得由军队的“特务部”直接监管。水平不高的“满铁”职员处理县政府的工作还绰绰有余，而上海的“宣抚”工作得由长期以来一直致力于日本在中国的政治和军事利益的人来掌控。如此重要之任务，是不可能相信匆匆招来的新手就能胜任的。

尽管关于沦陷时期上海的研究较多，但这仍然是个难以捉摸的课题。这个城市太大、太复杂，人口密度太高，众多国家和中国人的权限划分太多，以至于无法进行简明扼要的概括。公共租界和法租界，是商业中心，1941年12月8日之前不受日本人的干涉。日本人控制苏州河以北属于他们自己的那一块公共租界地盘。从1937年11月起，公共租界和法租界以外的地区也在日本人的统治之下。法租界的南面是带有围墙的“明市”，又叫南市，是本地人的商业中心。在公共租界西面是越界筑路区（Extra-Settlement Roads Area），中国政府称为沪西，西方人喜欢叫“荒芜之地”。北面坐落着新规划而来的江湾市府机构（即英语国家中所称的中市区）。此外，公共租界北面是闸北和真如，东面是浦东，与外国人居住区隔黄浦江相望。在一个城区发生的事不一定非要在另一个城区上演不可，即
161 使他们在同一个政权的统治之下。甚至也可以设想，生活于其中的

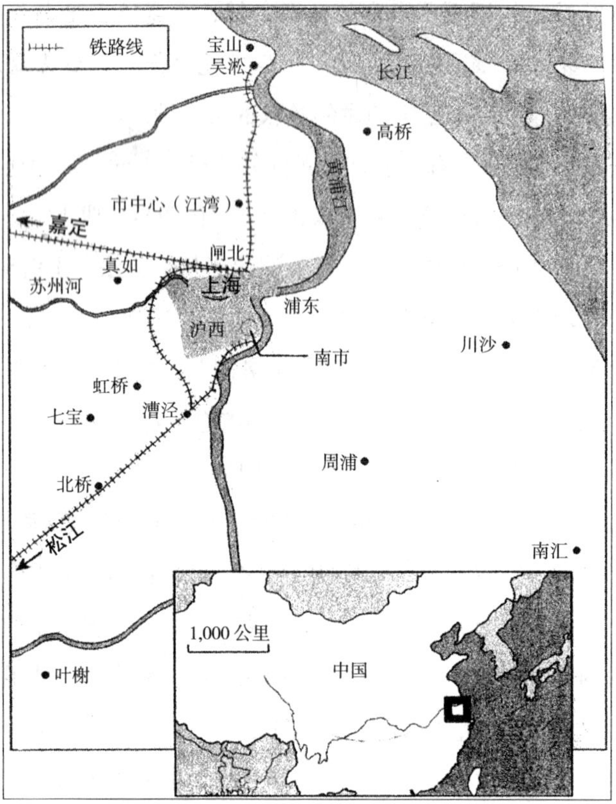

地图三　上海地区

人居住的小地方是单独存在的，上海不是个统一体。

据我所知，上海的日本行政机构没有留下“宣抚”工作报告或“满铁”工作报告。日本“宣抚班”职员或观察者也没有写过有关市政权建立过程的回忆录。这意味着重构上海地方合作的故 162
事几乎完全要依赖于那些参差不齐的中国档案文献。[1]中国文献中很少涉及日本占领者，但揭示了大量的有关合作者面临的各种情势。合作者如何处理来自上下两方相互对立的要求，怎么来应付具有最终决定权的日本人，如何应付在这转折关头突然出现的众多竞争者，后者试图将占领带来的分裂和瓦解转变成个人前途的一次机会。公众习惯于尽可能地用意识形态来追踪某人的足迹，这使画面变得更加复杂，以至于那些虚构的情节看起来好像真有其事，那些重新装饰的东西看起来似乎又真像那么回事儿。真真假假，假假真真，似是而非，似非而是。“宣抚班”在其他城市里的工作，大体上具有连贯性，但在上海却很不明显。如何将纠缠于其中令人迷惑的各种竞争行为条分缕析，是沦陷时期上海的每个统治者很头痛的问题，对于中国人和日本人都一样。

一

上海“宣抚”工作开始于1937年12月5日“大道政府”的就职典礼。这个“大道政府”也非一个统一体。就职典礼的开幕式在南市举行。在那里聚集着一小群名不见经传的小丑，头头是苏锡文。他例行公事地宣读一份必不可少的宣言。接着这支队伍自渡黄浦江，在浦东一所临时指挥部里开始统治上海的工作。新政权成立那天的第一个行动是发布一系列的公文，意在向上海公众传达政权的合法性和权威。包括苏锡文市长的就职布告和启事，大道政府暂行组织法，“大道政府”为本府成立致全国各机关通电，相似的告示还传达给了颇具实力的上海银行公会和上海市商会。“大道政府”还给前上海市政府公务员发出布告，告知他们将有七天时间考虑是否回政府工作。宣言、告示和通知被送到上海各报馆，并附上一封信要求立即刊登。为稳妥起见，第二天又送出一封信，简略重复立即公布命令。[2]

163 在宣言文件中，“大道政府”的身份仅仅是“市政府”，但其背后似乎想代表整个国家说点什么。宣言指出，国民党制造了“人间地狱”，“无可选贤与能”，破坏了真正政治生活的生存能力。它的一党专政也制造了消极的政治氛围，以致“外又不能讲信修睦”（这里仅指日本）。“大道政府”是来治愈由国民政府给中国带来的创伤，将用中国人来治疗中国人的方式。宣言精心编织了和平的目标——这是“占领政府”为日本称霸东亚打造的口号——诉诸无伤大雅的宇宙秩序和传统的概念，通过这些来展现大道政府的形象。这里引用它的措辞：“人类相互间，或国际相互间，惟有彼此实行大道，始能得到真正和平，否则，纵有法律拘束，如无大道维系，真
164 正和平不可言。”“大道”一词出自于中国古代的《礼记》，理雅各（James Legge）是这样翻译“大道之行”的：“a public and common spirit ruled all under the sky; they chose men of talent, virtue, and ability; their words were sincere and what they culivated was harmony. Thus men did not love their parents only, nor treat as children only their sons.”（天下为公，选贤与能，讲信修睦。故人不独亲其亲，不独

子其子。）[3]该政权选择阴阳图作为政府象征，它利用这个象征和其他的一些标志来确定自己是正宗的中国人，他们诉诸中国传统的价值观念，来拯救沿海地区近几十年来已具异质性的中国人。

这些文献几乎没有涉及日本，因此它在建立地方政权过程中的角色很模糊。"大道政府"在"为本府成立致全国各机关"的通电中，承认日本在这场政权转化中起着牧羊人的角色："兹幸日本皇军莅临中土，代吾人剪除凶顽。"除了这几个字外，"大道政府"在12月5日发表的各种通电、宣言和布告中，只言未露日本人在政权创建过程所做的工作，片语未提"宣抚班"的存在，甚至连日方顾问也未提及。日本人关于"大道政府"的报告也非常谨慎小心。1月31日的日本内部报告中，简单评论了"大道政府"是"在皇军的帮助下"建立的。第二个月在东京发行的有关大道政府的宣传小册子，坚持说"这个政府里只有两名日本官员"，勉勉强强提了一个日本人。日本内部报告至少列举了34个"宣抚班"职员的名字，他们全职担任大道政府的顾问，但从这些公开声明中很难寻找到他们的蛛丝马迹。很显然，双方都决定使"大道政府"在表面上应该完全自治，脱离日本占领者的控制。就职仪式上的政治自治和受欢迎的正统性是一场舞台剧，在这个舞台上，北洋时代的每个政治演员不得不寻找一些比纯粹军阀身份要好点的特质。对于合作者来说，很难维持表面上的合法性，尤其是在当前，日本人是后台老板，有目共睹。

直到1月下旬，我们才知道这34个"大道政府"幕后操纵者的姓名。然而，除了姓名外，我们几乎不知道这些人做了些什 165
么，新的"市政府"又是如何运作的。政权形成过程简直就是一张白纸。唯一留下来的片段资料是东京一名官员对“大道政府”所做的些微评论。他在1938年出版了的一本薄薄的书，主要记述了他在中国占领区50天的旅行情况。书中透露了“市长”苏锡文和“宣抚班”班长西村展藏在上海的合作已不是第一次了。1931年之后的某个时候，苏锡文和西村展藏在山东省一起组织“乡村自治运动”。换句话说，就是建立一个联系网络，使日本的政治经济能延伸到该省。[4]1937年10月，两人乘船前往上海，为进入新政权领导阶层铺平道路。作者说，令人奇怪的是，12月5日的“大道政府”的就职典礼，与墨索里尼占领罗马一样，是一个大胆之举。这暗示了苏锡文与国际法西斯运动结盟，并将他看作是像墨索里尼一样的领导人物。

因为苏锡文在出任“市长”之前，身份低微，名不见经传，因此招来了很多流言蜚语，官方也编造了很多故事。根据香港的一家报纸报道，他原名叫俊英，但他改成苏松治，后来又叫苏有详。他还有其他名字，因为1938年1月日本一家杂志称他为“Su Jixiao”。[5]在他45岁担任“上海市市长”前，在政治上完全默默无闻。他出生于东南沿海福建厦门的一户商人家庭，会说日语，因此当时有很多人猜测他是台湾人，服务于日本帝国。苏20来岁时在日本东京早稻田大学学习政治经济学，1916年回国，先后在广东和福建省政府里一些中层岗位上任职，曾升任到福建省财政局局长。他加入了国民党胡汉民派系，但由于晚年胡汉民倾向于左派，他便与胡断绝了关系。派系斗争导致他十年不能进入政府机关，正因为此，他到了上海，在持志大学获得了一个教员职位。

官方传记所载苏锡文从政客转向学者的生涯，使其作为知识分子和思想家来倡导“大道”的观念。在上海，据说苏开始将道教和佛教思想发展成一种宗教哲学，他称之为“大道精神”。他提 166
倡所有人团结起来，所有的信条都有相同的起源（“天下一家”，“万法归一”）。很显然由于佛教的关系，他又一次改名，这次叫“苏锡文”，然而我仍查不出这个名词所具有的佛教意义。[6]这篇传记还影射了他由佛教哲学退回到政治，他主张的政治是以道德为原则，而不是效忠于某个派系，因而他鼓吹政府要有透明度。他觉得自己有义务反对国民政府的腐败，并为此政治主张而积极奔走，寻求建立新的政府。因此，国民政府发布通缉令捉拿他。但国民政府下通缉令，更有可能是因为怀疑他是日本间谍。根据苏锡文的经历可以得出以下结论：首先日本要资助的“上海市政府领导人”是北洋政府时代底层的、政治地位低下的小人物；其次，这个人在地区、业务和教育方面与日本有一定的关系，一旦他在国民政府那里没有立足之处，他就会想到这些关系。

1938年7月22日，英文报纸《东方时报》上撰文披露苏锡文好几个令人感兴趣的侧面。报道是关于暗杀由苏锡文提名的、被曝光的主要候选人的。首先，苏和那个候选人是福建老乡。与福建有关系很重要，因为这不仅说明这个人与苏有联系，而且他与“维新政府”的领导阶层有着潜在的关系，因为“维新政府”里福建人占优势。福建既与中国国内紧密相连，也与国外联系较多，因此福建人不太在意政治上被打败，他们应征为1938年新政权的领导人。也不被通敌叛国的意识形态所束缚，很显然由于这个原因，那位候选人（他是个虔诚的佛教信徒，也是个热心的道教徒）被暗杀了。日本占领下的上海市就是由这样一个特别的精英集团来控制。被暗杀的人和苏是中国互助会（the China Mutual Aid Association）的成员，这是威海卫路上的一座道教“显灵沙坛”（spirit sand writing altar）（很显然这是一个神仙显灵的迷信）。根据《东方时报》的那篇报道，这个互助会是上海政客经常出入的地方，并在“政治黑暗”时期为其成员提供庇护。[7]这篇文章没有详细说明互助会具体面临什么政治困境，但暗示该会庇护了政治上的反动组织——“中国共济会”，该会成员利用互助会的掩护从
167 事颠覆国民政府的活动。在这个关系网中，苏锡文与那些具有相同思想的人建立了联系，并为其政权招募支持者。作为上海的外地人，他需要这个关系网络来组织亲日政府，以便与前国民政府的权力关系网竞争。这些人是本市完全不同的次要精英群体，先前他们不能成功地获得政治职位，日军的入侵给了他们接近权力的机会。

关于苏锡文的“宣抚班”合作伙伴西村展藏，我们知道得很少。苏在公众场合扮演角色，在上海报界留下了一些痕迹，而西村的所作所为大多在视线之外，不为人所知。如前所述，西村和苏结伴来到上海，2月初，他们的合影出现东京出版的宣传小册子上。正文的第一页便是他们的照片，西村和苏分别站在一幅书法
168 长卷的两边，书卷上书有“仁者无敌”。（相应地，宣传册正文里不断重复这个思想，用“天下无敌”来描述在华日军的军事力量，故意讨好明治天皇那个著名的宣言。）这张照片表明，在建立上海新秩序的过程中，二人是平等合作的伙伴关系。其他“宣抚班”职员没有与其助手上演这一幕。

然而，更清晰的是，宣传册内封上以西村的两本著作来做宣

传。这两本书篇幅不长，一本是新近出版的，收有两篇文章，即《宗教的基本统一》和《中国事务与日本任务》。前者听起来似乎在替苏锡文辩解，苏对哲学感兴趣，但并不说明他有什么哲学思想。更有意义的是西村的另一本刊印了八版的书，书名为《世界复兴之大道》。换句话说，是西村从《礼记》中借用“大道”这个词作为意识形态来组建东亚国家，主张日本应该控制“公共精神”领域。是西村而不是苏锡文用正宗的中国传统文化来打造新政权的外表，而且，这本书在苏及其亲信的南市就职典礼之前，已经印刷了七版。更具有讽刺意味的是，“大道”这个易被掌握的词汇已经深入人心。1938年5月该政府正式解散后好几年，人们还继续用“大道”来指称上海市政府。

建立“大道政府”的日本人和中国人的关系，我们已经无从得知。主要原因是组建工作都是在幕后进行的，加上战争结束时又有意识地毁坏档案文件，导致这部分故事已经从历史中消失了。苏锡文和西村很难凭他们二人之力将政权组织起来，而且这两个人在上海崭露头角的过程也无法描述。但有一件事可以确定，12月5日的就职典礼与二人无关，所有的一切都是日军从中操控。“中支派遣军”以上海为基地，“北支派遣军”驻防北京。最晚自11月以来，两者都在等待东京的指示：由军事入侵阶段转换到占领阶段，由军事控制征服转换到建立文官政府。如第二章所述，整个秋季，东京一直不大认可这种转换，到11月下旬，内阁才决心全面解决中国问题，包括推翻蒋介石政府。12月1日是转折点。是日，东京最高司令部分别给“中支派遣军”和“北支派遣军”下达命令，命令前者攻取南京，后者在北京建立一个“临时

169 政府”。两周后“华北临时政府”组建完毕。对“中支派遣军”来说，控制南京将具有巨大的优势，因为这可以操纵中国新政权的建立。但是，由于“中支派遣军”没有得到东京类似的许可，不敢擅自组建政权，它很担心“北支派遣军”捷足先登，利用其卵翼下的“北京临时政府”扩建成全国性的政权，这样就削弱了自己的优势。“北支派遣军”每天都能从“北京临时政府”那儿获益，然而，不管“中支派遣军”组织什么样的政权，华北的“临时政府”都有丧失合法性的那一天。两支军队竞相控制中国的未来，当前的形势有利于华北方面。“中支派遣军”不得不为控制占领区的中国打下某种根基，这就是赶在北京临时政府就职典礼之前组建上海行政机构。大道政府只是个地方性的市政管理机构，但它在占领“政府”中鹤立鸡群，不是一般的“治安维持会”或“自治委员会”所能媲美的。这就是“中支派遣军”为“与北支派遣军”竞争而采取的侧翼包围计划。

12月5日建立的“大道政府”起初的管辖范围甚小。它对所有的外国租界（包括日本人控制的一部分公共租界）望洋兴叹。其权限仅囿于日本占领的华界——中国人经过三个月的英勇抵抗最后于11月12日丢失的地区。它的本部在浦东，与市中心隔黄浦江相望。它声称南市是其管辖地区，但却受到南市市民的抵制，下文将进一步论述。被炸毁的中心城区在其控制之下，但那里除了由入侵带来的断壁残垣外，几乎什么也没有留下。迟至1938年5月，中心城区还只有7050人。闸北工业区损失更为惨重，据说到5月份，只有365人幸存。[8]被占领区还有另外一个华人区——吴淞，正好位于公共租界的北边，但这个地区为日军的军事区，不受“大道政府”的控制。“大道政府”宣称上海县（北桥）、宝山、奉贤、南汇、川沙、崇明岛以及嘉定等郊县为其管辖范围。只不过其中的几个县，要经过一年多时间，才逐渐被纳入“市政府”的控制范围。

与长江三角洲其他地区不同，“大道政府”的头头不是本地人。它不是上海的草根政权。朱玉轸，山东人，毕业于闻名遐迩的保定军官学校，12月3号被任命为警察局长。他在北洋政府时期
即干过警察行当，在这之前15年，一直在福建从事警察职业，并 170
在那里建立了各种关系。这就是驱使他来上海的原因。财务主管也是12月3号任命的，同样是个外来者。只有这两个人是在就职典礼前任命的，这意味着“大道政府”成立之前没做多少准备，一切都很仓促，匆匆而就。另一个较早被任命的警察头目是在就职典礼的当天宣布的，他的教育背景和先前职业生涯都在“满洲”，因此，他已经在日本人的指导下工作很长时间了。10天后，另外两个部门的头头名单出来了，也不是上海本地人。

12月18日，开始任命较低层的行政人员。只有办公室职员、秘书等职位才从前上海市政府的警察和行政人员中吸纳成员，他们是前政府于8月31号命令留在原工作岗位的职员，没有薪水。上海档案馆有一宗案卷，题为“日伪上海市大道政府对抗战前上海机关旧职人员请示安置工作的批复”，收集了一些战前上海市行政机关人员请示重新安置工作的申请函，这些申请函是回应“大道政府”七天内回原单位工作的布告。[9]案卷的第一份申请函是一位住宅测量员何义于12月9号写的，他是在看到报纸上重新雇用的通知后写的。这是一个急于回去工作的人。后面的一些申请函是1月

初写的。其中一封是一个名叫李更生的人写于1月5日（尽管布告只有一周的期限），他也是在看到布告后写申请的，他请求继续做原来的税收工作。李承认他只是在“事变”前几个月得到这份工作，但他说他很钦佩苏锡文以“道德为宗旨，救国拯民，江浙黎庶，犹感涸鲋”来组织政府，以增强申请的成功率。李不仅响应了“大道政府”的意识形态宣传，而且还指出它好像可能成为毗邻两省（江苏和浙江）的政治中心，尽管到目前为止，还未界定管辖范围。李的名字“更生”，是上海“占领政府”第一年很流行的口号，一些人说“新中国”，另一些人说“复兴中国”。[10]李更生是不是为了引起“占领政府”官员的注意特意给自己改了名？如果是，那么他成功了，因为5天后，他的申请被批准通过。

在所有前政府职员和求职者的申请中，李更生是唯一一个主
171 动说出认可新政权意识形态的人。其他人大多数没有解释申请复职的原因，即便解释了申请的动机，也仅仅说是失业导致了他们经济上的困顿。孙东良在1月4日的申请中坦白地说，战争爆发期间，他与父母、妻子、孩子逃亡到公共租界，所有的家当遗失殆尽。当他回到家中，发现日本兵“暂时居住”在那里，他的“生活发生严重问题”。他有五年会计职业经历，希望在中日进出口贸易公司找到一个恰当的职位。丁志铭2月26日的申请也表达出相同令人绝望的困境。从1911年始，丁在长江以北某行政机构中一些很不起眼的职
172 位上任职了20来年，最后一个工作是在扬州禁烟局。1931年，他加入了一个世俗佛教团体。1937年春，由于这个团体财政枯竭，他被迫去上海。在老朋友们的帮忙下，找到了一份工作。就在那时，日军入侵，他无法回到自己的老家汉阳。听说新政府需要有资历的职

员，他期望能找到一份工作。答复立即就来了，要求丁带上自己的资料去人事办，商量一份合适的工作。案卷中的其他工作申请函大多是此类的口吻：渴望得到收入，而不是通敌。

一眼看上去，很难将在“大道政府”得到工作的人与国民政府职员区分开来。实际上，很多人在这两个政权都曾拥有一职。例如，“大道政府秘书处”五个级别较高的职员，好像全是南京国民政府十年中其他部门的中层官员。周之才，48岁，上海人，曾经是江西某县的知事，上海总商会总干事；章达，47岁，镇江人，曾任海运盐公司经理和江苏省南洋烟草公司总经理；卓建勋，48岁，广东人，曾任上海市的警官和四区装卸职业工会总务干事。排名第四的秘书周乐三，上海人，43岁，任职于“大道政府”之前，也曾是个警察，上海市警察局探员。“大道政府”雇员大多都做过警察。[11]

这些中层官员中，有不少人与日本有某种程度的联系。“秘书处”排名第五的徐志平最为明显，徐是商人出身，毕业于东京帝国大学，才30多岁。推测起来，大概是因为他会说日语的原因，使他位居在那些年龄较大、工作经验较为丰富的人之上。年龄和工作经验都不能与徐的日本经历相媲美。从周之才和卓建勋的履历中也能看出他们与日本人的某种联系。他们二人在东亚反共联盟中担任职务，这是个与日本人有密切联系的团体，目标是动员民众支持日本的政策。周和卓加入这个组织或许仅仅是为了增加得到工作的机会，或许还要承担其他什么义务，这就不得而知了。
这种巧合至少说明，“大道政府”从前政府外的社会团体招募一些 173
新职员。这不是什么惊奇的发现，只是这种情况的一个证据。

二

上海档案馆保存的文献资料将日本人作为了背景，只突出了苏锡文及“大道政府”早期的活动，尤其强调了其有权管理市区和郊区的警察机关和财政，要求下一级政府服从。除浦东地区外，“大道政府”鲜为人知；在南市区，知道的人也很少，而且声名狼藉。因此，它面临的首要任务是建立政府的权威。但如果没有日军的军事高压，确立新政府的权威将是纸上谈兵，毫无希望。“大道政府”善于投机但却没有多少权力，这纯属形势使然。很多名义上属于“大道政府”的“维持会长”和“自治会长”，却根据他们自身的利益，灵活运用这种形势，使“大道政府”、日本职员和政策之间处于对立状态，以便增强他们处理地方事务的权力。只要日本人在地方事务中得到好处，是不会反对玩这种游戏的。因此，在整个地区确立权威成了“大道政府”的黄粱美梦。

上海被占领后的第一个月，“维持会”和“自治会”的迅速增加显然是毫无计划的。有的“自治会”是地方人依靠自己力量建立起来的，但通常的情况是驻守地方的日本军队和本地人——尤其是本地商人——从当地居民中挑选人员建立而成。苏锡文政府直属的六个区都是这样建立起来的，上海郊区更基层的集市和乡村地区亦然。一点也不奇怪，建立这些“维持会”和“自治会”的地方头面人物不愿意交出手中的权力，希望在新政权中保留一席之地。他们要么与市政府斗争，抵抗其控制；要么在无力抵制时，接受“大道政府”的威权，成为其下属单位。“大道政府”情愿解散地方头面人物，代之以自己任命的官员，但有时却不能如愿以偿。如下文将分析的，“大道政府”官员不得不忍受其他的安排。新的权力中心要求下层服从，地方头面人物吵吵嚷嚷需要自治并要求得到上面的承认，两者之间斗得不可开交、筋疲力尽。

地方合作组织博取“大道政府”承认的通常策略是表示与后 174
者的意识形态和礼仪保持完全一致。但这种“表示”并不具有多少实际意义。例如，组织上海县（与本市同名的这个县位于上游地区，成立“自治政府”时改名为北桥）“维持会”的地方人士。在“维持会”章程中，表示服从“大道政府”的领导，宣称“人类之大道”通过“以一家组织确立自治政治，排击党国政治及共产思想”，最容易付诸实践。[12]这不是《礼记》所表达的确切意思，但它正好被借用来表达这个模糊的主旨。然而，如果我们认真推敲上海县“维持会”章程的文字句法就会发现，仅以此来断言地方头面人物鹦鹉学舌地表示要复兴孔教，可能压根儿就不是那回事儿。章程上大量使用系动词“是”，重复使用名词“此”以及常常将动词放在句子的末尾——所有这些均暗示着日语的语法。“维持会”宣言中有时表现出来的笨拙语言，广泛使用代名词、系动词以及动词“代”，进一步强化了所有“维持会”文件都出于日本人之手的猜测。换言之，这个案例与其说是上海县“维持会”与苏锡文保持一致，不如说是“宣抚班”职员（上海县的“宣抚班”）在附和西村展藏。

高桥“维持会”的组织大纲体现了基层合作者真心实意地试图与上层站在同一条战线上，而组织大纲公开宣布的三条治理原则又暗示着浦东政治所表现出来的狡猾和机警。第一条开宗明义，以“王道主义为宗旨”，第二条彬彬有礼地表示“本会承上海市大道政府意旨办理一切政务”，第三条是高桥镇的每位居民都是“维持会”的成员（在所有的“维持会”中仅此一家有如此的规定），并信誓旦旦地表示，每位居民如发现共产党分子必定移交给“大道政府”。高桥“维持会”似乎在不惜一切、想方设法地引起上海新政权的注意。这个努力成功了，该“维持会”得到了认可，后来改组成“高桥镇政府”。高桥“维持会”职员同时还小心翼翼地保持着与日本宪兵队的关系。应宪兵队指挥官之请求，高桥“维
175 持会”呈送一份组织大纲给他。苏锡文可能对这些即将成为其下属的讨好表现相当不满意。如果我们阅读苏锡文在高桥“维持会”1月28日来信上潦草的笔迹，就会发现，他对此非常恼火。这封信在“市长”和“副市长”后面加上“殿”。苏锡文办公室的人或者就是苏锡文本人在“殿”这个字上画了个圈，并写道：“饬知以后不得再用此词”。“殿”这个字看上去似乎奉承得过头了。苏锡文很聪明，他充分认识到，高桥“维持会”与其政府保持一致只是文字上的阿谀奉承，没有多少实质性内容。

地方“自治会”同样也谨小慎微地摆好自己在大道政府管辖范围内的位置，同时也将自己描绘成该政权恢复秩序不可或缺的组成部分。浦东“自治委员会”的成立宣言便体现出这种努力：

兵燹之后，地方混乱，盗贼蜂起，居民毁家屋，迁徙流离，因之失所无依。此悉党军之遗患，使人民遭此痛苦。同人等目睹此状，恻马忧之，爰立“自治会”以震慑地方，召集各商业以繁荣市里，盖所以奠“大道政府”之基敦，大日本亲善之谊，使良民安居乐业，永享升平。

“大道政府”并非欣然张开双臂、毫无条件地通通接受这些已成立且根深蒂固的地方合作组织。它保留了对上海周边地区这些半独立的“自治会”和“维持会”的认可和废除的权力（这些组织控制着上海周边较小的地区），这意味着它更重视建立政府的权威，而不得不将恢复战争创伤放在较低的位置上，至少是次要的位置上。在建立权威的过程中，苏锡文第一步的计划是于1月上旬发布“大道政府”第八号公告。在公告中，苏锡文勉强承认，在战事西移、地方一片混乱之时，上海郊区成立的“维持会”在管理地方事务中具有一定的价值。然而，既然现在中央权威已经重 176
建，这些组织已完成了它的使命：

有“维持会”应时而出，惟其中分子庞杂，良莠不一。藉会招摇扩充权利，以致巧立名目，征收税款，烦言载道，弊窦丛生。既不能洁正奉公，惠及梓乡，反而乘机图利，贻害地方。夫以善意始，而竟以恶意终。若不即日取消，各会则危害地方将不知伊于胡底。况本府所辖各机关均将次第成立，业已恢复警权办理，既有专责，固无庸多。此骈枝机关除令警察局专饬该辖区察明迅速取消外，合行令仰商民一体周知。此布。[13]

在这一段文字里，苏锡文从赞扬地方“维持会”、“自治会”组织转到竭力诋毁它们。他详细说明了地方组织非法汲取财源之事，表示一定要切断这些割据一方的组织的财政基础。警察局在接下来的一年里接到了很多这样的指令。地方上抵制接管的力量相当强大，这一点也不奇怪。

苏锡文开始了将这些自治组织纳入其控制之下的战斗。1月21

日，他给“警察局”下达指令，要求上海地区各镇、村、街区于10日内提交新推举的领导人名单。这是个很好的方法，但却无法执行。苏锡文的“警察局长”朱玉轸十天后汇报说，举行选举有诸多困难，他们还需要一周时间才能完成任务。如果能完成任务，即使延缓一周，那也是乐观的。但是两个月后，南市和中心城区仍汇报说：因“地方环境”关系，不能按要求提交名单。这意味着这些“维持会”、“自治会”不愿提供其成员的信息。三天后，宝山和高桥“警察局”以相同的理由加以拒绝。朱玉轸所能做的只有耐着性子等待。他向苏“市长”保证：“自始地方政务，可以
177 次第进行，渐臻完善。”[14]“大道政府”几乎毫无能力控制这些地区，其建立权威的计划根本无法推行。它所能做的是继续施压，要求地方成立“自治会”，或者在汇报本地“自治会”时，提供最新成员和服务人员的名单。

“大道政府”控制地方“自治会”的最后一步努力是4月26号宣布更换这些基层组织的名称，大道政府被解散两天后，4月28日中华民国维新政府督办上海市政公署成立。地方“占领政府”的组织不再叫“维持会”或“自治会”，这些名称只适合在过渡时期使用，不能作为常规化的行政机构。自此以后，区和镇的“维持会”、“自治会”改称“区公所”和“镇务委员会”。[15]一些地区遵照指令立即改名，如日军活动频繁的靠近海边的川沙。但大多数地区置若罔闻。“市政公署”组织成立了“自治会联合委员会”以继续这一进程。6月29日，“市政公署”命令南市、沪西和闸北的“自治会”立即完成改组。接着，7月11日公告，要求所有的“自治会”改称为“区公所”。[16]其中一个“自治会”回信抱怨说：因

为秩序仍未恢复，老百姓仍未回来，正常的行政职能根本不可能执行。实际上“大道政府”只是要求地方“占领政府”改变组织名称，但这些“维持会”或“自治会”的成员猜测，改换名称就意味着他们政治生涯的终结，高层组织将向下层机构安插心腹。7月11日的告示清楚明白地宣布，“市公署”有权任命“区长”，并透露出不打算让这些“自治会会长”留任“区长”，且措辞非常强硬。次日，南市“自治会”老老实实汇报：他们正采取适当的步骤，准备移交，但这是拖延战术。直到7月26日，“市公署”派去一个五人小组，强行解散南市“自治会”，“区公署”才得以成立。其他一些地方的“自治会”继续负隅顽抗，有的甚至抵制到第二年1月。“市公署”最终只有采取强制措施，才迫使“自治会”改组成“区公所”。

尽管“大道政府”明确宣布结束地方“维持会”或“自治会”，但还是不断收到地方上的来信，要求承认他们的“维持会”或“自治会”。最具典型性的是沿海的两个渔村——是从以前的 178
川沙县和宝山县分离出来的——请求“大道政府”允许他们成立“维持会”。在请求信中，他们强烈谴责国民政府“党军政府专权之下，亦未派员指导组织，只知抽收鱼税，人民负担甚重”，请求者声称迫切希望成立新政权，“拯人民于水火”，最适宜的办法是让地方人士组织临时性的“维持会”。[17]看来，“大道政府”将此请求束之高阁。

“大道政府”最后接到此类的请求信是4月4日。在闸北潭子湾镇，有可能成为该“维持会”正副会长的人写信证实了他们当时的所作所为。他们说这个“维持会”刚刚成立，因为潭子湾在战争中遭到了严重的破坏，现刚刚开始恢复。潭子湾是上海复兴最晚的地区，为了保证春耕的顺利进行，时间迫在眉睫。然而他们的解释没有起作用。信中喋喋不休和令人作呕的奉承语言愈加暴露了他们心怀鬼胎。第二天“社会局”局长再次阅读了此信，并在上面贴了张小纸条。纸条上写着：大多数“维持会”都有缺陷，应当解散。但是那个闸北的“维持会”仍然我行我素，而且还添设了“警察局”，登记返乡的居民。“社会局”局长怀疑这些人品行不良。不过，这封请求信还有另外一个作用，它使“大道政府”官员想起了指示其下属解散所有“维持会”的那条命令。

在整合行政机构的过程中，日本人的角色暧昧不明。在早期阶段，一个明显的例子是12月13日在沪西昆大棉纺织厂召开的一个会议，日本宪兵队号召商店业主和日本居民商讨维持秩序的法律和规则的标准。在宪兵队的指导下，他们通过了一个决议，建立沪西警察局，由一位中国人担任局长。这个局长的后台是日本棉纺织厂厂主，与“大道政府警察局”无关。不仅如此，“警察局”的办公室设在极司菲尔路（今万航渡路）94号，这可是“宣抚班”和宪兵队的大本营！在日本人的密切指导下，警察局运行
179 了七周。2月5日，“沪西警察局”最终移交给“大道政府”。[18]（11个月后，当傅筱庵——苏锡文市长的继任者——发现宪兵队在沪西建立了准军事组织保护毒品贸易时，类似的斗争又一次出现了。然而这一次，中方成功让日方取消了军事组织，并迫使宪兵队讨论中方起草的规章制度。）[19]

苏锡文对日本人控制沪西警察机关的反应没有任何记录。当苏“市长”接到警察局有关地方“维持会”或“自治会”的报告，

便知道日本人侵犯了“大道政府”的权力，但涉及日本驻军指挥官或“宣抚班”时，他也只能望洋兴叹。例如，当他得知塘桥“自治委员会”不遵从“大道政府”的权威行事，便命令浦东警局前往调查。调查者汇报，塘桥“自治会”与当地日本驻军联系紧密，“自治会”之前的“维持会”是由后者组织成立的。当地驻军将这一安排呈报“浦东北部警备队”，得到了“警备队长”的批准并发行了通行证以利其成员办公。1月16日，“维持会”奉令改组为“自治会”，并制定了塘桥“自治会”简章（全称为“塘桥自治会塘桥镇办事处简章”），直言不讳地宣称，“自治会”主要依赖于当地的日本驻军。简章第一条，办事处由当地驻军组织；第二条，该办事处调解日本士兵与当地居民之间的误会；第五条，所有重要事情需向驻军汇报核准；第十三条，本简章需呈请当地驻军批准（他们确实也及时提交给了当地驻军）。这个简章揭示，塘桥“自治会”虽然在浦东的管辖范围内，但完全无视“大道政府”的存在，只服从日本驻军的权威。苏锡文可以派人调查，但他所能做的也仅限于此。[20]

两个月后，苏市长在处理周浦“自治会”时，稍微有点敢作敢为了。位于浦东东南的周浦镇在“大道政府”成立前便建立了“维持会”。1月的第三周，其成员奉令取消“维持会”，改组成商会。周浦镇商会的存在之所以引起苏锡文的注意，主要是因为现任会长张雪洲在国民政府时期便担任了这一职务。苏“市长” 180
担心，战前的利益群体重组，对其政府的权威是个潜在的威胁。苏“市长”命令“警察局长”调查该会40个会员的身份是否“纯正”。不到两个月，“警察局长”朱玉轸就递交了周浦分驻所的报告：日本“宣抚班”于3月12日在城隍庙成立了“自治会”，张雪洲理所当然成为会长。[21]如果苏锡文想在上海地区施行集权统治，那么周浦镇的这一举措一定令他万分沮丧，他无权干涉“宣抚班”的行动。他质疑的是周浦“自治委员会”擅自做主的权力，尤其是发放船只许可证和征收税款的权力。“自治会”的存在有助于恢复地方经济，但任何有关国库收入的事都必须在市府控制之下。因此，苏锡文指示浦东分局局长让张雪洲尽快修改纲要，并加了一句极为生气的评语，“勿得自为风气”。

或许张雪洲并没有自行其是，而是“宣抚班”我行我素，是日本人控制了地方事务。如果一个地方驻军司令官或“宣抚班”班长觉得需要有个“自治会”，那么他们就组织一个，不会在意“大道政府”的权威问题。毕竟两者都是为了取悦和方便日本人。我在上海档案馆没有看到苏“市长”直接反对地方头面人物的文献资料。他可能很恼火这些人的擅自做主，但却不能放开手脚对付其竞争对手（日本人），因为这个对手也是他本人的后台老板。张雪洲还成功地抵制了“大道政府”再一次的权力侵蚀：那年晚些时候，周浦划归到南汇区，他再一次担任“镇长”。

地方组织可能成为“大道政府”的左膀右臂，地方商人可能被公认为地方组织的头头，因而，在这些组织建立的过程中，就有可能导致“大道政府”与日本人之间的利益冲突。地方头面人物如果试图迫使“大道政府”让步，最好的做法就是将地方驻军拉到自己一边。下面这个例子便上演了这一幕：1938年1月，三个商行的领袖写信，要求将川沙“维持会”升级为“自治会”，并推
181 荐了“会长”。这件事看上去好像不利于这三个商行的领袖。苏锡文答复：他们没有权力成立这样的组织，他们推举的人，除服务

于其所在镇的“镇长”外，不具有任何权威。为了使自己的请求更具有说服力，川沙商人在信中提到，他们正寻求地方驻军的批准。然而，形势看起来要复杂得多。南京中国第二历史档案馆里的一份相关档案表明：川沙日本驻军已任命了某个人来管理地方事务，此人已同苏锡文谈判并得到了许可。[22]有可能请求者不知道这件事；更有可能的是，他们明白正在发生的一切，试图将日本驻军推选的人赶下台。

中央与地方的竞争不仅仅是面子和合法性问题，而是与税收等财政大事休戚相关，卷入其中的每个人都心知肚明。根据当时出版的日文资料，“大道政府”最初的经费是由天津一个匿名的“朋友”资助的。[23]因此，从12月中旬到1月底，在饱受战火创伤的地区，“大道政府”靠这份资助度日，没有向工商业征收费税。[24]免税的目的是减轻地方商人负担，并诱使其他商人跨过黄浦江到浦东来做生意。城市需要财政收入，这意味着免税期不可能持续太久。12月底，苏“市长”向“警察局长”和“财政局长”下达第六号训令，声称因为全市商业已重新开业，他们应当帮助政府，共同负担重建上海的巨大经费支出。财政人员加入了浦东、沪西、南市和闸北的警察队伍，准备从新年（农历）的第一天开始征收商业税，这一天是1938年1月31日。[25]

更迅捷的税收收入来自于交通。交通税即“货物通过税”，用船只运送商品和乘客需要纳的税。最早征收货物通过税是在吴淞河上（即苏州河）的八个渡口。从1月2日起，“大道政府”与吴淞“自治会”合作征收渡船税。11日，运往沪西的蔬菜开始交税。在这两个事例中，“宣抚班”职员也参与了，并与“大道政

府”的税警发生了冲突。实际上，在“政府”开始征收新税的前
182 两天，即12月31日，朱玉轸“局长”便提醒苏锡文，日本人似乎不明白，为什么那天所有的税金都由市府机构征收，而不是由他们日本人来收。

最为强硬、在税收方面也最为成功的是南市“自治会”。[26]南市是老上海市的华人中心区，是沦陷时期上海经济上最为动荡的地段。日本“宣抚班”1月中旬在南市建立了“自治会”，其征税能力不同凡响，而且成功抵制了市府的压力。“大道政府”派一个警察队监视南市“自治会”。他们发现“自治会”为刺激南市经济复兴做了大量的工作，并资助大批聚集在那里或者刚刚从法租界过来的难民。“自治会”有能力控制粮食销售，既可以救济难民，又有收入来源，这大概是它成功的关键所在。到2月下旬，南市“自治会”在难民区设立了十多个米粮销售店，这些米店由“自治会”的杂物贩卖处来监督管理。该处在九亩地还有七八个代销店，董家渡有两三个。“大道政府”社会局一位官员认为他们垄断米价（次等羊籼米每担价格13.2元，比浦东贵3元，小额出售差价更大），谴责他们为捞取额外收入而操纵粮食价格。他断定，这样的政策与“大道政府”的“仁政”恰恰相反。

南市“自治会财政局”还在九亩地和小普陀的菜市场征收菜摊税，这两个地方因受需求的刺激，市场繁荣。为了接近较富裕的商人圈子，“自治会”成功地吸收了南市商会。南市商会在上海沦陷前就已成立，而且财大气粗。因为它与法国当局达成协议，其成员可以在法租界自由活动。“自治会工商局”成立后，商会好像还继续存在，其大多数成员在“工商局”登记注册，但只执

行象征性功能，并征收一些必要的费税用来维持市场的运转。尽管一些商人抱怨，“工商局”苛捐杂税过多（已经闹到日本“宣抚班”不得不插手协调商会和“自治会”之间矛盾的局面），但是“自治会”还是毫发未伤地管理着南市。那年春天，警局提交 183
有关南市商业事务的报告中直言不讳地指出，南市“自治会”“畸形组织，霸据一方，窃权弄政，苛扰复征，比比皆是，夫南市是在市政统治之下，今独树一帜，对我‘大道政府’行政推进，殊多阻隔”。“大道政府”向日本宪兵队报告了这一情形，建议取消南市“自治会”，派遣政府职员，但并没有得到宪兵队的支持。我猜测，南市“自治会”能保持独立的关键因素是宪兵队很乐意看到这样的局面，与其经济生存能力无关。如果宪兵队愿意将南市置于西村展藏的控制下，它就会这么做，但它现在不愿意。既然“自治会”同样有能力承担起管理任务并获得收入，有必要仅仅为了满足苏锡文集中权力的欲望而改变这种安排吗？

南市“自治会会长”是一位律师，名叫陈云，他在地方上好像具有很高的威望。4月下旬，他代表南市“自治会”出席了重建 184
“县政府”的改组预备大会（参见第八章）。[27]6月底，南市“自治会”和长江三角洲大多数“自治会”一起被解散时，他担任了“南市区事务局局长”，这更能说明他具有实力和声望。然而，陈云未能长期享受成功主宰南市而带来的乐趣。8月30日，他遇刺身亡。暗杀不只是将陈从合作者行列中除掉，更让其他合作者胆战心惊，其真正目的是警告那些已经合作和有可能合作的人，如果他们胆敢继续与占领政权为伍，他们的下场就跟陈一样。

这个暗杀事件刚发生时，上海各家报纸充斥着相关报道。这使报纸检查员忙得不可开交。吴宏凯检查员非常仔细地检查了9月3日的所有晨报，试图找出反对者的观点。但在报告的结尾处他向上司汇报，“无有碍本署消息”，他让那些报纸都过关了。9月7日他认为《时报》有一篇关于陈被杀的稿子有问题。该稿在结尾处评论道，自从陈被杀后，没有人愿意前来接管南市行政机构了。吴检查员认为此评论不适合，需要删除，但文稿的其余部分还是刊登了。六天后即9月13日，该报又提交了有关凌启鸿信息的稿件，凌是新任命的“市府社会局局长”，稿子上说，凌“不敢”上任，这意味着陈的被杀使他胆怯。吴检查员换了个表达方式，改成“尚未”。胆怯是短暂的，胆怯也没有使南市“占领政府”停止运行。“自治会”的第二把手继续主持“自治会”，一直到一位新人物沈世景接替陈的位置。“社会局局长”凌启鸿最终也上任了。[28]

1938年春夏，掀起了一股暗杀上海通敌者的浪潮，陈是死者之一。[29]到秋季，暗杀之风渐渐消退。此后，好像仅仅担任占领政权的职员不足以招来杀身之祸，只有出卖了蒋介石国民政府的人员，才会横遭不测。这就是傅筱庵（苏锡文的继任者）“市长”犯的错误。1939年早些时候，国民党特务向傅筱庵发出试探，共
185 谋暗杀后来的通敌大人物汪精卫。傅将计划泄露给汪精卫，好几个执行任务的国民党特务被抓，遭杀害。傅的行为使其成为合理的暗杀对象，1940年10月11日，傅筱庵任职两年后在家中被一个老佣人暗杀，这位老佣人是国民党新招募的地下党员。[30]

在占领初期，苏锡文也好几次成为暗杀的目标，但他成功地逃脱了。保卫苏“市长”的安全一直是“大道政府警察局局长”朱玉轸的艰巨任务。朱不遗余力，每次都使苏“市长”虎口脱险，

逢凶化吉，但朱“局长”却不能保证暗杀的企图不再发生。4月15日早晨，当苏“市长”走进一个会场后，炸弹爆炸了，这一次苏实在忍无可忍。苏虽然毫发未伤地躲过了一劫，但按惯例，朱因失职需辞职。三天后朱提交了辞职信，令他惊讶的是，苏“市长”竟然批准了。这次袭击没有阻止苏继续担任“市长”，但其他人感到恐惧了。何嘉猷——掌管“市府财政局”只有6周，炸弹爆炸时，他在现场——与朱同一天提交了辞职信，他以“弱质旧病”为由请求辞职，摆脱了令人寝食难安的困境。[31]

有些政权，当其职员遭刺杀时，可能会隐瞒事实。“维新政府”却采取了不同的策略，将其职员的遇难转化成宣扬他们高尚品德的有利条件。“维新政府”将被杀的人员名单汇编成册并公开出版，以表敬意，而且还给予其家属一定的经济补偿。[32]通敌者的死亡具备同样的价值，因为死者是人们愿意为新政权效命的证据。[33]

三

为了保证上海经济的良好运行还有其他更多更重要的事需要做，而不只是获取收税的权力。只有货物能顺畅流通，才能刺激破碎的经济发展，才能提高税款的征收数量。日军禁止船只运输是最大的隐患。只有内地水路交通恢复，商品才能自由进出上海，禁止船只运输对城乡商业发展极为不利。塘桥镇的一群请求者悲叹道：“若不急谋繁荣商业，不足以维持地方。”[34]

经济恢复所影响的不只是经济，还暗含着很多需要“维持”的其他事情——“维持”可是日本人“治安维持”的关键词。塘 186

桥“自治会”在其请求信上附上了所关心的事项，塘桥的学校需要警察保护，这是需要花钱的。请求者们要求给予帮助，允许商船自由来往于内陆水路。一个请求者希望塘桥和张家浜之间的路线开放，允许松江西面村庄的大米和柴火能运到本地来。另外两个商人希望开放塘桥和租界的商路，他们可以运输燃料和酒类。一个农民需要从叶榭镇购买石灰，另一个想得到运送蔬菜到南市的许可证。要求重开水路交通动摇了“大道政府”的财政税收，因为地方“自治会”或“维持会”请求恢复交通，就不得不让他们课税。各方立场不同，任何试图改变这种状况的谈判在其伊始就会发生冲突。

尽管存在这些枝节和恢复地方经济的普遍困难，一些“自治会”还是有很强的组织能力，征收了充裕的税款。占领第一年上半年的财政记录非常零散且不可靠，然而，沪北“自治联合会”留下了一组财政数据。维新政府下令，所有的“自治会”在1938年夏季解散前，需要汇编财政账目，沪北“自治联合会”的这套数据是为这个命令而准备的。表四就是他们提交的完整数据。

187 **表四　“沪北自治联合会”经费收支（1938年3—7月）**

	收入项			支出项		
时间	收入来源	元	日元	支出	元	日元
3月	工场搬出献金	2450		巡查队做制服费	158	
	渡船收入	961		巡查队月俸	40	
				“自治会”文具杂支	69	
	小计	3411		小计	267	
4月	违犯船纳入	3500		“自治会”月俸杂支	666	48
	渡船收入	949		巡查队月俸	625	

（续表）

	收入项			支出项		
时间	收入来源	元	日元	支出	元	日元
	“自治会”迁出献金	80		沉没物品打捞费	472	
	其他	64		献柴甜部队自由车	308	
	押收品卖卸		452	赠樱庭神佑殿纪念品	54	
	小计	4593	452	小计	2125	48
5月	良民证收入	344		修理道路材料工资	59	
	营业证收入	34		赠班长荣转纪念品	47	
				“自治会”文具杂支	12	
				自动车修理费		27
	小计	378		小计	118	27
6月	维新政府补助金	15,000		巡查队月俸	730	
	两个工厂礼金	1800		分会经费	550	
	器纳入费	10		“自治会”文具杂支	412	61
				“自治会”职员月俸	340	
				其他	293	
	小计	16,810		小计	2325	61
7月	没有记录			分会经费	550	
				“自治会”职员月俸	504	38
				装修电灯材料工资	218	
				修理现住所及工匠材料	185	
				巡查队月俸	179	
				其他	95	
	小计	0		小计	1731	38
	总收入	25,192	452	总支出	6566	174

资料来源：“上海特别市沪西区公署关于周家桥等六镇成立镇公路的情况报告及日伪上海特别市政府的批复”，上海市档案馆，卷号R1—2—1637；这些数据除表明为“日元”外，都是中国货币单位“元”。

这个账单最醒目的地方是最下面一行：四个多月的收入大概是五个多月支出的四倍。沪北“自治联合会”有相当大的利润可图，至少账面上如此。6月“维新政府”一次性补助15,000元，以激励“自治会”执行其改组计划。如果将这项除去，收支差额就不那么大了。即使不将礼金计算在内，沪北“自治联合会”仍能征收其支出的一般费用。如果对照镇江“自治会”的财政困顿局面（在下一章，我们将看到崇明也处于相同的困境中），该“自治会”的收益则可说是个奇迹。这个账目的另一个特征是每月收与支都是变化的。这种波动性反映出占领局势的不稳定，因而势必逼迫“自治会”节约开支，毕竟，谁知道下个月的收入从哪里来，又能收到多少呢！

仅有这一孤例并不能说明整个“占领政府”都具有生存能力。
188 财政状况因地而异。即使在提交给内部审查的报告中所提供的数据也不能揭示全部真相：谁能保证这些报告上的数据是实际的收支？谁又能说出实际的收入与预算到底相差多少？虽然如此，这些数字仍然可以表明沪北“自治联合会”从地方上汲取过多，除开支外还有剩余。另一方面，这也暗示：沪北“自治联合会”没有与地方经济发展过程成为一体，因为从某种程度上而言，只有长期的经济发展根基才会有稳定的财政收入。报告上反映的数据更像包税制而不是经济发展计划。地方官员不能指望这些不确定的收入来源，实际上，7月沪北“自治联合会”的给养已经枯竭了。上海经济发展缺乏一体化源于占领给经济带来的创伤，这多半是对占领者的惩罚。然而从上面的经费收支表中也可以看出，这个“自治会”除非依赖于日本驻军，否则它就无能力运作：“自治会”与经济的寄生关系受制和取决于它与占领当局的寄生关系。在占领最初的几个月内，“自治会”的运作模式、财政的稳定性不是顶头上司“宣抚班”优先考虑的事，它的主要目标是找到一些比较有威信的中国人占据适当的位置，集合他们的力量，为共建新政权打下一定的基础。一旦这项任务完成，正常的管理机构和财政的权责问题就会迎刃而解。考虑到“自治会”存在的短暂性，个别“自治会”经济状况的好坏实际上无济于事。“自治会”较强的税收能力并不能避免被解散的命运。征收来的税款大多被中饱私囊了（这使我们想起第五章南京难民营的吉米·王对其室友说，入侵“是发财致富的好机会”），而且在新一轮的权力分配中，这些税款向其上司提供了他们值得继续留任的证据。

“大道政府”存在不到五个月。4月28日，它被一个更完整且更有野心的机构——“上海市政公署”所代替，后者又于10月被“上海特别市政府”所取代。在第一次转变时，苏锡文继续保留他的领导职位（西村展藏继续行使他的职权）。但是第二次他失势了，退居二线，让位于比他名声显赫得多的前上海市商会会长傅筱庵。傅在1940年被暗杀，苏又在短时间内恢复了他的权力，六周后，当陈公博步入政治舞台中心并接替“市长”职务时，苏又下台了。

这一系列的转换是占领当局试图规范市政机构的组成部分。然而，1938年占领政权上下之间的敌对状态并没有完全消失。189
1939年后的斗争不再为了承认或提高级别，甚至不是为了控制财政收入。此时，市府不仅控制了地方上的经济资源，还控制了其政治资源。这是1939年1月14日一封致“沪西区公署”的信中所揭示的情形，信是以“民众代表”的同一格式写的。写信的人声称他们代表浦西同人会的140余名成员。作者谨小慎微地尽量不触及当局。他说，在1927年国民党到来之前，沪西在地方善良者的治理下，秩序井然。国民党的到来，将沪西划出了上海县，直属于市政府，该区域便陷入了混乱。但是民众或多或少还能经受住暴风骤雨。然而，自从战事西移，有能力的管理者消失了。现在的情形极其悲惨：

三五地痞流氓横行，虎狼当道，藉维持之名，弄权戏政，视地方如赢利之商业，强征暴敛，竟至无所不为，无恶不作，以致善良绝迹。匪盗如毛，枪杀奸淫，日必数起。其于小商业之横加税收，更名目繁多，不可数计。[35]

信中称这些新的投机者为“流氓”，“公共租界警局”的一份报告中对这些人也是这么称呼的，该报告指出：在沪西，与日军“宣抚班”一起工作的中国人来自于“流浪者阶层”（上海市政府警署文件中常常将“流氓”翻译成“流浪者阶层”）。再回到前一封信，作者说，地方商人和教师精英——作者也是其中的一员——拒绝与这些声名狼藉者为伍。那时，他们聚集在一起——不过不是一个合法的管理机构——起草他们的行动方案，但是他们认识到必须等待“市府”彻底重组，才能消除这些早期成立的、只知敲诈勒索的“维持会”和一切不合法的组织。这种鄙夷的态
190 度或许能掩饰地方精英复杂的心理：在战事阶段，他们逃往公共租界，回来后，发现他们已被权力机构拒之门外。

好人都消失得无影无踪了吗？现在这些好人又挺身而出，试图赶走那些贪污分子，清理“占领政府”，为他们这些公正人士留下政治空间吗？其实这种要求背后所蕴含的政治难以在现存的文献中弄清楚。有一件事是可以确定的，即浦西同人会所攻击的目标是一位年轻的律师，前政府官员陈希舜。1939年1月，陈是龙漕镇“镇长”，为“沪西区公署”的下属机构。没有证据表明，陈是信中所指的、夺取权力的“流氓”。但陈希舜可能已经成为或同样也可以成为中伤的对象。因为浦西同人会所重构的沪西占领初期的历史是这样的，只要那些妨碍同人会成员利益的人，不管他是善良还是邪恶，都将受到攻击。“市府”当局并没有让陈希舜辞职。然而，陈希舜一定受到了某种压力。3月8日，他提交了辞职信，信中声称他太年轻，不能胜任战后重建工作。有趣的是，他要求“市府”归还他的履历和照片。他好像试图消除担任“占领政府”职员（尽管职位很低）的所有证据。“市府”以没有归还职员档案的先例为由拒绝了他的要求。最终，“市府”很不情愿地接受了他的辞职。

到现在为止，我们假定的是有关同人会、陈希舜与“市政府”之间的文件来往由中国人在处理，陈离开岗位是因为中国人的指控。但后来证明是日本人在处理这件事，不是“市府”而是北冈武雄决定一切。北冈武雄是沪西日本军“特务部”指导员，“区公所”的职员由他任命，就是他允许陈希舜于3月辞职的，也是他委任了陈的继任者。北冈武雄任命的龙漕镇新“镇长”是前南市“自治会”的秘书长，最近已在管理漕泾“维持会”。在日本人看来，此人很可靠，与“特务部”有过一段值得信赖的合作。谁也不知道浦 191

西同人会在这场职员大洗牌中是否得到了他们想要的东西。

同月，北新泾镇另一次任命的冲突再一次证明了是北冈在控制沪西。1939年3月15日，11个商人代表请求“沪西区公署署长”，允许他们成立“区公所”，并委派一名地方人士管理。[36]他们说北新泾2月前有一个“自治会”，当市府下达命令解散所有此类的组织时，它也关闭了。“自治会”成员退出了公共生活，包括37岁的会长王鏊和33岁的副会长侯顺民。北新泾“自治委员会”取消后，该镇再无任何管理机构。鉴于该镇是交通枢纽，具有重要意义，请求者要求在该镇建立一个公共管理机构。他们提名前“自治会”副会长侯顺明为领导。侯为地方商人，愿意担任这一职务。请愿者要求李紫东批准他们的提名。第二天，“沪西区公所”某人附了个备忘录，注明：与此同时，北新泾与邻镇华漕合并建立一个新的镇行政单位，行政机构设在新华，只有一个管理机构和一个镇长管理这两个地区。担任“镇长”的是一位小学毕业生，前市府财政局的一名职员，如陈希舜一样，最近“退休”了，尽管两人都只有33岁。（“退休”是那些不愿意担任“占领政府”职务的一种委婉说法。）

李紫东自然非常小心谨慎地批准了这个冷冰冰的请求，他清楚地意识到，这是地方小集团在利用机构重组的机会操纵候选人，以便掌权。他必须与北冈武雄商量这件事。至于李与北冈武雄或者与其他日本占领者之间是什么关系，没有任何资料可以说明清楚。李是北方人（“沪西区公署”六个高层官员中有三个来自北方），北洋警官学堂毕业。1938年7月“沪西区公署”提交给“市府”的“自治会”组织者的名单上没有他的名字。他好像是上海政治的外来者。1938年秋被派去沪西协调地方利益之间的竞争。他不是单枪匹马到沪西，而是和他的六个下属一起来此处。不管什么样的背景，他选择了与“宣抚班”勾结，与市府的合作者一 192
起工作，他至少忠实地宣传了西村展藏和苏锡文竭力包装的“大道”保守思想。计划1938年《大道年刊》时，李紫东在序言里赞美“大成至圣孔子”具有足够的智慧，拒绝“道之以政，齐之以刑”，说政令和惩罚只能引导人们如何围绕着政令和惩罚打转，需要培养人们一种真正的廉耻心，这就是孔子所宣扬的“道之以德，齐之以礼”。[37]当时人们敏锐地觉察到，可以从文字上来处理现实和理想之间的巨大反差，因为沦陷时期的上海需要走进道德和礼仪的王国，避免使用政令和惩罚。不过即便放到现在，也是非常困难的。

两天后北冈和李紫东面谈，北冈需要更多的信息才能做出决定，他要求地方驻军调查侯顺民的情况。两天后，宪兵队拘捕了侯顺民和前“自治会”会长王鳌。再四天后，侯和王仍没有被释放。原11个请愿者惊慌失措地写了一封信给李紫东，要求李代表他们来调解此事。他们坚持说，王是个可靠的社会名人，他在掌管“自治会”期间没有越出他的权限。请愿者们猜测这二人被指控可能是因为在“自治会”工作期间得罪了什么人，现在此人利用日本人来报复他们。这次，李紫东要求其下属周家桥镇“镇长”、前“自治会”会长来调查此事。“镇长”向李汇报，侯顺民确实能得到推荐他的那些商人的支持。他是一个战前没有管理经验的商人，担任“自治会”副会长，既没有多大的好处也没有多大的坏处。侯于4月1日写信时（此时他仍在押），没有多少新的认识。上海档案馆这一案卷的下一个文件是11个商人的第三封信。这封信是回复李紫东的命令的，他们选出了新华镇的代表，时间为4月28日。与此同时，侯和王已被放出来了，因为他们又一次被推选为正副“镇长”（侯为正、王为副）。文件的结尾处有个5月5日的注解，也许是李紫东写的，使人很容易观察到，北冈将
193 不得不批准这一选举。显然他批准了，因为当李于1940年6月7日将地方职员归档时，侯顺民是新华镇“镇长”。

沪西这两次基层职员任命的斗争表明，在上层的重组与下层的竞争交锋时，产生了各种各样的冲突。更重要的是，“区公所”和“沪西区公署”一样都保留下来了，这表明这些事情的最终控制权是在“宣抚班”手里。越是占领区基层，日本人越是不能完全控制“占领政府”，即使他们非常希望能控制住。在基层社会里，地方头面人物利用“占领政府”提供的机会，并按照有利于他们自身利益的方向发展时，总有回旋余地，不必考虑“特务部”的想法。占领初期“自治会”职员在后来的改组中还能成功地保住他们的职位，表明基层体系较强的适应能力。傅筱庵于1938年11月1日通令，所有“大道政府”的职员继续留用，虽然这一通令对他们有利，但其实并没有多少实质性用处，一纸委任书就能轻而易举地将他们推到一边。[38]因此，他们的留任更多依靠的是自身的能力。

翻阅“占领政府”“沪西区公署”地方职员的履历表（这些案卷都收藏于上海市档案馆），就能判断出这些合作者的政治生存能力。[39]只要看看那些“占领政府”的“镇长”连任者很少，便知晓一二了。到1939年1月止，沪西六个镇的“镇长”中，只有一

个是早期“自治会”会长，此外还有一个副会长。其余四个来自“大道政府”。然而，在“镇长”之下，连任者较多。1940年，这六个镇办公室中的三个办公室职员是三年前为“自治会”工作的人。虹桥镇的三个职员，有两个是虹桥“自治委员会”的职员，第三个曾在七宝“委员自治会”工作。最后，龙漕镇的四个职员，有两个是漕泾“自治会”的，其中一个是翻译。另外两个来自南市“自治会”。在“占领政府”这个层面，重组并没有带来太大的职员变动。实际上日本人也希望职员不要有太大的变化，以便行政管理稳定并迅速恢复工作。

连任并不总是很好的资源，比如当连任者没有能力或智慧来 194
处理派给他们的任务时，连任就适得其反了。大道政府可能会提出建议，依靠和寻找地方精英来管理基层事务，但其只能与那些愿意前来的人一起工作。[40]我们研究案例时发现，那些自愿者并不总是掌握地方权力或资源的人，他们来“占领政府”工作也不是为了将沦陷时期的中国建设得更好，而是他们必须在那里生活。他们的顺应能力是沦陷时期的一种行为，但对“占领政府”来说，也是一种义务，更是对占领者的义务。像李紫东这样的管理者所能做的，是在控制地方派系斗争的同时，维持“大道政府”的意识形态，就如他在1939年《大道年刊》序言中所言，沦陷时期上海“符合孔子礼治之宗旨”。

在李紫东的时代，大道意识形态很难为主流所认同，因为在1930年代的上海官场上，犬儒主义大行其道。例如，当“大道政府”解散后两个月，上海的一个官员发表评论，提倡新一套的“古风”和“道德”，另一个较高级别的官员在案卷上贴了便条，写道："国共两党之丑技，实无效仿之必要。"[41]我们不知道李紫东是否注意到这个口号，但我们至少可以推测他确实希望在其管理范围内逐渐达到一种道德上的目标。这个目标并非服务于日本人，其存在只是为了质疑国共两党的道德主义，使中国回归到本来的面目。在李紫东看来，如果这种回归是可能的，那么大多数具有革新思想的知识分子是会放弃这种杂乱无章的儒家思想的，因为其根本不具有道德合法性，再加上其背后的支持者是日本人，就更显得苍白无力。

沦陷时期的上海，基层政治极易分裂的特性标志着占领政权的脆弱。基层社会适应能力很强，很容易恢复到原来的状态。日本人计划在华中地区同时建立基层和中央政权，但是对上海市的个案研究表明，日本人在上海没有能力在基层建立一个政权。基层社会每一个政治事件都发生在社会网络和组织之间，卷入其中
195 的人都参与到政治利益的活动中。这些事件发生在村庄、集镇、县城以及这些地方的角角落落。每一次政治事件发生，均在实际利益层面上运作，凸显头面人物参与地方政治。这意味着每次政治事件的发生，都有可能遭到来自底层的削弱。因为地方上每一次的政治安排，已经平衡了其他更多的安排。在地方层次上，"大道政府"稳坐于日常政治生活之上。它对中国这个最大最现代化的城市拥有部分的行政权力，通过至少30来个日军任命的、有组织的官员来支持其权力的实施，使上海成为日本殖民事业既安全又有利可图的地方。从某种意义上说，上海和长江三角洲其他任何一个县城没有太大的区别：日本希望这些地方成为其控制网络的中心，并按照其利益进行运作。然而，地方政治极度的复杂性

使上海变成完全不同的地方，正如“大道政府”领导人苏锡文从自己正在遭遇的挫折中所发现的：上海是一个比南京还难以达成共谋的区域，上海也比占领区其他地方的竞争舞台更具不稳定性和不妥协性。

尽管竞争行为有可能驱逐某些合作者，使他们的上司忐忑不安，甚至阻碍日本人的计划和要求，但是竞争行为不是抵制。本章所描述的竞争行为，并没有动摇上海在占领政权建立过程中的作用。地方政治权力的竞争者依赖于日军（它的出现驱逐了1937年前在上海政治舞台更具实力的众多竞争对手），实际上有可能强化了占领政权。地方政治演员也许在和“大道政府”玩游戏，而一旦成功，就变成了对占领政权持续和永久的投资。

人们认为（大多数是参与者自己认为），在占领时期的法国，参与“占领政府”的人是为了获取知识和权力进而获得抵抗的资源，因此，参与者的行为被认为是削弱而不是帮助德国人。保留下来的上海档案文献没有一条表明或暗示上海占领政权的参与者认识到或者实际产生了这种效果。还有一种观点认为，地方上的竞争行为延缓并彻底毁坏了日本占领者的计划。但我查阅的上海沦陷最初两年的档案文献中没有证据证明这个观点。现在的论据完全是后见之明。只要日本人拥有沦陷时期上海所有重要决策的最终发言权，任何一个抵制行为都不会发生在“占领政府”的运 196
作之中。真正的抵制行为发生在其他一些地方，但即便那样，如我们将要看到的，真正的抵制行为也很难与虚假的抵制行为区别开来。

第七章　抵抗：崇明

197 到目前为止，关于日本占领中国的历史大多是围绕着抵抗的主题来书写的，但这个主题在这本书中所占的分量并不大。我到这时才讨论这个抵抗的案例，并不是出于将画龙点睛之笔保留到最后之目的。恰恰相反，这个主题放在最后讨论是因为在选择特定的地方合作群体中，抵抗并没有对他们产生多大的影响。加之，现有的文献资料编写几个浪漫的历史故事虽然绰绰有余，但再现真实的历史就捉襟见肘了。由于这些原因，导致了本章的篇幅比其他几章稍短一些。但是，篇幅短并不意味着合作者完全不关注抵抗运动，我们已经提到了不少暗杀行动及其威胁合作者的事例。将这个主题放在最后还暗示着在现有的知识结构中，我们习惯于将抵抗放在合作的对立面，歌颂抵抗是社会的当务之急，其行为具有崇高的道德境界；抨击合作是空洞的招牌、堕落的渊薮；我们讽刺沦陷时期的政治现象，夸大个人改变自身所处环境的能力。然而沦陷时期的真正政治现实是大多数人适应“占领政府”，少数人从事抵抗活动。抵抗者较少与日本占领者直接作战，因为驻扎在基层的日军非常少。当然，这或许就是地下抵抗的秘密所在：无须与敌人直接交锋便能打击它，并让敌人的反扑落在抵抗者想让它落在的地方。问题是抵抗除了成功地打击了敌人之外，也给 198
当地民众带来了损失。而且抵抗也无力阻挡日本占领者得到一批稳定的合作者。当然抵抗确实在身体上和道德上削弱了合作者，使“占领政府”经常无法筹集经费，但这反而强化了合作者与占领者之间的联盟，因为后者的保护是前者不可或缺的条件。抵抗可能在军事上没有击败日本占领者，但确实摧毁了一个政权的生存能力，日本一投降，“占领政府”就被蒋介石政权所取代了。

崇明是日军军事关注的外围地区，因为对占领当局而言，它的政治经济地位并不重要。这意味着战争期间这一地区的抵抗运动可能非常活跃，这导致了此地的合作者与占领者的讨价还价比其他任何地方都困难。崇明出现了一个非常有趣的且亲身经历了占领期间生活的中等乡绅，他反对抵抗的情绪与反对合作的情绪几乎一样强烈，他的故事突破了民族主义历史编纂学中只讲述抵抗故事的偏颇观点，这大概也是他的故事半个世纪后才被公布的原因。

一

1937年12月21日，新成立的上海“大道政府”给崇明县县长写信，通知他“上海市政府”将接管该县。理由有二,一是国民政府已放弃它的首都南京，无法对江苏各县行使权力；二是民众的意愿。崇明民众代表已向上海“大道政府”提出接管崇明的请求，但这个请求没有书面证据。苏锡文市长在信中要求崇明县县长五天后给予答复，并诱使他说，如果他做出了快速和好意的答复，他可以继续留任。[1]但县长并没有予以理睬。三个月后，日军决定派遣两艘军舰横渡长江，攻打并占领了崇明，崇明遂成了日军占领区。

崇明县是个由泥沙冲击而成的岛屿，在长江以北，沿海岸线向北延伸75公里。尽管崇明岛在长江以北地区，但在社会、经济方面与长江以南地区保持着密切的联系。由于该岛远离大陆，一
199 开始并没有引起日本侵略者的注意。直到日军开始在长江以北地区增强军事力量时，发现崇明岛上竟然还存在国民党县政府和一支中国军队，这才采取了军事行动。

1938年3月18日黎明，日军的两艘军舰执行袭击任务。但在此之前好几天，岛上纷纷传言，日军正在准备攻打崇明。一艘军舰在新开河，另一艘在远离新开河的寿安寺，向崇明的防御工事开枪扫射，同时五六架飞机低飞助战。由于中国军队武器装备远远落后于日军，他们被迫撤退。在崇明县城东门外，中国士兵与日本海军短兵相接，并击毙了十余名日本兵（包括一个队长），但他们却无法抵抗一千余日本兵的攻击。士兵、军官和县长一起撤至农村，日军占领了县城。崇明县县长不得不放弃崇明岛，在海门一带组织游击队抵抗日军，屡败屡战。

第二天，日军全岛搜查。抓捕躲藏的中国士兵，没收隐藏的枪支弹药；翻箱倒柜，掠夺财富；围捕妇女，宣泄淫欲。那些不幸的女人被拖至临时搭起来的妓院，一些妇女在光天化日之下被强奸。富家女人隐匿于海边，乘船逃往上海。穷人的女子，或毁容乔装，或东躲西藏，直到占领结束。日军强奸了一个11岁的女

孩后，用刺刀剜其隐私处，女孩痛极而亡。崇明城内酱园巷一老媪被奸后投水自尽。局势稍定后，日军在城中占领三间房屋作为“慰安所”，为日本兵发泄淫欲之用，后来崇明岛因此而在日本兵中“出名”：如果你染上性病，就将你送到崇明岛上隔离起来。

但以上关于日军占领时期的见闻没有留下任何档案和其他原始资料。上述内容均来自岛上一名受过良好教育的乡绅李鹤庐在战后撰写并在当地出版的回忆录。[2]因为日本人没有留下任何关于 200
崇明岛的资料，李的回忆录尤显珍贵。它保存了沦陷时期崇明岛上所发生的一些事情。这份回忆录的看法与一年半后《南京新报》上刊登的另一篇文章的观点大相径庭，后者详细描述了日军登陆崇明仅仅是“恢复政令”。两种观点产生了截然不同的两种叙述。《南京新报》告诉读者这样一个故事：崇明在“友邦”（没有指出具体国家）的帮助下，从混乱无序的惨景转变成井然有序的状态。日军进驻崇明标志着漫长、落后、无序的中国已结束，再造新中国的前景一片光明。李鹤庐想告诉人们的是完全不同的故事：日军的入侵，使一个安宁祥和的岛屿陷入了混乱不堪的惨景，且贯穿日军占领之始终。李的叙述顺理成章地得出了日军在1945年崩溃的结论。而在合作者的叙述中，战败是一场灾难，使他们从英雄般的荣耀回到了人间地狱。

占领者并没有清楚地记载入侵给崇明县造成了多大的损失。我只找到了有关人员伤亡的报告，那是当年12月江苏省救济局的两名职员调查的结果。尽管日军占领该岛有十个月了，但调查员在抵达当天就发现，庙镇地区的大多数房屋被焚毁，有150多户家庭仍无家可归，不得不住在很狭窄的茅草屋里。当他们第二天正准备出发去保镇时，被崇明“自治委员会”会长黄稚卿（后成为“县知事”，1940年3月汪精卫“南京国民政府”成立后改称“县长”）拦住了。理由是该地区游击队活动频繁，经常出没，日军正在找机会扫荡。会长说最近几天死亡人数由80上升到90。因此保镇地区的数据，调查员是从当地头面人物那里得知的。根据所收集到的资料，调查员们估计崇明县60平方公里的地区应列为战争重灾区。[3]再加上当年夏天洪水和大风所造成的灾难，估计灾区面积总计达90平方公里以上。

调查后十个月，黄“知事”在某刊物发表一篇文章，追述崇明在占领初期是这样一副情形：“城中居民，亦逃避一空，只留老
201 弱者看守门户。其市里之凄凉，妻子之流离，家室之空虚，里巷之惊扰，笔难尽述。”他证明了这副令人不寒而栗的惨景，但又提到与一般沦陷地区相比，“我崇独能损失较少，房屋独完者”。[4]而省府调查员证实，崇明并没有如黄“知事”暗示的那样快速复苏。

由于缺少“宣抚班”工作日志，很难知道日本人是如何观察沦陷时期崇明岛的。我们对“宣抚班”及其班长几乎一无所知。“满铁”“宣抚”工作报告中提到崇明“宣抚班”由3人组织，但都不是“满铁”职员。[5]黄稚卿说“宣抚班”班长姓川首，并称赞他全心全意为地方安全着想，但川首所做的其他工作黄“知事”只字未提。1939年7月10日，即崇明被占领16个月的时候，《南京新报》上刊文称崇明“宣抚班”班长姓宫。李鹤庐也提及一“宣抚班”班长，但叫仓见定吉。也许这几个人都做过班长，但到底何时任职、工作绩效如何，现在都不可能知晓了。现在存留下来的唯一的还能捕捉到“宣抚班”工作点滴的资料是：崇明县“自

治委员会”编纂的《崇明县“自治委员会”工作状况报告总表》，于1938年5月底（即“自治会”于4月1日宣誓就职后的两个月）提交给“维新政府”。重构崇明占领最初两个月的历史，除了李鹤庐的回忆录外，这份报告表是主要的资料来源了。

对日军来说，崇明岛并不是一个重要的战利品。该岛位于长江北岸，但岸边沼泽延绵，没有经济或战略价值；它离长江南岸又太远，易遭受到严重的军事威胁；只能将它作为沿海地区一个薄弱的基地，支持只有有限商业价值的农业经济。令人惊讶的是，该岛的人口相当多，战争开始时大约在40万和45万之间。人口多是因为地域广阔（那时崇明岛大约有1088平方公里）而不是经济发达。在这个低洼的岛屿上，农业极易遭到破坏，因为它依赖于运河、堤坝、海堤，而夏季的台风定期将其中的一部分毁坏。沦陷时期，1938年8月、1939年7月、1943年8月中旬台风横扫全岛，每次均带来了大规模的破坏。（1942年，岛上又遭旱灾，整整48 202
天滴雨未落。）岛上1/4的耕地种棉花，但仅能满足崇明本地的现代化工业——大通和富安纱厂（总共有38,000个纱锭）的需求。另一种能运出岛外赚取利润的农作物是小麦，其他农作物主要用于本地消费。日本人接管了纱厂（“县政府”主要税收来源于此），并禁止任何有利于战事的物资出口，尤其是粮食。地区间贸易的瘫痪导致农民藏匿小麦留作自己消费，因而在市场上购买小麦极其困难且价格昂贵。直到1939年7月，日军才允许一些小麦出口到岛外，他们这样做的原因是希望减轻农民的极度贫困，并按照他们的政策来推动农村的发展。

军事接管对岛上的居民来说是一场灾难，既损害了他们的尊严又妨碍了他们的人身安全。有土地的农民继续种植，但地主跑了，庄稼被偷，佃农发现他们在正常时间里的耕作也没有安全保障。幸运的是，1938年春收成较好，这意味着入侵并没有立即使该岛陷于粮食短缺的境地。但入侵导致了城市经济的瘫痪。岛上所有的人都想方设法携带其资产逃往上海，而且逃走的人都不想回来。在县城工厂和零售店工作的普通城镇居民失业了。即使日军和“自治会”的警察在城内和四周加强了安全措施，仍有很多因素阻止城镇经济快速恢复。能运输货物的大船要么被毁，要么被没收，只留下葡萄牙商人经营的一条小轮以及日清公司的一条船来处理交通问题。葡萄牙小轮很快就停运了，崇明居民只有乘日清公司的船，这条船每天去上海一次。船上拥挤，船票通常只能从黄牛那儿买到。

无论如何，缺少商船都是问题的关键，商人用什么来运载商品呢？任何有利于战争的物资都被禁运。当岛上唯一的法定货币
203 是日军的便条时，如何进口物资呢？任何商人都不可能接受这种便条，但崇明的商人必须要接受，否则他就会被抓起来。金融机构倒闭，流通货币干涸，连小商贩也只能关门。“自治会”积极活动，试图重开城区市场，但两个月过去了，几乎毫无起色，市面萧条。这对“自治会”的直接影响是它无处征税，无法给职员发工资。这种抱怨可能有点夸大其辞，因为截止于5月底，一些厂家在负债40%的情况下仍在运行，这说明他们仍有榨取的对象。

5月底，崇明“自治会”向南京提交了“崇明自治会工作之概况”，在前几页“崇明地方现实情况”中，上述那些牢骚比比皆是。作者简明扼要地叙述了崇明在被占领后所面临的种种困难。

在经济汇报结语中，他改变了不带任何感情色彩的平铺直叙，痛心疾首地指出，他无法用词汇来描述失业者的极度贫困。（当在上海打工的崇明人找不到工作回到岛上时，崇明的失业问题更严峻了。）实际上，专横的日本人和日本兵应该对困难形势负责，但在“自治会”报告的开篇摘要中，除了一处提到“客军”和几处涉及海军外，对此几乎保持沉默。不过这宗案卷的其他文件有一些例外。“自治会总务部”的报告中提到了4、5月份“代驻军与‘宣抚班’采办应用物品”；“民生部”的报告中记录了5月2日“宣抚班”班长给该部职员做关于保甲工作的报告；在另外单独一份报告中提到了保甲制度是在“宣抚班”帮助下建立起来的；“教化部”向“宣抚班”汇报了寺院和教堂的情况，并派一名职员陪同“宣抚班”人员视察了城区学校；“土地部”计划与“宣抚班”“商量流通办法，活动金融”；最后，在5月25日两月一次的会议上记录了“自治会”与“宣抚班”班长商量“向宪兵队接洽发给枪支以资自卫”事宜。在“自治会”关于地方行政机构重建的长达65页的报告中，总共就这7处提到“宣抚班”。毫无疑问，大多数中国人对“宣抚班”的印象模糊。

李鹤庐也介绍了“宣抚班”的情况，虽不很全面，但完全是另外一副形象。他主要谈到了占领初期“宣抚班”为消除中国人 204
的抵抗发行良民证一事。每个居民都必须有一个承认新政府权威的证明。大多数居民对“宣抚班”调查人口和发行良民证记忆犹新，因为“宣抚班”接近普通老百姓机会不多，这大概是寥寥数次中的一次。李鹤庐也有这个印象。他不反对人口登记，但对良民证要收费一事极其反感，并认为这是“宣抚班”最初的“榨取”

行为。如果拒绝领取良民证，“以匪类论”，因此良民证的发行便建立了日军对老百姓的合法统治。李鹤庐指出，“宣抚班”将崇明“白色恐怖”制度化。[6]将这些白边的良民证与恐怖联系起来，只是宣传家的演说词，不是客观的描述，但这却道出了李鹤庐和其他乡民对日本人强加在他们身上的压迫感觉很不爽。

不仅日本人发行良民证、收费，“自治会民生部”的中国职员也做这些事，且他们的目标不尽相同。面对抗日势力的威胁，两者都试图消除敌对势力，稳定局势，但“自治会”的职员更关心收费问题，以便维持“自治会”的运作。对“自治会”的职员来说，登记人口就不是他们该管的了，那是日本人的事，他们只关心收费。因此4月，“自治会”民生部印了116,000张良民证，“自治会”留了28,000张卖给城镇居民，剩下的平均分给八个“自治分会”，每个分会得了11,000张。“自治分会”又将这些良民证分送给乡镇保甲长，卖给农民。在崇明，人们普遍认为，登记人口的目的是征收不法税款。因此良民证卖出的数量并不理想。截至5月26日，“自治会”总会只卖了15,000张良民证，收入为1230元。分会的业绩也差不多，根据总会财政部账目，各分会总共上缴3977元。四、五两月“自治会”财政总收入为24,898元，出售良民证所得占20%以上。这只是一次性收费，但对财政吃紧的“自治会”来说确有帮助。李鹤庐认为，这项收费对一些人而言是一
205 项沉重的负担。“民生部”也承认一些村民借钱购买良民证。然而根据内部记录，所有的收据都是“自治会”署名，并不是李鹤庐以为的那样是日本人在收费。

“民生部”还登记注册交通工具：544条船，22辆自行车，

2辆摩托车。船的数量可能还差不多，但后两项可能就不准确了。崇明有90公里的公路，占领前，应该有更多的自行车和摩托车。我们只能猜想，日本人没收了那些没有毁坏的车辆。“工商部”在城区和郊区发行了621个营业执照，另外，分会在农村市场发行了2039个，总共上缴“自治会财政部”733元。[7]这个收入不算多，但足够“自治会”会长三个月的工资了。

尽管“宣抚班”不是发行这些证件的机构，却是幕后操纵者，这一点李鹤庐是正确的。他在回忆录中的另一个地方再次提到“宣抚班”班长仓见定吉。在一次公众集会上，仓见定吉与日军指挥官古川站在一个台上发表演说。李叙述道（没有具体时间），仓见定吉的演说竟然以中国古代圣贤孔子的修身、齐家、格物相标榜。李对演说词印象不深，大概是因为仓见定吉对中国文化的价值观一知半解，不足以给李留下深刻的记忆。李评价道：“听其言，仁于仲尼，考其行，暴于盗跖，以日本人而讲义理，何异虎豹之言仁，而人有信者，其谁与归？”[8]其他县“宣抚班”公众教育工作报告中记录了每次集会都有许多群众参加，且他们真诚地想知道演讲内容。崇明县却有很大的不同，听众驳斥宣讲者，而不是“真诚地”拥护，李鹤庐反驳仓见定吉就是一例。

除了公共演讲外，“宣抚班”的宣传工作只能从“自治会教化部”的报告中推测了。如前文所述，这个报告两处提到“宣抚班”。一处是它收到了“教化部”关于寺庙和教堂的调查报告，“宣抚班”试图用这些场所来宣传中日亲善和合作。另一处是“教化部”职员陪同“宣抚班”视察崇明城区所有的学校。复兴小学教育是“宣抚 206
班”的首要宣传内容。然而，复兴进程却相当缓慢，一年半后，只有64所学校共10,000名学生，这大概相当于战前的1/3。

除了复兴小学教育外，“宣抚班”还热衷于建立一所日语学校。这个计划实施起来一波三折。起初指定城东小学为日语学校，并由一名中国人负责。接着又将这所学校改成日语师范学校，给教师上日语课。[9]但这项计划在5月上半月又被放弃了，又重新回到原来的计划。在5月18日的“自治会”会议记录中，学校校长为其教员索要薪水，但被拒绝了，因为学校还在准备阶段；校长还想要点钱做一个校牌，也被拒绝了。在“自治会”的报告中，放弃建立师范学校是因为缺少好的学生。不清楚崇明到底有没有建立正式的语言学校。5月，唯一的日语教师必须在每天的午饭时间给“民生部”职员义务教授一个小时的日语。“教化部”解决崇明居民不重视日语的方法是油印《日语简易读本》分送“自治会”其他各部作参考。

“教化部”的报告还提到了计划创办《崇明新报》，这也是由“宣抚班”在幕后控制。上海“特务部”命令每个县都必须创办新报，因此只要有“宣抚班”的地方，就有这种报纸，在“镇江”一章里也提到过。这些报纸给居民提供新闻，而且是唯一的信息来源。不许看其他任何报纸。在太仓，1月26日，一位老太太从外地带几份非日本的上海报纸进县城，她被怀疑是间谍而被审讯。
207 至于怎么处理她的，没有记载。在崇明也有类似的案件。报贩周海容被发现出售抗日刊物。由于他挑战了《崇明新报》的新闻垄断地位，周的尸体被肢解并扔进河里。[10]自治会工作报告中几乎没有提起沦陷时期这些黑暗面。这个故事来自李鹤庐的回忆录，当时李鹤庐碰巧听到这事，便记载了下来。

然而，我们必须对“自治会”工作报告中所提到的各种活动做一解释。当“自治会”职员在收集资料编纂工作报告时，他们试图使每件事看上去像是自己做的，这样“宣抚班”的角色就被遮掩了。“自治会”报告试图给人们这样的假象：4月1日的就职、本县的事务是掌握在中国人的手里，不受日本人的控制。尽管他们有点夸大政绩，但这个报告还是提供了较多有关崇明“自治会”的信息，而其他地区的“自治会”的报告就没有这么详细了。

但我们对“自治会”会长黄稚卿所知甚少。1939年他在一篇文章中解释了他出任“自治会”会长的动机是“为民众多增一分幸福”[11]，这是一种很高尚的情操。但黄是哪里人，是什么原因和力量将他推到“自治会”的最高职位，就无从知道了。但他的权力相当大，“崇明县自治委员会”暂行组织章程赋予他所有事务和人员任免的最终决定权。他极其有效地发挥了这些权力。正如我们将要看到的，他比合作阵营里其他任何人掌权时间都长。

1938年夏，南京政府下令调整行政机构，解散“自治会”。“自治会”六个部长只有两人继续任职。一个是黄斗南，“自治会总务部部长”，调整后任“民政局局长”。另一个是陶稚菊，“自治会土地部部长”，调整后任“实业局局长”。李鹤庐说他们二人都是地主，与其他四人（其中一个在县公署任职）利用“沦陷机会，以日寇为背景”，非法“围筑”沿海滩地并暗中侵占公地，招人种植，无人敢阻止他们。陶还营救过一个舵工，这个舵工后来担任
“占领政府”自卫团大队长，从1940年到1943年2月，和陶的弟弟 208
驻防崇明。1938年前，他们默默无闻，李鹤庐说他们是“啸聚无赖”。这种措辞具有传统的偏见，不能信以为真。[12]

很少有合作者能将地方上的任命变成政治上的优势。占领前，王曾鲁一直是国民党政权边缘活动家，沦陷后，被“占领政府”任命为“财政局局长”。他的政治背景能使他与岛外保持联系，他一直试图在崇明以外获得晋升。沦陷时期，他先在南京“市政府”、江苏和安徽“省政府”任职，后成为安徽某县的“县长”。“占领政府”为那些在国民党政权时期一直不得志的人提供了机会。陆梦熊攀升得比王曾鲁更高。陆在北洋政府时期有一段职业生涯，利用此段经历，沦陷时期他在青岛市政府行政委员会牟取一职。钱应清热心参与公众事务，并于1910年代前半期在袁世凯政权中任职。在沦陷时期，应“维新政府”之邀，钱担任“财政部公债司司长”，正因为此，他于1938年11月29日清晨在上海家中的床上被暗杀。崇明“占领政府”中最成功的一位要算高冠吾了，北洋政府时期他就是一名野心勃勃的军官，南京国民政府将其赶下台，沦陷时期，他又出现在政治舞台上，担任“陆军副部长”，后任“南京市市长”。他也死于非命。

《南京新报》报道了崇明县政府就职典礼：“由于友邦某机关的指导和地方头面人物的积极参与”，崇明的行政机构又恢复工作了。这里的“友邦某机关”便是人们印象模糊的“宣抚班”；大概王曾鲁、黄斗南、陶稚菊和其他一些人就是“热心的地方头面人物”。1938年6月崇明改组，隶属于“上海市政府”时，至少有一些地方头面人物是反对的。年底《南京新报》刊文指出，崇明民众反对改组，并向南京请愿，要求重新考虑改组一事。[13]请愿书上写道：崇明更靠近长江入海口的北岸而不是南岸，历史上一直
209 被认为是北方而不是南方。这种辩解是站不住脚的，因为20世纪

前几十年上海的迅速崛起，是从根本上重铸了长江入海口的经济网络，并将崇明纳入其运行轨道。为了得到行政上独立于上海的好处，崇明地方头面人物极力抵制隶属于上海。

问题的关键不是隶属关系而是税收。那年冬季，当“上海市政府”官员到江苏省省会苏州谈判移交崇明时，真正的分歧凸显出来了。“江苏省主席”陈则民以没有收到“维新政府”的指令为借口而拖延时间。在得到了“上海市政府”同意延期讨论后，陈主席呼吁“维新政府行政院”取消这个动议。他的理由很简单：那年上半年，南汇、川沙、奉贤和宝山移交给上海市，江苏省财政年收入损失了100多万元。陈主席不希望再损失崇明这笔收入了。“行政院”说它没有权力推翻政治委员会的决议，并建议双方妥协：1939年上述五县的财政收入，由“上海市政府”和“江苏省政府”分开征收。这是省府最希望得到的结果。“上海市政府”官员成功恢复谈判，去苏州讨论移交问题，崇明新任命的“地方头面人物”不得不服从。

二

崇明第一批合作者早在1938年暮春时就着手改组县行政机构了。我们再来仔细阅读“自治会”一月两次的常务会议记录，看看那年春季日本占领者分派给崇明合作者的任务。4月15日第一次会议主要讨论“自治会”内部管理机构、权限、职员的薪水等问题。这么多问题一个下午没法讨论完，第二天继续开会讨论。“自治会”成立之时，关键的问题是钱，这一点通过下面证据可以看出：职员（包括“自治会”会长）的薪水标准用手写字修改过，降低了10元。[14]

为了将权力延伸至农村地区，“自治会”建立了八个分会，一个在郊区，七个在农村集镇。分会职员要求在5—11人之间，但实
210 际上没有一个分会超过9人。在“自治会”的指导下，分会有权任命其管辖范围内的保甲长，有权撤去办事不力的乡镇保甲长。“自治分会”的经费由“自治会”提供。4月15日会议记录的最后一项便是分会每月常费为300—400元的标准。5月初，提高到每月500元——因为面对农村的混乱局面，分会要做的事太多了。

5月5日的会议议程首先讨论各分会委员会问题，接着是税收问题。“自治会”很清楚地意识到，必须尽快征收田赋，此事需要委托给下一级的分会，但最后又决定延期再议1938年度的田赋征收问题。另一项决议是豁免乡民所欠的田赋。这看上去好像是对身处灾难中的乡民的让步，但更有可能的原因是他们发现了税收记录的混乱：一旦“自治会财政部”准备征收1938年的田赋，它就要求收税人将后两年的田赋一并征收了。要想使崇明财政恢复到战前的状态，仅仅以田赋为支柱的措施是不充分的，两个纱厂的税收和进出口的关税才是财政收入的主要来源。5月的会议预料到这些，决定从5月11日起继续征收“每客随票带收捐款1角”，驳船费每客2角。[15]

5月5日常务会议记录最后一项是由于财政入不敷出将关闭育婴院。日军入侵时，育婴院有24个婴儿。育婴院关闭后，招募乳母哺养婴儿，每个婴儿每月给三元营养费，12个月为限。战前，崇明还有一所孤儿院，收留了十个大一点的孩子，战后也关闭了。其中三个孩子被送到“自治会民生部”办的“服务社”，另外七个

被送进了日语学校，目的是培养他们成为下一代的翻译人员。按李鹤庐的观点，翻译是个不光彩的工作。他在回忆录中列举了四个为日本侦缉队、日本警备队及宪兵队工作的翻译人员，公开谴责他们恶毒，“献身媚敌”，利用他们与日本人的关系为自己牟取利益，他们的罪行“虽一死不足以蔽其辜”。[16]

5月18日会议议程中有一条很有趣的条款，有两个姓周的人请 211
求允许其丝船通过万安港。这正是崇明岛经济所需要的。但“自治会”没有通过议案，暗示着禁运仍在执行中，只允许渔船离港，但明文禁止装运商品。这说明了占领区的安全比其经济更重要。“自治会”还讨论了强迫征收纱税，但没有达成任何决议，大概还没有到复兴海运时候，但实际上棉花已重新开始销售了。[17]

保存的最后一份会议记录是5月25日召开的会议情况。会议议程分财政和安全两部分。关于财政问题，委员会通过了一个决议：尽管决议指明渔船捕鱼甚少，多用于家庭消费，但仍决定每条渔船征税三元。会议还通过了另一个决议：对鸡蛋出口解禁，每篮鸡蛋征税七角。这个税率是很适度的，因为一旦鸡蛋贸易复兴的话，一篮鸡蛋可卖50元。“自治会”还考虑过减少其职员的提议，以便削减开支；关闭船舶检查站，卸下不必要的财政负担。“自治会”在垂死挣扎。为了渡过难关，它已三次削减职员的薪水，并因缺少经费而关闭了城区一家公共医院，让患者去日军诊疗所看病。[18]占领没有给崇明岛带来任何经济上的意义。

3月18日中国驻军放弃崇明县城，士兵分散到农村，其中大多以游击队的形式继续从事抗日活动。因为日军没有兴趣进入农村地区，一段时间内，农村地区是游击队和盗匪的天下。“自治会”

无法在农村立足。起初它招募了30个警察，但人手太少了，无异于杯水车薪，且大多数人没有经验，只有10人在战前从事过警察职业。战前还有一支水警，“自治会”只有慢慢重建这支警力了，因为他们的摩托艇都被没收了。当时机一到，“自治会”准备租一艘摩托艇。然而，最直接的限制来自日军，后者不允许任何中国人（包括中国警察在内）拥有武器。只有日军士兵可以携带武器。
212 中国警察所得到的只是一套新警服。“自治会”在恢复其警力方面几乎没有什么进展。只有当“自治会”改组为“县公署”时，新的警察局才建立起来，任命一个姓桥本的日本人负责管理。

正如日本宪兵队在中国其他占领区所做的一样，负责崇明安全的日本官员依赖于有效的邻里监督制度（保甲制度），全面对付抗日军队的武装反抗。“自治会”最初涉及保甲工作是在4月22日成立独立的保甲科，指挥和监督此方面工作。保甲科可能是在“宣抚班”的坚持下而成立的。“自治会”5月18日会议记录提到，分会没有办法让村民尽快进行人口登记，但这却是保甲制度运作的第一步。一个星期后，保甲科提交了内容全面而翔实的建议来推行保甲制度，并以此为框架建立“自卫团”。“自治会”将建议交给有关各部委员会负责人。与此同时，“自治会”授权各分会委员会筹集经费，再雇用两个职员，推行保甲制度，限期两个月，6月底截止。但自卫团枪支成了问题，没有枪，怎么训练自卫团成员？“自治会”认为保甲科应该与“宣抚班”班长商量这个问题，并要求班长找日本警备队要枪支。

保甲科提议成立的自卫团由常备和预备两部分组成，还有一支机动小组，能迅速采取行动打击游击队。这个计划野心勃勃，迫切希望利用当地民众与游击队作战；与此同时，保甲制度提供了自治会向下延伸的联系网络，通过“自治分会”和乡镇保甲长到保（50户）和甲（10户），这正好建立在金字塔底层的每家每户之上。保甲制度除了名称上不具有现代化的特征外，在职能上它是一种极有效的户籍管理和税收体制，几个世纪来，中华帝国利用这个制度使民众动弹不得。日本殖民者希望中国广大农村地区能实行自我管理，而不需要他们付出任何代价，保甲制度正合日本殖民者的心意。1930年代早期的国民政府改革者也看中保甲制度这个功能，可是每个政府在执行过程中都给自己带来了难以解决的麻烦。

崇明的保甲计划目标远大。根据自治会5月起草的第一套油印 213
规章制度的手写补充文件，寄望于保甲有以下功能：预防盗匪，邻里相互监督，汇报犯罪行为，抓捕罪犯，调查旅居者，管理旅行，禁止赌博，援助火水灾，保护运输和交通，确保没有闲置土地，为农耕提供资金，促进民众健康，改善环境卫生，控制传染病暴发，提供药品帮助吸食鸦片者戒烟，传播“教化”（陈旧的口号，1938年前只是个空洞的宣传术语），鼓励孝敬、忠诚、和亲、相互帮助、救恤，慢慢灌输“保甲精神”，培养“宗教心”，登记人口，征收税款。毫无疑问，它在全面组织民众方面远远超过“自治会”的能力。1939年8月，所有的保甲事务全部移交给“县公署警察局”，取消了保甲的部分社区功能。[19]

三

这个雄心勃勃的计划中有个令人好奇的条款：培养“宗教

心”。国民政府时期意识形态现代化的一个关键性措施是反对宗教对人们的控制，在很大程度上是因为宗教与中国传统的儒教宗派主义和迷信有相似之处。迷信的宗教，与中国人另外两个恶习——赌博和吸食鸦片被看作是这一时期中国衰弱的主要原因，革除这些弊端，中国才能现代化。中国人，恰好是那些将自己的命运与日本人绑在一起、不顾一切地躲避国民党现代思想的保守的中国人，将保甲制度与思想改造工程联系起来。一个中国人将“宗教心”列在邻里监控目标的提案之内，几乎是不可思议的。我突然有个想法，当一个日本人听说这个构想对维护社会秩序有益时，会是什么反应。很显然，卡尔·马克思不是唯一认为宗教是人民的精神鸦片之人。崇明其他有关保甲制度的文献都不包括这一条，它在提议讨论阶段还没有被删去。

因此保甲制度并没有对崇明人的宗教信仰起多大作用，但沦陷时期岛上民众宗教热情普遍强烈，正如上述文献作者所希望的那样。宗教活动的频繁引起了李鹤庐的批判。作为国民政府现代
214 化运动中培养出来的一员，他对身处绝望中的人们无可奈何只有恢复宗教信仰的行为很焦虑。他列举了“佛教居士林”、“纯阳坛”、“同善社”、“莲社”、“济生会”、“正宗会”等六个宗教团体，作为占领后期崇明大多数民众宗教信仰转变的可悲可叹的例子。[20]

保甲制度在推动岛民宗教信仰方面并无多大功绩，但它成功汲取了社会财富，并将其集中到占领政权的上级机构，不过这些财富大多落入了官员的腰包，并没有进入县政府的金库。每一级官员，尤其是69个“乡镇长”，利用保甲制度提供的极好机会，为自己捞取了大量钱财。李很喜欢羞辱这69个人，说他们几乎都

是大烟鬼，这只是道德上的谴责，没有证据证实。不过，1939年秋，确有两个持政府执照的鸦片零售店开张了。[21]位置越高，其财富累积就越多。一首流传很广的童谣反映了这一情形：

乡长造砖房屋，
保长吃鱼吃肉，
甲长喝风啜粥，
百姓哭南哭北。[22]

处于政治控制网络中层的合作者易遭受更多的打击，不仅仅是几句讽刺童谣，那些反对他们统治的人也不仅仅限于编这些押韵童谣的人。反对者采取的手段很多，最有力的打击方式就是暗杀。崇明岛上共产党除奸团的第一个目标就是新开河（3月日军登陆的地方）“自治会”分会会长。1938年初夏，游击队袭击了新开河分会长的办公室，捣毁了分会，并击伤了分会长。其他合作者害怕遭受类似的打击，雇用了保镖。保镖比较有效，抵抗运动从暗杀转移到其他形式，如破坏、威胁等。暗杀之风在战后短期内又重新上演，三个“乡长”因其在沦陷时期的所作所为被处死。

农村的骚乱是抵抗行为还是其他的冲突事件，我一直都不是很清楚。黄稚卿知事抱怨盗贼给岛上带来很多麻烦，这个标签模 215
糊了占领当局延伸权威于农村地区失败的其他原因，但也许这是对大部分占领时间里崇明乡村所遭受的混乱的较为公正的评价。一些武装团体是游击队，但另外一些仅仅是打着抗日幌子以胁迫村民的盗匪。李鹤庐便亲历了后者的袭击。这件事情发生在1939

年初夏。一群60余人的武装团体突然闯入李的家里。他的妻子和孩子目睹此景，吓坏了。两个人押着李到他家的客厅，“我好像犯人一样在等候死刑”。这是岛上独特的混乱时期。武装团体有共产党、国民党、富人的保镖、民兵、强盗，他们以令人困惑的速度在岛上迅速蔓延。

那群人的头头高坐堂上，审问他的阶下囚，李鹤庐从没搞清楚这群人在政治上效忠于谁。

“你为反日运动做了哪些事？”他咆哮道。李做出了一个危险的决定：采取高明的方式责骂此人。

“保国卫乡，乃国民应有之天职”，李回答道，“苟我国民良知未泯，当以互助者为友，侵略者为敌。”

那头头对李讽刺他为侵略者勃然大怒，举枪对着李的胸口。

“谁是为首者？”他大吼。李继续他的演说。

“爱国运动之造成，由于刺激环境之自然表现，虽有大力者，莫能与之挠”，他断言，“设无环境之刺激，虽有大力者，莫能与之兴。”

令人奇怪的是，那头头突然大笑起来。看情形本以为以李的死来结束这件事。相反，那头头承认，关于抵抗的辩论他失败了。也许他被李有如此胆量反抗而逗乐了。

“此书生，固无害于我者”，他对同伙说，“我们走。”他们走了，没有伤害或洗劫李和他的家庭。[23]

216 其他人就没有这么幸运了。生活在有抵抗行为的沦陷时期，人们发现自己处于无法忍受的情境之中。一方面，当占领者和合作者的力量不足以保证安全的时候，抵抗力量便要求人们给予支持，但他们不保护其支持者。不知什么原因，李鹤庐成功地与两者都保持距离，没有被杀害。尽管他同情战争期间处于地下活动的国民党员和共产党员，但他和他的家人并没有卷入其中，这可能是有家室但又缺少手段逃向内地的人的唯一选择。他把这看作是忍受沦陷时期的生活但不屈服通敌者的最好选择。不管这60余人是不是真正的游击队员，他们责问李鹤庐：为抵抗运动做了哪些事？那些生活在占领区但没有从事武装反抗的中国人，经常被这个问题困扰。像李鹤庐这样的人占大多数，他们既没有通敌，也没有参与抵抗，但他们并没有因为处于中立地位而使生活稍微容易点。

除了游击队的抵抗活动和隐藏在农村外，村落间长久以来的矛盾也可能会激发农村地区的暴力冲突。崇明没有具体的相关史料，但位于长江口南岸的太仓县却有一例。1月下旬，“宣抚班”得知太仓县西部边界有一场骚乱。“宣抚班”职员和日军采取行动，找到并包围靠近边界的村庄，但那里“骚乱者”已经躲藏起来了。不过，“宣抚班”在工作日志上坦白：“没有明显迹象，也很难弄清楚骚乱者忠诚于谁。”[24]没有办法接触到骚乱者，日军在一个保长家待了一整夜，听见“武装盗匪”和地方民兵开火。民兵没有抓到一个人。黎明时分，“武装盗匪”消失了。接下来的两个月，这一地区连续不断遭到袭击、抢劫、枪击，“宣抚班”多次去搜查和进行一些不得要领的调查。“宣抚班”的人花费了很长时间，才弄清楚这次暴力事件与反日活动无关，而是村落群体之间长期不和引起的。近几十年来，从河南、安徽、河北等地的灾民陆续迁移到太仓县这一地区。每年冬季，这些外来者和当地人都

会爆发冲突，相互袭击。太仓“宣抚班”意识到“维持会”成员
217 正在利用占领当局，进行村落间的争斗，并一直声称代表占领当局镇压“盗匪”。每年冬季都有这种村落间的“争斗”，不过“宣抚班”职员并不感到困扰，因为不需要他们到场，暴力冲突就会解决。事实上，由入侵导致的分裂只是加剧了长期不和的村落间的武装械斗。农村地区权威的丧失使人们更依赖于暴力解决问题，因为竞争对手相信政府是不会来干涉他们的。“宣抚班”班长命令“维持会”会长停止组织村落队伍。他强调，两个村庄应该放弃分歧，携手共建新秩序。七个星期后，“维持会”会长被打死。

崇明“自治会”天真地希望保甲制度能建立有效的监督防卫网络，这样抵抗运动就无懈可击了，然而真正打击暴力威胁的力量是日军。1939年1月30日，黄稚卿“知事”在接待一名来访的日军军官的宴会上表达了这一看法。在餐后致辞中，黄“知事”坦率地承认：“本邑治安，深赖友军‘崇明班’亲善爱护。”[25]黄有足够的理由强调岛上的日本军队对他的“帮助”。1938年秋季，国民党与共产党联合行动，攻击好几个镇。他们毁坏了道路，焚烧了桥梁，切断了电话线。[26]“宣抚班”作为日方第一个快速反应者，立即召开了一个“乡镇长”会议。这次会议没有详述保甲的效用，而是明确要求“乡镇长”负责恢复这次损失。由于岛上缺少树木，更换电线杆是个很难解决的负担，因此岛上通信中断了好多个月。一个月后，日方第二次做出了反应，日军发动了一系列扫荡。但这并没有终止混乱，因为春天游击队又回来，并进行了新一轮更深层次的打击。[27]1939年9月，游击队又一次毁坏交通和通信工具，捣毁了全岛的桥梁和电线杆。更换电线杆的代价

很大，很多小竹子都用上了。日军为此忙活了好几个月。

1940年春天，第二轮更具破坏性的打击又横扫了全岛。游击队在岛上主要公路两侧埋置地雷，成功地炸毁了日军竖河附近的一辆卡车，炸死日本兵26人。日本驻军派遣几十艘军舰，封锁崇 218
明岛，日海军和7000伪军联合扫荡了全岛。1940年7月29日，在竖河镇，一支日军命令“镇长”将居民集合于城隍庙内，有两百名老百姓老老实实地去了。日本兵用刺刀逼着他们说出游击队隐藏在何处，那些不准备说出或不知道游击队在哪儿的人被刺死，只有30多位带了良民证的人被允许离开。剩下的被机枪扫射、焚烧，尸体留在庙内腐烂。时值炎夏，臭气四溢，好几个星期，无人敢靠近城隍庙。为了确保不发生类似的公路爆炸事件，日士兵将公路旁300米以内的建筑物夷为平地。估计这次夏季扫荡有3000人丧生，10,000人的房屋被毁。[28]

黄“县长”并不沮丧，当稍后另一场起义浪潮又袭击崇明岛时，他的反应与前次一样，请求日军帮忙。1940年8月6日，他致电“上海市市长”傅筱庵，要求增派更多的日军。“崇明自三一八（1938年）事变以来，一般不良分子借抗日为名，凭借地势，组织游击队到处骚扰。两年来，虽经友军迭次搜剿，祗以幅员辽阔，此剿彼窜，出没无常。”他说，镇压游击队的军事行动正在毁掉“良民”的生命、财产和房屋。黄并不是要表达他的县治情况很差，已变成反日运动的温床。他真正想汇报的是公路沿线地段被地雷炸毁、大通纱厂被部分毁坏并发现大通纱厂内藏有枪支。[29]他不愿意汇报得太多，那将反映出他无力维持秩序，就有可能被撤职，但他又不得不列出有组织抵抗的证据让其上司相信，以得到更多的援助。

崇明其他本地人不希望看到岛上有更多的日本兵。两天后，
219 三名崇明旅沪同乡会的代表致电傅筱庵“市长”，对动荡不安的崇明局势表达了不同的看法。根据电文，最近一次日军清剿游击队的战斗有点肆无忌惮，因为“目下玉石不分”——谁是站在占领当局一边、谁是打击的对象——日本人毫无区别地一律镇压。“焚杀几如屠城”，他们抱怨道，“迅即电请友邦军队严别量恶，则吾乡父老昆季姊妹得免无辜被累之惨”。[30]

傅“市长”命令黄稚卿将同乡会的抱怨转交给“宣抚班”，并敦促黄劝说日本驻军注意他们的镇压工作，区别对待不同的人。要他们做到“军事、民生两无妨碍”。傅“市长”为了寻找支持，还给上海“特务机关”长官致电，汇报了他建议黄“知事”如何行动之事。他不想让“特务机关”从崇明“宣抚班”那儿得知他在干预军事上的事。“特务机关”两天后复函，崇明岛上的军事行动大体结束，“市长”无须担心，“因此良民虽受灾甚巨”，“特务机关长”说，“但使民众认识祸出于游匪之所为”。[31]接着“特务机关”又拿出黄“知事”的预测，使“市长”相信，游击队很难再次在岛上暴动了。电文结尾处，“特务机关”顺便对崇明人民所遭受的灾难表示道歉。然而，还有一次游击队叛乱在等着黄稚卿处理。9月初关于这个问题的最后一次交流中，傅筱庵除了让黄更紧密地与日军合作以确保无辜者不要与闹事者一样遭罪外，也没有提出其他更好的建议。在上海的崇明商人知道（傅一定更清楚），无辜者与闹事者之间不可能划清界限。只要抵抗运动继续带来强烈的反报复行为，“占领政府”欠日军的债务就会增加。按照惯例，这些债务最终是要偿还的，而且是加倍地偿还。

1943年县政府重组，县行政人员又一次全部撤换，黄稚卿从 220
“县长”宝座上下来了，只有一个从农村来的偷偷原职留用。清洗甚至将一些人送进监狱。最明显的一个例子是崇明商会会长被捕，他被指控五年来利用职务之便中饱私囊。第二年3月，来了个新县长叫刘绳武，他又是一个外地人。刘安然度过了五个月后“县政府”又一次重组。在1944年8月5日授予他“县长”职务的仪式上，刘号召中国人民最大限度动员资源，支持必胜的日本大东亚战争。刘的预言恰好在他发表演说的一年之后失灵，日本向美国投降，“南京政权”通过广播宣布解散。崇明人最后一次看到刘绳武是1945年8月17日，他乘坐一艘租来的汽艇扬长而去。刘并非空手离开，他带走了一个小船队，装满了从崇明县金库里拉来的粮食、现金。[32]崇明占领政权结束了。

刘绳武的政府并没有垮台，因为崇明岛的抵抗运动越来越沸腾，长江三角洲地区也是如此。地方抵抗运动刺激“占领政府”，使其蒙受损失、分心，可“特务机关”并不愿意在这方面浪费资源。几个合作者被暗杀，电线杆被焚烧，桥梁被毁坏，但这并不能摧毁“占领政府”。当日本卷入太平洋战事、不再提供军事上的支持时，“占领政府”的失败随之而来。抵抗运动要达到的目的是：让人们认识到，占领当局不孚民意，在它管辖范围外还存在另一个可选择的权威。抵抗者打出国家主权这张王牌，胜过合作者使其权威合法化的每个提议、每个辩解。不管地方“占领政府”在重建安全或提供服务方面做了多少事，它都无法在如此短的时间取得道德优势。就这点而言，抵抗运动虽然没有削弱占领者，却成功地达到了削弱“占领政府”根基的目标。

第八章　组建占领政权

一

221 从1937年冬到1938年春，长江三角洲沦陷地区几乎所有的城镇都接连出现了短暂的、规模较小的占领政权组织。伴随这一过程，较大规模的占领政权大厦有计划地拔地而起，且清晰可见了。这一阶段至少展现了一个政权建立的必要过程：从村镇的“治安维持会”，再到县城和城市的“自治委员会”，最后到南京的“中央政府”。这期间，日本“宣抚班”被派去恢复各级政权的行政机构，而且他们似乎也完成了这个任务。

接着，1938年春夏，这些小政权组织又一个接着一个地全部消失了，且其消失的速度比建立的速度快得多。此时的占领政权组建过程反了过来：首先，3月底，新的“中央政府”（“中华民国维新政府”）从最上层开始建立。上层政权一切就绪后，立即着手取消基层自治组织。“维新政府”颁布命令，自上而下解除了各地“维持会”和“自治会”成员的职务，代之以“中央政府”任命的职员。地方社会向“中央政府”敞开大门，基层政权开始形成；上年冬季“宣抚班”费了九牛二虎之力建立起来的组织被毫无顾忌地、彻底地废除了，县又变成县，不再称“自治会”了，“中央政府”任命的官员又开始工作。1938年冬春季，半中央集权式的政府已转变成独裁式的中央集权政府，自上而下控制到基层社会。实际上这是一个极典型的自下而上运动、然后自上而下建立政权的模式。在整合基层社会的过程中，先将地方头面人物带入政治过程，接着将他们网罗进政府机构。自下而上建立政权 222
的理想，被必须从上层施加控制的情境所压倒，如果我们给这个“情境”命名，可称之为“占领”。

占领是指一个主权国家通过军事力量强迫控制另一个主权国家的领土。“占领政府”是安排管理占领地区领土的政权。我宁愿称其为“占领政府”（occupation state）而不是“合作政府”（collaboration state），以强调占领是先决条件：所有合作的安排和决定都必须服从于占领。占领可以创造出合作，如我在第一章所言，反之则不能成立。合作是寄生于放弃领土主权所订立的政治契约之上。这个政府的出现是因为占领者需要它，并想方设法、采取措施促使它形成，并不是合作者主动建立的。

如果我们从被占领方来观察占领和被占领之间的关系来说，合作者在占领政权的建立过程中是不合要求的一方。没有合作者，占领者只能建立一个纯粹的殖民政府，如英国于1840年代在香港地区、日本于1895年在台湾地区建立的政权。在这两个地方，合作者因某种原因自告奋勇、积极合作，但“合作”却不是占领者建立政权机构必须创造的前提条件。长江三角洲不是另一个台湾，日本人不打算任命其本国人来统治。它更接近于日本人支持建立的“满洲国”，其网罗一个满洲人做国家元首，目的是为了表明这个没有主权的国家看起来像那么回事儿。然而在华中地区，不能期望类似的情形出现。日本人试图在这一地区寻找真正能取代蒋介石和国民党的人，让他们协助日本人驱逐民族主义者，使中国回到前民族主义和前革命的时代，与日本成为同一战线上的伙伴。

“中支派遣军特务部”下定决心要使占领政权达到这样的目标：日本人可以退居幕后，让中国人自己管理占领政权，以实现日本人的希望。这是个不切实际的幻想，其问题在于中国主权的丧失。无论如何建构或解释，“特务部”自上而下建立的“占领政府”仅仅是军事干预的产物，缺少真正的政治过程。仅有的内部联系都是“特务部”虚构的，他们相信通过法令能使南京新“中
223 央政权”继续存在。在一定范围内，“占领政府”被认为是一个统一体，是在日军控制下的一个虚体。“特务部”试图给“维新政府”较自由的统治权，将它作为一个合法的政府，也希望它能名副其实，但是军部和内阁却持怀疑态度。军部主张牢牢控制合作者。1939年6月，内阁解散了“特务部”，代之以“兴亚院”，后者受内阁的严格控制。

“特务部”倡导组建的梁鸿志“维新政府”和汪精卫的“国民政府”，无论看起来多么名不副实，但也不能认为它们不存在。尤其在基层，税款继续征收，监狱里塞得满满的，大街上有巡警，法院组建了，学校也正常招生上课。这就是我们研究的长江三角洲几个地方的“占领政府”之所以重要的原因所在，尽管它们只

是昙花一现。这是最初组织和经历的“占领政府”。

合法性是另外一个问题。日本人打造占领政权的合法性来源非常明显，无论日本“宣抚班”职员和中国地方头面人物怎样建立新秩序，他们除了能打造这一政权的外表外，什么也不能做。他们的合作不能解决国家主权与外国占领之间不断产生的矛盾。无须争辩说国家主权是自然赋予的，还是说意识形态宣传能创造一个政权的合法性；也无须指出军事占领使占领者和被占领者两极分化，使人明白谁有权力，谁没权力。合作者都面临这个挑战，需要跨过这个无法逾越的鸿沟。“占领政府”的宣传机构加班加点地工作，来编织这个政权的面纱，使其看上去还像那么回事，并且尽量掩盖这样的事实：日军的存在是政权合法性的唯一来源，而且这个唯一的权力来源还让人联想起暴力的滥用。由此观之，“占领政府”看上去完全是一件人工制品。这个观点尽管忽视了那些心甘情愿、热情投入的地方头面人物居然为了一点好处或损失而影响人们的生活。如果不考虑这些因素，我们将会发现自己陷入了死胡同：我们讨厌被迫接受的意识形态，且会产生出敌对情绪，也会产生对国家主权天赋合法性的认可。但如果我们接受这个观点，即没有一个政权与生俱来是种族、文化和政治的产物，那么我们就能从这个死胡同里 224
走出来，承认所有的政权都依赖宣传打造。有些是以温和平静的方式，有些是以残忍凶猛的方式，来掩盖该政权必然的不足，掩盖其与外部利益的妥协，掩盖其依赖于高压政治强迫民众接受某种民族认同。如果过于追究“占领政府”的宣传和打造，将不利于我们对实际发生的事情进行观察和研究。

只有当我们忽略“占领政府”官方宣传的“中日同文同种”、

"英法等国使我们民众陷入贫困，使我们的财富耗尽"[1]，我们才更能明白占领和合作的意义。地方合作者被迫按照日方的命令从事意识形态宣传，日本人似乎对这些人在意识形态上表示配合非常满意，但这些宣传与大部分中国民众所关切的事没多少关系，这些宣传只是政治合法性仪式的组成部分和一道程序而已，没有多少实质性的意义。但是建立基层政权不是意识形态宣传，而是要组织机构，它涉及哪些地方网络关系需要动员，这些网络关系能带来什么资源。一方面，占领政权要鼓励被占领者服从；另一方面也要给地方民众带来一些实际利益，像自来水、电和消防等设施。从这方面而言，"占领政府"与其他政权异曲同工，且地方管理机构的运作与和平时期也没有什么两样。一些人尽量利用占领这个历史情境所提供的机会，损人利己，聚集财富，但以这种事实作为分析的起点已太过于简单了，不能解释复杂多变的基层占领政权的历史。

二

1938年夏，"占领政府"解散"自治会"，代之以"县公署"，这个过程并非一帆风顺。原"自治会"成员不愿其组织被解散、其权力被剥夺；"宣抚班"职员更不高兴看到他们费了九牛二虎之力建立的组织被肢解，因为新成立的政府机构可能就不是他们的掌中之物了；新"中央政府"也不愿意把权力和财物移交给那些"特务部"一到就与其达成交易的人。双方都持怀疑态度。中央有充足的理由认为，向地方让步有损于其威信和权力；而地方同样有充足的理由怀疑，中央每提出一个方案都是企图扩大控制权，损害地方利益。这使日本人左右为难。“宣抚班”计划依赖有影响的地方头面 225
人物将本地带入新秩序，然而重组政府就必须限制地方的政治权力，以免地方势力妨碍了新政权的发展。而“宣抚班”职员必须鼓励地方各种人士合作，来阻止那些响应日本人号召、建立新政府的人的政治野心，以免后者威胁“占领政府”的生存能力。

早在1938年1月18日，“特务部”就制订计划，撤销“自治会”，组织正规的县政管理机构，但一直到2月才讨论如何操作这件事。“特务部”职员与其控制的“自治会”成员一样，对这次变更焦急万分。3月上旬，征集“大道政府”日本顾问的意见时，他们怀疑，变更已经起作用的机构是否是明智之举。[2]地方上的“宣抚班”职员也有类似的困惑。为消除这些疑虑，5月，“特务部”将所有的“宣抚”人员召回到上海开会，会期三天（实际开了五天），讨论到底该何去何从。“特务部机关长”给副部长的工作报告中暗示，“宣抚班”与地方日本驻军有摩擦，并承认如果需要改进“宣抚班”的工作，“特务部”不得不“更严密控制运作的过程”。他没有详细说明“宣抚班”为什么需要更加严厉控制，但改组的时间选择（正当“宣抚班”准备将其“自治会”转变成“县公署”之时）表明，这一过程步履维艰。上海的五天会议说服了持反对意见的人，达成了统一的行动方案。[3]6、7月间，各地的“县公署”陆陆续续成立了，“县知事”由“中央”任免。“自治委员会”时代宣告结束。

“维新政府内务部”掌管这个阶段的政府重组，“部长”陈群代表中方执行自己的调整计划。4月下旬，总共大约有40名“自治会”会长接到命令，出席了南京为期三天的会议。[4]会长事先被告知，这次会议的目的是加强他们与“维新政府”的联系——这是“自治会”会长现在必须向陈部长汇报工作的委婉说法。大会报告了改组计划，将“自治会”转变成“公署”，而且让会长们明白，必须执行该计划，没有选择余地。嘉定“自治委员会”孙芸笙出席了会议，孙昭代表镇江参加了会议，崇明“自治委员会会长”
226 黄稚卿没出席会议，大概是因为他的“自治会”刚刚成立不久。[5]
伴随这根大棒的胡萝卜是“钱”。“给钱”并没有出现在陈群的会议报告中，但是上海“沪北自治联合会”的账目上出现了“中央政府”拨款的15,000元补贴（参见第六章），这说明胡萝卜已经够大了，足以使地方官员接受解散命令。会长们还得到保证，原则上他们将成为“县知事”。这不是个很可靠的承诺，因为后来证明，大多数人在更替过程中下台了。

能否保住职位不仅是“自治会”会长所关心的，同时也是“宣抚班”班长所担忧的。如我们所知，1938年春季，“宣抚班”班长付出了艰辛的努力才找到了“自治会”会长的合适人选。他们担心这次权力集中，将危及他们精心谋划建立的“自治会”。很多人经常出入于南京和苏州，游说地方头面人物担任“县知事”。5月，镇江“宣抚班”班长加藤幸藏亲自跑到江苏省政府所在地苏州，确保其主要合作者、“自治会”会长郭志诚得到“县知事”一职。到底有多少“自治会”会长顺利渡过这次更迭，他们所占的比例是多少，弄清这个问题不是件简单的事，因为现存的档案资料残缺不齐。表三是我所能确认的所有转化为“县公署”的“自治会”名单，下表五是根据表三制定的。这表明继续留任和下台的机率差不多相同。

表五　“自治委员会”和“县/区公署”（1938年） 227

市或省	县或区	“自治会”成立日期	“县公署”成立日期	“自治会会长”是否成为“县知事”
上海	南市	1/11	7/12	是
	真如	2/21	?	
	沪西1	3/7	?	
	沪西2	3/15	?	
南京	南京	1/1	4/24	否
	句容	?	8/17	
	江宁	?	7/1	
江苏	宝山	9/23/1937	7/18	是
	嘉定	1/21	6/25	否
	昆山	?	7/5	
	太仓	12/29/1937	6/25	否
	青浦	?	7/1	
	川沙	1/19	6/?	
	南汇	?	6/10	
	崇明	4/1	6/7	是
	松江	4/1	8/1	
	金山	?	7/5	
	苏州	12/7/1937	7/1	否
	常熟	12/23/1937	7/1	
	无锡	12/4/1937	7/?	
	吴江	1/5	7/1	是
	江阴	?	11/?	
	镇江	1/10	8/1	是
	扬州	12/1/1937	8/1	是
	丹阳	2/1	9/1	否
	常州	12/29/1937	6/25	

（续表）

市或省	县或区	"自治会"成立日期	"县公署"成立日期	"自治会会长"是否成为"县知事"
	金坛	?	7/5	
浙江	嘉兴	1/1	4/?	
	南浔	12/?	?	
	嘉善	3/27	12/11	否
	杭州	3/1	6/10	否
	湖州	2/19	?	
安徽	芜湖	4/1	12/20	
	太平	2/?	?	

注释：没有注明年份均指1938年。

资料来源：〔日〕井上久士主编：《华中宣抚工作资料》，不二出版1989年版，第23—25、37—39、42—46、55、61、73、84、107、109、124—125、148、151、170—173、180、182、200、248、266页；上海市档案馆，卷号R1—1—5，R1—1—105，R1—1—152，R1—2—1637；江苏省公报新年特刊，第26—27页；行政院宣传局，第10、152—154、526；《南京新报》11/11/1938，7/2—4/1939，10/2，7，9，11，25，30，31/1939。

因此，较早参与自治会并不能保证留在"县公署"里。更糟糕的是，由于此时的政治气候比沦陷第一年时更为恶化，机会以前所未有的速度在不断减少。甚至，后来的竞争者操纵最早与日本人勾结的人，来反对稍后加入"自治会"的人。例如，这个问题就常常困扰着陈希舜。如第六章所述，陈是上海沪西某镇"镇长"，被一群居民串通剥夺了"镇长"一职。居民采用的方法是：在早期"宣抚班"组织"维持会"时期，他们怂恿陈希舜成立一个联合会。这就是他们在后来的信中强调："三五地痞流氓横行，虎狼当道，藉维持之名，弄权戏政"时期，他们含沙射影地指出陈希舜是这帮机会主义中的一员，占据"维持会"，牟取暴利以自肥，以致"善良
228 绝迹"。1939年初，这套逻辑被轻而易举地用来质疑竞争对手。参

与早期“维持会”、“自治会”的经历，现在足以毁掉一个人继续留任的机会，而在这之前，这却是必要的基本条件。

然而，“维新政府内政部”应付这种更迭却力不从心，因为经常短缺自愿服务的人才。为了填满这些职位，凑足执行“中央政府”政策和自己命令的官员，陈群“部长”在南京成立了县政训练所，并亲自担任主任，严格控制这个机构。训练所计划在接下来的几年内培训400名地方行政人员。[6]9月15日训练所成立时，陈群及其内政部仍在上海办公，他给开幕式寄去一份报告，当天就刊登在《南京新报》的社论栏中，但没有署名。陈群开门见山，以平息太平天国运动的伟人曾国藩为例，指出曾在繁重的军事任务之余还坚持学习，以此来强调这些受训者肩负的重任。在太平天国农民起义爆发期间，曾国藩离职回湖南老家，组织强大的军事力量，最终于1864年成功地打败起义军。这番叙述暗示受训者身处类似的情境中。此时，长江三角洲处于军事混乱中，这也是曾国藩曾经历的时代，80年前曾将这个地区带回和平状态，现在这是受训者的历史使命。接着，陈群又举出反例，批评国民政府时期派青年人去欧洲留学，学习哲学或历史，归国后占据政府职位。他不仅嘲笑这批人没有掌握处理实际事务的能力，而且还指出他们脱离人民的需要，这也是他们当权时沉迷于腐败的原因。他建议，废除这种爱好式的训练，代之以培养中国传统的儒家绅士即君子，君子所受的道德教育使其将普通大众的利益看得高于一切。

六个月后，陈群的训练所第一批学生毕业，包括29个“知事”和26个“副知事”。毕业时，学生们有幸得到“特务部机关长”原田熊吉的贺信。自此以后，“特务部”迁到南京重新组建。可

惜，他的贺信内容没有保留下来。那些受训的“知事”——年龄
229 在28—59岁之间，中位数是38——都是大学毕业，包括两个东京和巴黎的大学毕业生。“副知事”的年龄在23—49岁之间，中位数是30，大多数被分派去“县公署”工作。令人奇怪的是，训练所的公开目的是训练县政人员，但所有的“县知事”毕业生都服务于“省政府”和“中央政府”，没有一个到基层工作。其原因在于上层政府部门合格职员的稀缺，也可能是陈群有意把亲信安插在上层机关，但这影响了地方政府的需要。

1938至1939年间，日军向北和向西推进。长江以北占领区县政机构的建立，与长江三角洲如出一辙。每个县先建立“自治会”。稍后，为了组建县政机构，便将这些“自治会”解散。江苏长江以北的大部分地区直到1939年才正规化，安徽大多数县直到1940年4月还在“自治会”的控制之下。这时汪精卫政府的“内政部”已就职，陈群成功地连任“部长”，他下令解散所有遗留下来的“自治会”，并命令“县知事”，确保命令的执行。

这些“县知事”对统治区域到底控制到什么程度，则是另一回事。很多人发现，虽然日本人将对手国民党赶出县城，但却并没能将其驱除出县境。在日本人不易到达的地方，国民党的政权以不同方式继续存在，且运行良好。1938年蒋介石国民政府一份报告指出，被战争影响的796个县中，国民政府不能行使权力的只有59个。[7]尽管这个数据有点夸大，炫耀国民政府的控制程度，但它确实表明了日伪南京中央政府对基层社会的控制极其有限。“维新政府”的日本顾问也提供了不太精确的相关数字，这也部分证实了当时的情形。他们统计的数据是：1938年底，“维新政府”任命的“县知

事”情况是：江苏21个（其中长江以北只有一个），浙江12个，安徽10个，总共43个。[8]43和59之间的差距由“自治会”来填补，由当地日本驻军保证他们的安全。这表明日军推进到哪里，“占领政府”才能延伸到哪里，其范围一般不会远离县城城墙。通常的情况是一县之内有三个不同政权任命的行政机构：“维新政府”在县城 230
内，共产党和国民党在山区的某个地方，三者之间相互竞争。因此，1940年初的镇江由郭志诚“知事”代表“占领政府”，占据县城；庄培方（音译）是国民政府任命的县长，盘踞在西南一带的山沟沟里；共产党县长李培根建立的县政府活跃在本县的东部地区。在日本占领中国期间，三者各据一方，分别行使各自政府的权力。

当长江三角洲地区的“占领政府”基层组织重组时，沦陷初期进入“占领政府”的小人物大多数从档案文献中消失了。只有少数“宣抚班”招募的人成功地度过了这次更迭，如镇江县“知事”郭志诚和崇明县“知事”黄稚卿，他们成功操政达五六年之久，但最终还是在战争结束前两年告别了政治舞台。（或许是因为受到排挤？）之后，他们便消失得无影无踪了。由于战后数次的清理运动，这些合作者的记录几乎没有留下来。我们可以猜测他们的结局：过去的所作所为很可能使他们遭到抓捕和惩罚；他们也有可能成功地与归来的国军达成交易，受到保护，幸免于报复之灾，当国民政府垮台时，他们又逃到香港或台湾。

三

那么，我们该如何评价那些积极参与“占领政府”活动的人？沦陷初期，当毫无约束的日本兵不断地侵扰，给人们带来极大的灾难时，我们描述的长江三角洲大多数任职短暂的合作者作恶相对较少吗？讨论这个问题涉及“自治会”所做的工作，他们为战争中流离失所的人提供救济，他们恢复水电等公用设施。水电在较大城市的重要性可想而知，如镇江电气公司总经理郭志诚成为“自治会”会长。这个案例也说明，由中国地方官员管理中国人要比日本殖民者管理更好。但另一方面，“宣抚班”工作报告中又反复出现“维持会”、“自治会”职员的无能和腐败的记录。相比之下，日本殖民官员的指责比那位本地人张怿伯的埋怨要委
231 婉得多，张责骂郭志诚等人“敲骨吸髓，怨声载道”。

不断发生的暗杀活动，表明一些人持不同观点，他们甚至将“占领政府”的出现看作是对中国国家主权的威胁，是公开侮辱民族尊严。抵抗的任务之一便是将这个观点传达给其他中国人。直接暗杀是传达的一种方式，宣传是另一方式。正如我们已不断看到的那样，拒绝合作的人并不普遍，至少在政治层面上是如此。因此，国共抗日宣传员一直为这样的事实而苦恼。实际上，日本占领者总能找到中国人帮助他们统治中国沦陷区。

几个杰出的中国作家大胆地表达了对这个问题的看法。卓越的中国共产党知识分子郭沫若将通敌者分为两类：第一类是受教育者，他们只想为自己谋取权力和财富；第二类是贫困和无知者，贫困驱使他们通敌，无知使他们不去思考其行为的正当性。每种类型的人采取了不同的方法通敌，一种是和平的，另一种是暴力的，但这两种都很危险，因为受过教育的劳动者和流氓共同提供了日本人所需要的两双手，即一手安抚，一手镇压。剧作家顾仲

彝在郭沫若的基础上又加了第三种类型——失败主义者，这些人认为中国赢不了这场战争，明智之举是接受现状和从事力所能及的事。上海小说家茅盾采用了另一种分析路径。他不是考察通敌者的动机，而是着眼于他们的行为。有情报收集者，日本人依靠这些人搜集占领者所必需的信息；有破坏者，他们可以在日本人无法到达的地方从事破坏活动；有理论宣传者，茅盾认为这种人最可怕，他们也许不会直接伤害某些人，但他们会说服中国人，使其相信日本人的占领有利于中国的长远发展，正如日本所一贯宣传的那样。破坏抗日只会使抵抗变得更加顽强，开展情报战使抵抗者不知所措，而理论宣传则能消解抵抗意志。

童振华将这些观点收集成本小册，命名为“怎样清理汉奸”，于1937年10月匆匆印刷出版。这表明，在知识分子阶层中，可能已出现了为通敌者辩护的氛围，认为通敌行为是合情合理的，且这些辩护正在一些地方蔓延。童振华很担心这些辩护挑战了共产 232
党统一战线的思想。《怎样清理汉奸》不是暗杀者手册，而是针对茅盾第三种类型的汉奸扩展成的一篇论文。（实际上，童很谨慎地说，一旦“汉奸”被揭露，不应该处死他，而是应感化他。）他说不用担心那些小“汉奸”，他们只是为钱而替日本人工作，不会接受日本帝国主义的观点，这些人不是问题。更重要的任务是驳倒这些观点：日本人仍愿意和平解决这次冲突；与日本合作对中国有利；既然武力起决定性作用，那么战争的结局只会朝有益于日本人的方向发展；中国军队的迅速崩溃就证明了抵抗是毫无意义的，等等。诸如此类的观点在上海很普遍。正如日本人所宣传的，他们反对中国政府，而不是中国人民。因而不仅要当心汉奸搜集情报，从事秘密活动，但更应该意识到这些观点的诱惑力。[9]较大的威胁并非是为日本人效力，而是不加质疑地接受这种说法——与日本人合作，最合乎每个人的利益。

谁知道这些反驳合作行为的说教，除了他们预先接受的论调外，是否还有道听途说的成分？本研究确实得出这样的结论：加入合作行列的人数从没有减少过。事实是，当早期的合作者一被暗杀或者赶下台，就有其他人接替他们的职位。长江三角洲每个地方的基层头面人物（从温文尔雅者到社会边缘人物）都主动前来充当新政权的职员，为“占领政府”提供了足够的人选。不管是失败主义者还是机会主义者，他们使“占领政府”出现在基层成为可能。他们能帮助日本人继续统治占领区，使日本人腾出兵力继续征服新的地区。

他们的合作行为是否如郭沫若和茅盾所言，危及中国国家主权呢？日本“宣抚班”的计划认为确实如此。1938年冬春之际，合作者与日本“宣抚班”职员合作，在长江三角洲占领区的城镇建立了“自治会”，为“维新政府”的成立打下了一定的基础。“维新政府”的存在本身就挫败了蒋介石声称的国民党仍然在统治中国。所有的迹象表明，“自治会”成员的合作有助于日本
233 占领者消灭前政权和建立新政府。对他们指控的关键在于，其参与在多大程度上促使了新政权的建立。无论“维新政府”看上去如何假冒伪劣、不具有合法性，但它所做的事——从清理街道到控制走私，再到建立法庭审判罪犯——是所有政府都在从事的活动。参与合作的地方头面人物，确实有助于“维新政府”的建立，不管他们是否意识到这点。只要他们效忠于新政权，就意味着摒

弃了国民政府的合法性。只要他们所服务的占领政权有利于日本人的利益、有损于中国国家主权，就说明他们把抽象概念弃置一旁，而强调其所作所为是为满足当时的需求；或者说，如果他们不来填补这个空缺，其他人也会这么做。无论对中国政府还是日本帝国方面来说，他们的合作都至关重要。然而如果我们认真分析“自治会”、“县公署”从事的绝大多数社会活动，他们的行为与国家主权就没有多大关联了，因为国家主权是通过其他渠道来实现的，主要是通过军事力量来决定——也许日本占领的时间还不够长，不能使其基层政府服务于南京“中央政府”。占领政权的兴衰取决于日本人的军事力量，与“占领政府”基层行政人员发行良民证、重新编制乡村税收账目并不相干。

然而，也可以换个角度来思考这个问题。基层合作者成功实现了地方上的目标，他们与代表日本占领中国的“宣抚”人员、官员、商人以及研究人员一起完成了这个目标。合作者的行为维持了与日本人的关系，使占领政权能正常运行。这时，合作就不仅仅是完成了管理任务，同时也编织了合作的网络，日本占领者就是依赖这个网络留在中国。在最终的分析中，这两个方面都需要考虑到。

四

如果日本占领者能提供“一种可供选择的财富和权力的资源，这种财富和权力的资源如果不可忽略，就必须加以开发，以便保持传统的秩序或改善地方精英的社会地位”[10]，那么形势会朝有利于日本人的方向发展。这是罗纳德·鲁滨逊（Ronald Robinson）在描述英国如何将地方精英纳入其殖民事业时得出的结论。日本人受西方殖民征服的诱惑而入侵中国，但开战不久便在太平洋战
234 场上迅速败退，这使中国地方头面人物转而优先选择稳定而不是剧烈的变革。从这个观点出发，“宣抚”人员几乎无法将地方头面人物中潜在的同盟军拉到自己一边，通过他们的策划，来完成从入侵向“占领政府”的转变。“宣抚”人员只能利用有限的军事和经济资源，来整合合作者，无论他们在上海或南京起草的计划有多么宏大，却不能得到充足的“可供选择的财富和权力的资源”，使大多数有可能变为合作者的人坚信，要抓住日本人提供的机会，将其转化成可以利用的资本。而这正是鲁滨逊解释英国人如何能达到其目标的原因：利用较低的成本来达到殖民的目的。英国人在支付最初的军事费用（大多数转嫁给私人工商业者）后，只花费极低的成本，便创建了英国殖民统治，而且后来仅仅选择投资的方式。英帝国投资和提供的是永久性的、独占的、有利可图的全球性贸易路线。这条循环路线开始于英国，结束于英国。

无论“宣抚”人员的国家建设蓝图有多么宏伟庞大，他们现在所面临的形势都无法与一个世纪前的英国殖民官员相比。在贸易方面，日本人带给中国地方头面人物的机会比占领前更少。既然完成占领的成本很低，日本首要的兴趣就是强迫中国商业进入自己的垄断性贸易圈，而不是将中国经济纳入到更大的经济贸易网络。毕竟日本计划将中国、“满洲”、日本建成一个统一的流通区域。

考虑到合作者经常面临“经费”不足的问题，“宣抚班”不得不求助于另一要素——权力，即鲁滨逊两大要素的另外一个。

日本人能提供给合作者最好的东西是打开领导职位之门，在国民政府统治时期，这扇门不向这些合作者开放。日本人在建立南京“中央政府”和长江三角洲“县政权”时，都采用这一招。鲁滨逊指出“保持或改善地方精英的社会地位”是最好的方针，但日本人做得并不成功。只要新给予的权力有可能中途作废，那么大多数精英不会将合作看作是保持社会地位的明智选择。那些选择 235
不合作的人有可能保住了政治资本，有希望在战争结束后重新进场，获得政治权力。在国民政府时期职位不高的人选择稳住，希望改善他们的条件，积聚政治资本，如果日本一旦失败，就可以投资其他领域。最热心的，是那些在1937年前完全被拒之门外之人。他们从日本手里获得权力，改善而不仅仅是保持了他们原有的地位。

那些将自己的命运与“占领政府”绑在一起的人，所面临的最大麻烦是日本人无力给他们提供生存下去的最起码的资源和安全保障。1938年7月，当丹阳“宣抚班”班长将本县“自治分会”会长召集到一起时，便遭到后者强硬的抵制。其中一个会长进行了反驳，以实际行动给班长施加了压力。他说，他和其他会长前来和日本人合作，不料竟发现，“宣抚班”根本不给他们任何实质性的支持。会长们质疑：为什么乡村集镇没有驻军？为什么不建立盐务办事处来对付走私盐贩？（对游击队来说这是有利可图的生意，地方行政机构因此却遭到了巨大的损失。）“自治分会”什么时候才能得到更多的资金来支付他们工作的费用？为什么得不到丝毫的帮助来复兴乡村集镇的小学？为什么不给“分会”配置最起码的医疗设备来救治病人和伤者？为什么“宣抚班”不将贫困的人组织起来，修复被游击队毁坏的交通要道（这样也可以缓解失业的压力）？一个“占领政府”基层官员认为，这六个合情合理的具体建议能够改善基层行政机构的生存能力。而一个日军基层“特务机关”的官员所能做的只是指出，这是“目前形势”使然，只能以有限的资源应对众多的需求，并向会长们表示，这些建议将会在以后讨论。[11]日本人是不会为“占领政府”支付费用的。

于是地方合作者经常发现，他们不得不将自己想方设法获得的一切资源，来满足日本人的需求，但是，指望获得合作者支持的日本人，却不能给他们提供任何形式的回报。讨价还价的另一方（“宣抚”职员），只能从其主观信念上后退一步，强调日本人的历史使命是将文明和启蒙带给亚洲人民，将他们从民族主义、
236 共产主义以及白种人的殖民主义统治下解放出来。这种说辞对他们来说，一样也很难办到。当时担任“满铁”上海事务所主任的伊藤武熊对他们所承受的重压有所暗示。如在第二章提及，伊藤在招募这些人时曾在汇中饭店主持开幕式。在回忆录中，伊藤在“宣抚”工作简短概述的开始部分很奇怪地承认，实地工作的“宣抚”人员“总体而言，对中国人做了不道德的事情”。然而伊藤的机构当时编写的各种报告中，找不到一丝一毫这种不道德之事。第四章提到的人员调动也许能说明一些职员没按照规定行事，尽管现有的资料认为他们是能力不够，而不是行为不当。或许伊藤有意利用小道消息，便于将自己与由其主导的、在上海实施的帝国计划拉开距离。在“宣抚”工作概述的最后，他又自相矛盾地肯定起“宣抚”人员来：“他们大多数人为其管理区域的居民服

务，与军队协商，分配食品，且尽可能地认真负责各项任务，做到了一个好政府所能做到的一切。”然而他又一次试图与“宣抚”工作拉开距离，他以漫不经心的态度来结束评论：“他们也是在军队庇护下，到处耀武扬威。”[12]这种现象有时确实会发生，尤其是那些野心勃勃、突然被派去当一个县的老板的下层小职员；而另外一些人的水平和能力可能远远落后于人们对他们的期望。另一方面，伊藤轻松地为自己开脱罪责，将“宣抚”职员犯下的错误推脱给军队，这样就为“满铁”和他自己套上了一层无罪的光环。

此外，值得注意的是，在“宣抚”工作概述的结尾处，伊藤对“宣抚”人员做了另一番评价：“一些有良心的‘宣抚’人员不能忍受这样的工作，一个接一个地离开了岗位，结果，在‘清乡’时期，他们一个也没有留下。”他认为“宣抚”人员为工作付出了代价，那些必须从事“宣抚”工作的人好像不能容忍这项任务。这非常令人惊讶，出人意料！那些志愿从事“宣抚”工作的人，为完成分派给他们的任务，遭受了事业上甚至情感上的伤害。他们发现自己与一群腐败、自私自利、令他们鄙视的家伙一起工作（一个“宣抚”人员在工作日志中这样描述地方“自治会”会长：“完全缺乏管理才能，完全没有任何能力和才干”[13]）；他们意识到，从基层社会建立完美政权的梦想破灭了，这项工作变成了拙劣的模仿。

然而，八年沦陷时期对这一政权的合法性造成的损害远不止 237
于此。更重要的是，这八年，败坏了传统地方精英的声誉，且质疑了他们作为现代国家基层行政人员的能力。县一级的精英在民国时期已经历了一次转化，迫切渴望控制新市政机关（这是共和主义者所引进的）的实业家和商人排挤了旧乡绅。杜赞奇在研究战前华北精英时指出，在县和乡村，政府赢利型经纪人“开始追逐实利，经常不惜牺牲村庄的利益”。保护“社区”的说法常常误导读者，因为中国社会的精英，与其他任何地方的精英一样，常常装腔作势服务于地方社会（涂尔干所称的团结社会——即使这种社会根本不存在）。但民国时期国家政权建设的新压力，社会汲取率的迅速增长，这就要求有能力的、负责任的政治精英来应对向现代国家政权的转型。然而这一切几乎还未准备就绪。这就导致了杜赞奇所说的国家政权内卷化，即“与政权正式结构相伴随的是非正式结构的出现，比如赢利型经纪人”。依赖于非正式结构，需要付出一定的代价，因为“尽管正式结构依赖于非正式结构行使众多的职能，但是却并不能控制它。因为国家政权是以内卷化的方式发展，在基层社会，非正式群体变成了无法控制的力量，并代替了传统地方政府的管理”。[14]

在华中地区，国民党与地方政治精英的联系比北方更为紧密，且比较成功地将他们带入现代国家政权。但是日本人的入侵中断了国民政府成功吸纳地方精英实现国家政权目标的进程。“占领政府”更是自上而下建立与县、乡村的关系，较少与基层领袖联系，且很少为基层领导人物提供资源。最终导致的结果是，“占领政府”比国民政府统治时期更进一步推动了内卷化的过程，依赖于临时性的机制来填补甚至完全取代正式的行政机构。“维持会”就是这种替代的活生生的例子。对此，杜赞奇研究中国北方得出的结论，同样也很好地适用于华中地区：“尽管日本占领者采取一些合理化措施，但这些强制性的措施只有通过那些赢利型经纪人才能付诸实施。”[15]然而这还没有完全反映沦陷时期所发生的事情，因为在长江三角洲地区，卷入到政治的赢利型经纪人是“临时性 238
的和无能力的人”，一个“宣抚”职员在报告中很沮丧地指出。[16]这些人恰恰是年轻的“宣抚”职员不愿意与之共事却又无法逃避之人。

“宣抚”人员将政权“内卷化”看作是一个不幸的权宜之计，一个要迅速过渡到新秩序的临时阶段。占领初期日军所依赖的各种各样内卷化应急措施被“自治会”所代替，接着“县公署”又取代了“自治会”。我研究的这些案例表明，“宣抚”职员所在的各个县，几乎从未逃脱内卷化的引力。虽然新的“县知事”比“维持会”或“自治会”会长强，可他们的能力一般均落后于其前辈——国民政府时期的县长。1943年，一位被遣返回国的美国人，如此刻画他所认识的、为“占领政府”工作的人：他们“不是某个特定的阶层，而是机会主义者、保守分子，以及那些因这样那样缘故失意于蒋介石政权的人”。[17]特务部官员们清楚地意识到这种形势及他们的可靠性问题。一个被派到山东做“宣抚”工作的官员抱怨道：“如果我们仅仅在征服区找个清朝遗老，将县政权交给70岁以上的‘县知事’，那么我认为我们所从事的政治，与蒋介石时期的政治相比，至少落后50年。”使“占领政府”生存下去的唯一希望是“比国民党再向前迈一步，用新的精神作为政治的思想基础”。“宣抚”工作正是在这个方面失败了。具有创新意识的国民党党员没来合作。那些被“特务部”安排出任领导的人，要么是品质极差的旧领袖，要么是没有创新思想的新来者，“占领政府”没有社会和文化网络使老一辈起作用，或使新一代合法化。那位山东“宣抚”职员毫不留情地批评试图前来获取权力的人。他说，在107个县，“没有一个人可以做‘县知事’，绝对没有”，“行政权力没能跟上”军事力量，但是如果一场征服要变成一个政府，这些都是必须的。然而，“据说，人们还是成群结队前来，且不惜一切代价，争夺职位”。[18]

239 日本人希望，随着时间的推移，“占领政府”会累积一些权威。然而，它在基层社会普遍执行的高压政治，且无力与在野地方头面人物结盟，侵蚀了这种权威。这种侵蚀作用大大帮助了共产党，使其在战后获得了基层社会的统治权。[19]当比外国军事占领更长远的政治力量走上舞台时，地方遗老的合法性和政治活力无论如何都会走向消亡。军事占领确实加快了这一进程，它消除了那些留下来的甚至没有参与合作的地方头面人物的合法性权威，这导致战后归来的国民党政府失去了与地方权力的联系。最终取得胜利的是共产党政府，共产党没有借助于地方头面人物的威信，而是依靠严密的纪律、自上而下绝对服从的政策，以及足够的力量。一旦内战的应急措施让位于常规化的政治控制，共产党便能取而代之。合作者为这一结局起了推波助澜的作用。

结论：消失的四类历史真相

在本书第一章，我希望读者想象，日本占领中国的历史也是 240
一部“合作”的历史，尽管迄今为止人们只讲述抵抗的故事，但历史确实是这样的。当日军向长江三角洲地区进犯时，一些中国人在抵抗，更多的人逃离，大多数人留在原地，设法应付所处的环境。一些人愿意积极与新政权合作——不是很多，但足够了，即使他们感到很恐惧。“特务部”职员在接下来的七年半时间里，总能找到充足的人员前来合作，支撑行政机构的运作。

我也希望读者有心理准备接受这样的事实，在通常情况下，留下来的人在通敌和抵抗的选择上，界限并不是那么清晰。我建议，如果我们向下看那些模糊不清的灌木丛，而不是向上看熟悉的通敌或抵抗的大树，我们更有可能理解与日本人一起工作的中国人。我使用“模糊不清”一词，并不是怀疑一些人通敌和一些人抵抗的事实，而是质疑对历史已有的、曾一度似乎是真相的解释。

让我们从最严格意义上的通敌行为开始，来观察通敌行为距离大多数人长期持有的中间位置有多远。例如，在南京，一些中国人帮助日本军官识别试图隐藏于难民队伍里的战败的中国士兵。这看起来确实是通敌行为中最坏的那种。虽然这种行为的结果很明确，但是，那些结果之外的意图是什么？还有没有其他结
241 果呢？这或许出乎我们的意料。例如，如果这样做的目的是限制不分青红皂白地乱杀普通的百姓，这难道不能看作是保护非战斗人员免遭肆意的袭击，以及迫使占领者回归到有矩可循的秩序中，从而保证被占领者的安全吗？我们可以将这种逻辑转移到另一部分人，他们也没有努力保护战败士兵。建立南京安全区看起来是明确的抵抗行为，然而，你难道不认为，将大量人口组织安置到一起，受到日本人的密切监视，会暴露战败士兵，使他们容易被发现而遭枪决吗？国际委员会的德国人和美国人，他们没有一个打算通敌，其中大多数人因为代表南京市民作了非凡的努力，而自身却遭受了极大的痛苦，他们有罪吗？吉米·王，那位南京本地人，给难民提供食物，帮日本人征募妓女，我们又如何评论他模棱两可的行为呢？提供食物是抵抗行为还是帮助占领者建立秩序？征募妓女是与日本人合作还是保护大多数妇女免遭日本兵的性侵犯？如果吉米·王的动机不是帮助或阻止日本人，而是利用这些意想不到的机会来发财致富，那将改变我们对他的评价吗？

意图的模糊性仅仅是问题的一半。还有一半是不可知的结局，这也非常模糊不清。一个行动在执行时可能是十足地道的通敌或抵抗行为，但当我们放宽历史的视界，将故事放到此行为的杂乱无章、不一而足的结局中，于是，矛盾浮出，使画面布满泥泞。引爆地雷炸毁满满一火车的日本兵，正如1940年崇明岛上的游击队所做的那样，固然是一种抵抗行为。但当这种抵抗行为导

致了附近100多个村庄的村民惨遭日本人的屠杀，这个报复行为对游击队袭击的评价会不会产生影响？抵抗的正义性是否如此的伟大，以致报复性的暴力行为无足轻重（这本来应由抵抗行为来负责的），只将它当作在军事行动中，民众不可避免要遭到生命财产的损失吗？或者，这种结果会不会将这种形式的抵抗转变成与残暴的占领政权的合作？因为，它给日军提供了借口，不需要辩解或遮遮掩掩，就可以进行大规模的暴力行为，民众在无法抗拒的暴力面前往往会屈服的。将崇明的袭击行动（这是一个恐怖行为，它成功地牵制了日军，并揭露了日本占领者声称的一切都在掌控中的谎言）阐释为爱国主义行为，这种阐释在大多数民众的心中 242
根深蒂固，以至于从抵抗的结果中颠倒了事件本身的意义。然而民众的这种态度是以100多个村民的生命为代价的。

我们如何解释这场战争或所有战争中的每一桩事件，都取决于我们对“通敌”和“抵抗”两词的理解。由于“通敌”这个概念远远早于对真人行为（或预期行为）的了解，在还没有研究“通敌”行为之前，研究者脑子里已经有了“通敌者”的形象，很少有其他历史问题面临着这样一个困境。在这本书里，我的目标有二，其一，“合作”本应该成为20世纪中国历史研究的主要课题，但一些评判阻止了对它的研究，本文将提供继续研究下去的理由；其二，当我们在做历史研究时，应该追问这些被悬置起来的评判，本文在这方面做了一些尝试。让我们来关注在书写战时中国历史时不被重视、受到阻止的四种评判吧。

第一种评判是民族主义层面的。大多数中国人由于爱国，在战争期间不与日本人合作，而那些为数极少的通敌者就是怯懦、有罪和堕落。这种想法一点也不难理解。抵制日本人是被塑造的神话之一。它标志着当时中国被打败之外的某种上升的力量。它使中国人能摆脱软弱的名声，这是一个世纪以来，中国遭遇国际势力时得到的评价。它能达到赞美中国人举国团结一致的目的，这种团结是自从1911年辛亥革命和1919年“五四”运动昙花一现的统一以来绝无仅有的。鉴于抵抗所承载的国家尊严是如此有分量，那么大多数中国人自然发现通敌是难以接受的，除了勉强承认少数几个被诱惑的罪恶分子外。然而，战后其他民族都不得不接受在抵抗的同时确实存在着合作，而且努力关注这个悖论。中国人仍继续面临着这个挑战。当你代表国家言说时，历史总是站在你的一边。当你让话语决定叙述时，“真相随着历史消失了”[1]。

第二种干扰合作史研究的评判是政治层面的，通常是作为第一个层面的后果。通敌和抵抗不是由外部力量决定的，而是取决于内部政治派别之间的斗争，取决于某人对国家的忠诚，其他因素都不起作用。战时法国占领区的历史，这种斗争被称为“法国人对法国人的战争”（la guerre franco-francaise）[2]。这种解释通敌的方式，将对勾结德国外部入侵者的维希政府及其支持者的指
243 责，转向了促进本国人民反民主者的权利。将占领解释为内战便是接受了通敌的存在，但这种解释使原因和结果都本土化了——在一些情况下，这种解释挽救了维希政府，在另一些情况使其坠入深渊，因为它的政治反响。我们也可以类似的方法来思考沦陷时期的中国，将此看作中国人之间在外国势力占领的背景下进行的一场战争。类似思考最重要的结果是中国政治的未来完全是国内的事。但这种类比可能有问题。至少到1942年，维希政权还是

一个地地道道的法国人的政权，它既不是德国建立的，也不是德国的傀儡。它从事的确实是一种与众不同的政治，有意识地致力于回归第三共和国时期的政策和理想，恢复早期的想象中的民族精神：抵抗是左的，合作是右的。战时中国却大不相同，国民党和共产党都有抗日政权。他们既不屈服于日本人，也将与日本的战斗作为主要任务，而把他们之间的内战放在一边。他们指责日本支持的北京和南京等地的各种各样的通敌政权极端保守、落后，没有一个是自己建立起来的，也没有一个像政府一样有自主权。当然中日战争期间只能勉强称得上是中国的本土战争，尽管前者一结束，中国内战就如火如荼地爆发了。后来，国共两党的政权都相互指控对方“发起内战”，比抗日战争花费了更多的精力，而且每个政权都丑化对方的抗战经历是肮脏、妥协、自私自利的，美化自己的抗日事迹是为民族、为国家、为人民而战。[3]这种互相非难会分散我们研究合作史中重要的方面。

这些民族主义和派系斗争的评判深深嵌入到中国历史的书写中，我现在加入第三种评判，这在中外战争史的编写中已稳稳站住了脚跟。我称之为人道主义评判。这种评判认为战争是浪费资源、毫无意义的暴力行为，批评通敌者是助纣为虐，助长了战争规模的扩大。民族主义和派系政治的评判，激发人们对战争的记忆，目的是巩固民族认同，强化政治效忠。而人道主义评判提醒人们，从1945年到今天，在这几十年的多事之秋中，有无数的革命、战争、屠杀，我们已允许自己忘却了这场战争。战后的众多灾难激励很多人去讨论，第二次世界大战的暴力是一种信号事件，之后的各种灾难不是与其毫无关系的。“二战”的历史不是结束于

244 1945年，我们仍然在偿还这一高昂的道德债务。因此，伴随着现代化、民主化、权利意识（这是现代史的主要特点）等标准化的叙述，连续不断的暴行史总在拙劣地上演着。通敌者必须承担部分责任。

南京大屠杀是这些标志事件之一。有人这样解释大屠杀发生的原因：试图降低南京的地位、战争神经质在作怪或者日军的供给不足。而我的研究表明，松井石根的军队在更东边的战场上已给当地居民带来了巨大的灾难，日本兵在南京的掠夺只不过是延续了早期的行为。从这个方面来说，合作者是暴行的共谋者，而且其无法树立较好的屏障来抵制这种指控。人道主义评判对法国维希政权产生了强有力的冲击：合作者并未庇护本国民众，而是放弃犹太人任由纳粹屠杀。将大屠杀与合作者连接起来，促进了1980年代对维希政府的研究，正如1990年代对南京大屠杀的政治鼓动给这一事件带来了新的知识和认识一样。然而，将暴行与合作之间随意地连接起来，还不如让它来承载道德责任更可靠。[4]暴行委员会对合作者来说确实意义非同寻常，它提高了那些将与占领者一起工作看作是有利的、有用的或者必要的人的赌注，它还通过制造占领者和不情愿附和其计划的人之间的普遍矛盾，来影响合作者的生存能力。但这些反应是在特殊时刻、极端行为中得出的，不能作为衡量在何种实际情况中合作行为可能发生的标准，亦不能衡量合作在其他时间里（较少暴力行为的时刻）所付出的代价。人道主义评判的出现是对战争的非正义性的自然反应，但它无法提供合作者的历史，而是只提供一次机会，让我们再次想象并认可我们已有的谁对谁错的评断。

下面介绍第四种评判通敌的方式，以解释合作为幌子，我宽泛地称之为道德评判。其他三种方式也从未远离过道德指控，所有这些方式都声称道德是他们反对合作行为的基础。我选择将道 245
德评判标记为一个截然不同的解释类别，是因为与其他三种方式易于解构的特点相比，它具有较强的弹力。民族主义、政治派性和人道主义可以被降低为代表某些特殊的利益，正如我刚才所做的那样，这三种方式可能会作为评估合作的不充分理由而被肢解。虽然如此，在那些远离这些主张和利益的人的思想中，不考虑合作道德因素的价值观仍然很活跃，表现为将坚定置于投降之上、荣誉置于权宜之上、忠诚置于私利之上。在第一章里，我略微谈到我们承认通敌者可能天生具有不道德的品质。在那一章里，逖慕·罗斯考拉（Teemu Ruskola）的著作对东方风俗习惯的分析影响了我们对中国法律的理解，我注意到借用“通敌”一词就卷入到了道德领域，既然这样，反之亦成立：某人坚持道德义务，在战争期间，就不会与占领者勾结。就任何一个国家或共同体而言，这种主观主义都是普遍存在的。然而制造这种东西不是历史工作者的任务，而是宣传家的事。宣传的目的是建立和验证罗斯考拉描述的“规范化的社会制度已预设了道德准则，并事无巨细地规定了在此准则指导下的正确的行为”。历史研究者不能塑造道德准则，也不能制造道德知识。历史研究者的任务不是提出错误的观点来抨击过去的历史参与者或现在的读者，而是调查在某时某地产生道德准则的标准和条件以便进行研究。追问为什么一些中国人选择与日本人一起工作是历史研究的课题，但是探寻那时的合作为什么对人们具有意义可能更为重要。

1937至1938年冬季，人们做出了各种各样的选择，合作只是其中的一种，对其价值的评判不在于争辩它比其他选择好还是坏。我们要认识到，当时的人们必须做出一种选择，他们也做出了选择，而且是个人通过深思熟虑、精心权衡他们当时的利益得失后而做出的选择，在其行为意义被充分认识之前就做出了选择。毫无疑问，其中许多人的选择具有贪财的心理，也具有较坏的影响，史学工作者不是没有资格记载这些贪财的行为或追踪这些选择所导致的损失，并断言这些损失是他们带来的。我发现自己不可能
246 不讨厌书中出现的一些人物的性格，建议读者完全抛开个人的好恶是滑稽可笑的，也是不现实的，尤其是当合作的结果与其在南京所发生的一样时。但是史学工作者也有责任记载所有无贪财动机以及没带来破坏性后果的合作行为。换言之，史学工作者有责任去挖掘浅层次阅读中一些由于文化所确立的道德准则（这些准则可能是当时的，也可能是现在的）而可能被忽略的模棱两可的东西。

当时最易遭到道德评判的是受过教育的地方头面人物，人们期望他们服务于国民政府，并期望他们从某种程度上具有普通人所没有的责任。对他们做出正确选择的要求提高了，因为他们能支付穷人无法承担的逃离占领区的费用，所以也比较容易做出正确选择。受过教育的人比较容易去上海的公共租界避难，或逃到远离战争的四川或云南。受过教育的人离去后，留下了几乎没有享受过特权（比如受教育权）的群体，来面对掠夺成性的占领军、不同政治派别的抗日势力以及整个冬季都缺衣少食、无处藏身的难民，来修复被占领后的经济和重组国家行政机构。是否通敌涉

及个人在面对战争的威胁时所具备的心理成熟程度，个人在面对由于权力带来的意外收获时的贪婪程度，或者个人在面对其他权力竞争者时的应变能力。不认真考察当时的实际情况，而是不分青红皂白地去谴责这些人贪婪和叛国，是再造他们被迫通敌的政治土壤：假定每个人都进行了抵抗，将抗战剧演成了传奇剧。[5]

与通常的假设相反，相对而言，普通民众似乎对抵抗和通敌的道德要求不怎么关心。在张怿伯为抵抗而呐喊与合作者提倡顺从之间，在那些“不惜一切代价，争夺职位”的头面人物与那些冒着生命危险破坏“占领政府”的人之间，我们发现普通民众并不积极参与其间。在社会的底层，大部分人参与“占领政府”，如亨瑞克·德斯来夫森描述的那样，“在占领当局的监督和施压下，继续行使权力”，他们要继续生活，要努力挣到足够的钱养家糊口，要缴纳无法逃避的税款，要让孩子在他们不能控制课程的学校里上学读书，要在不由他们建立或赞成的政府机构里工作和生活。加拿大医生、传教士罗伯特·麦克卢尔（Robert McClure） 247
1938年在河南写道，无论哪个政治党派在该省执政，他所知道的农民都“习惯于被征服”，“对已习惯于政府这种治理方法的人而言，日本人‘夺取’政权没什么值得害怕的”。这些人只想继续过他们的生活。他又加了一句：“应当假定日本人也意识到这种情况。”[6]实际上也确实如此。“满铁”研究人员在中国北方农村做调查时发现，村民对国民党和日本人一样不感兴趣，对合作者亦然。[7]所有这些都是必须适应的外来者，也仅限于此。日本人很容易发现这一点，它使“占领政府”似乎可以成为这些民众的政府，无所谓好坏，而且不需要为这种只顾自己不顾他人的统治作任何道歉，就取得了合法性和代表公众的资格。[8]

张怿伯担心的是，无论人们多么不喜欢他们所处的环境，但还是易于接受这种现状。他知道一些人认为所有的政府都是“一丘之貉”，而且不只是农民有这种看法，城里人更易接受这样的观点，有人甚至改变措辞，用“都能胜任”这一词，支持不压迫他们的任何政权。他评论说：“未受敌人蹂躏的地方的同胞们，切莫以为敌人入境，不过是统治的变更，还可安居乐业，照常享受。”这种投降的观点将使人们的生活没有多大变动，张怿伯认为这简直就是“做梦”。[9]张怿伯愤怒地警告道，屈服于日本的统治，代价是高昂的。但他也有很恐惧的东西，那就是时间。时间能彻底改变一切，比如将稀奇古怪之物改变为司空见惯的东西，将零星侵扰改变为日常控制，将征服看成是下一个政权。时间能不动声色地让人们认为屈服于军事统治是一种错觉，而且时间也能使抵抗看上去是一种错觉。后见之明者向我们灌输，时间有利于抵抗派。抵抗派可以等到日本支配整个东亚和太平洋地区的野心破灭，也可以等到日本的军事力量在亚洲大陆的慢慢枯竭，而且确信，不管将来谁爬上国家领导人的地位，日本傀儡都将最终倒台。但这种情形在当时还不十分明朗，虽然没多久就确凿无疑了。

248 时间不利于合作者。“自治会”成员的高更换率表明，大多数人在“占领政府”里找一份工作比他们预期的要艰难得多。一些人能为自己在“占领政府”的官僚机构里找到一个合适的、舒舒服服的职位，一些人因参与“占领政府”而保护了自己的生意和家庭的利益。[10]更多的人，弄不懂战时政治的复杂性，不愿意站在入侵者的一边，当有一个更吸引人的选择出现时，他们就退出了，或者被迫退出。关于这方面的所有研究都表明，通敌者在抗日政权和占领政权两边都表现为政治上不可靠，道德上畏畏缩缩。对占领者而言，成功很大程度上只是表面的，成本在不断地增长，抵抗力量在不断毁坏新政权的所有基础设施。对被占领者而言，代价也极其高昂，合作者之间的勾结和竞争阻碍了一个政权合法化所必须经历的政治过程。在这种情况下，合作是一种失策的选择。

无论合作的原因多么复杂，与英勇的抵抗者以及设想的畏缩的通敌者相比，现实里的合作在效果上更模棱两可，在运作中更困难。模棱两可不意味着令人费解、无法解释，困难也不意味着合作对占领当局毫无贡献。模棱两可和困难意味着我们不能根据我们强加的道德要求来推断处于仓促条件下人们行动的原因，亦不能仅仅根据参与者不能预测的结果来评估他们的行为。让历史行动远离被民族主义情绪束缚的假想，或者远离使其老掉牙的道德预设，使事件退回到无法预料的不确定状态。占领之初，谁能知道“占领政府”是在日本失败一天后倒台还是四年后崩溃？谁能知道它将被共产党政权所取代？谁能知道地方头面人物与日本人、国民党、共产党哪个派别的合作代价更高？

注　释

第一章

1 Gerhard Hirschfeld, and Patrick Marsh eds., *Collaboration in France: Politics and Culture during the Nazi Occupation 1940—1944*, introduction p. 2, Oxford: Berg, 1989.

2 Henrik Dethlefsen, "Denmark and the German Occupation: Cooperation, Negotiation, or Collaboration? " *Scandinavian Journal of History*, 15: 3（1990）, pp. 198—199.

3 Teemu Ruskola, "Legal Orientalism" , *Michigan Law Review*, 101: 1（October 2002）, p. 225.

4 Rebecca West, *The Meaning of Treason*. 1949, 1965, 1982, London: Phoenix Press, 2000, p. 102.

5 Ibid, pp. 94, 114.

6 关于战后法国抵制的神化，见Henry Rousso, *The Vichy Syndrome: History and Memory in France Since 1944*, trans. Arthur Godlhammer, Cambridge, Mass.: Harvard University Press, 1991; Alan Morris, *Collaboration and Resistance Reviewed: Writers and the Mode Rétro in Post-*

Gaullist France, New York: Berg, 1992; and Éric Conan and Henry Rousso, *Vichy: An Ever-Present Past*, trans. Nathan Bracher. Hanover, NH: University Press of New England, 1998.

7 “浦西同人会的信”（1939年1月14日），上海市档案馆藏，卷号R18—1—126。（本书英文版的注释为R18—126，上海档案馆已经重新编号为R18—1—126。由于种种原因，这段文字的大部分内容是译者根据英文内容翻译的。——译注）

8 “日伪上海特别市政府关于青年团应协助中国文化服务站工作的训令及有关该团宣教资料”，上海市档案馆藏，卷号R18—1—689。（本书英文版的注释为R18—689，上海档案馆已经重新编号为R18—1—689。——译注）

9 〔日〕加藤幸藏:《从事宣抚工作之回顾》,《南京新报》, 1939年7月第2号、3号。

10 关于“通敌”，参考Stanley Hoffman, *Decline or Renewal: France since the 1930s*, New York: Viking, 1974, p. 27.

11 “Hitler’s willing executioners”是一本富有争议性著作的书名，在这本书里，丹尼尔·戈德哈根（Daniel Goldhagen）指出对大屠杀应负的道德责任不应该落到少数德国人的头上，而应该让全体德国人来承担，“不是经济困难，不是极权主义国家的强制手段，不是社会心理压力，不是永恒的心理倾向，而是在德国普遍地对犹太人的观念，而且是有几十年历史的观念，导致了普通的德国人有系统地、毫无同情心地屠杀成千上万手无寸铁、毫无防御能力的犹太民族的男女老少”。（p. 9）战争期间，普通人的共谋是一个难以捉摸和敏感的话题。（Daniel Jonah Goldhagen, *Hitlet’s Willing Executioners: Ordinary Germans and the Holocaust*, New York: Alfred Knopf, 1998.）

12 Michael Marrus and Robert Paxton, *Vichy France and the Jews*, New York: Basic Books, 1983, Reprint, Stanford: Stanford University Press, 1997, p. xii.

13 张怿伯:《镇江沦陷记》（1938年），人民出版社1999年重印版，第4页。

14 同上书，第44页。

15 Timothy Brook, "Collaborationist Nationalism in Occupied Wartime China, " in *Nation Work: Asian Elites and National Identities*, coedited with Andre Schmid, pp. 159—190, Ann Arbor: University of Michigan Press, 2000, p. 183.

16 "日伪上海特别市政府关于青年团应协助中国文化服务站工作的训令及有关该团宣教资料"，上海市档案馆藏，卷号R18—1—689。（本书英文版的注释为R18—689，上海档案馆已经重新编号为R18—1—689。——译注）

17 张怿伯：《镇江沦陷记》，第42页。

18 同上书，第26页。

19 同上书，第72、74页。

20 同上书，第47页。

21 伤亡的性别比来自于南京地方法院于1946年4月编制的数据，见中国第二历史档案馆等编：《侵华日军南京大屠杀档案》，江苏古籍出版社1987年版，第524页；1946年11月4日提交给东京法庭时，总数从295, 525 人降到250, 800人，参见同书，第553页。

22 南京市政公署秘书处编：《南京市政概况1938年》，宜春阁印书馆1939年版，第15页，斯坦福大学图书馆藏。

23 Hanna Diamond, *Women and the Second World War in France, 1939—1948: Choices and Constraints*, Harlow: Longman, 1999, pp. 16, 75, 96.

24 Hua-ling Hu, *American Goddess at the Rape of Nanking, The Courage of Minnie Vautrin*, Carbondale: Southern Illinois University Press, 2000, pp. 112—114.

25 李植中的回忆录附加在张怿伯的《镇江沦陷记》一书后，第93—94页。

26 Roderick Kedward, *Vichy France and Resistance: Culture and Ideology*, London: Croom Helm, 1985, p. 5.

27 在早期阶段，不是没有倡导者，参考Poshek Fu, *Resistance, Passivity, and Collaboration, Intellectual Choices in Occupied Shanghai, 1937—1945*, Stanford: Stanford University Press, 1993; Rana Mitter, *The Manchurian Myth: Nationalism, Resistance, and Collaboration in Modern China*, Berkeley: University of California Press, 2000。

第二章

1 此解释参见Amleto Vespa, *Secret Agent of Japan*, Introductory note by H. J. Timperley, Boston: Little, Brown, 1938, Reprint, Garden City, NY: Garden City Publishing, 1941, p. 50。

2 Timothy Brook, "Collaborationist Nationalism in Occupied Wartime China" , in *Nation Work: Asian Elites and National Identities*, coedited with Andre Schmid, pp. 159—190; Ann Arbor: University of Michigan Press, 2000. p. 86—87.

3 〔日〕冈田酉次：《中日战争的内部报告》，（东京）东洋经济新闻社1974年版，第109—110页。

4 〔日〕臼井胜美编：《中日战争》（Usui Katsumi, ed. *Nit-Chu senso*）第五卷，收在《近代史资料》（*Gendaishi shiryo*）第13卷，（东京）美玲书房1966年版，第145页。

5 东亚同文协会：《新中国目前形势观察》，（东京）东亚同文协会1938年版，第649页。总结了日本人对"华中"的理解。关于"华北"的定义见第337页。

6 有关第一批"宣抚班"到达的信息来自"满铁"1月4日的报告，〔日〕井上久士主编：《华中宣抚工作资料》资料4，不二出版1989年版，题目为"满铁派遣中支'宣抚班'工作状况"。

7 Itō Takeo, *Life along the South Manchurian Railway: The Memoirs of Ito Takeo*, trans. Joshua A. Fogel, Armonk, NY: M. E. Sharpe, 1988, pp. 3—4.

8 对"特务部"流行看法是其盖世太保形象，这部分来自于"上海市警察局"的歪曲报道，而这影响了部分学者的解释，例如，魏斐德的《上海歹土：战时恐怖主义与城市犯罪，1937—1941》；日本宪兵队可怕的形象在一些回忆录中也有体现，比如在*Captive in Shanghai*（Hong Kong: Oxford University Press, 1990）一书中，休·科勒（Hugh Collar）指出，当治安出现问题时，"特务部"通常与宪兵队保持密切的联系。在《上海歹土》中魏斐德说，在上海沪西，“特务部”和宪兵队同在极司菲尔路94号的一幢大楼里办公，因此，有足够的理由认为这两个分离的机构是一套班子。“上海市警察局”在回顾1938年的治安状况时指出，那时一个叫樱井的先生领导“宣抚”工作，其与宪兵队在追踪抗日分子及其组织以及中国官员的财产等事宜上紧密合作，在这个组织里，日本人雇用了大量的中国底层人员，帮助他们从事秘密活动；参见《沪西形势报告》，1939年1月30日，Shanghai Municipal Police Special Branch Files, Library of Congress, Files9114（c）。这个理由看上去很具有吸引力，但却很不明确。

9　关于特务部中对中国表示同情的官员，参见〔日〕犬养健：《长江依旧在流动》，第125—129页。

10　伊藤对宣抚班的评论参见Itō Takeo, *Life along the South Manchurian Railway: The Memoirs of Ito Takeo*, trans. Joshua A. Fogel, Armonk, NY: M. E. Sharpe, 1988, pp. 178—179。

11　宣抚班250个职员的数字来源于〔日〕井上久士：《华中宣抚工作资料》资料10，不二出版1989年版，第48页。

12　〔日〕井上久士主编：《华中宣抚工作资料》资料10。“安居乐业”也出现在日本人其他的一些计划书中，比如《治安与宣抚纲要》，SDF, File S14—21（110），20#。

13　同上。

14　对“特务部”和“宣抚班”职员任务的最初描述来自于中支派遣军手册，《治安与宣抚纲要》，SDF, File S14—21（110），20#。

15　〔日〕井上久士主编：《华中宣抚工作资料》资料2。关于宣抚工作的描述参见第51页。

16　〔日〕井上久士主编：《华中宣抚工作资料》资料1。

17　张怿伯：《镇江沦陷记》，第37页。

18　Rana Mitter, *The Manchurian Myth. Nationalism, Resistance, and Collaboration in Modern China*, Berkeley: University of California Press, 2000, p. 91; 参见Prasenjit Duara, *Transnationalism and the Predicament of Sovereignty: China. 1900—1945*, American Historical Review 102: 4（October 1997）: 1030—51. 日本确实在华北建立“新民

会”，在华中建立了“大民会”，但它只是想避免“满洲国”的先例，因此似乎不应该看成另一个协调结构。

19 加藤幸藏在其回忆录的第一部分描述了他开始几天的“宣抚”工作。见〔日〕加藤幸藏：《从事宣抚工作之回顾》，《南京新报》，1937年7月第2号。

20 Kimura Hisao: *Japanese Agent in Tibet: My Ten Years of Travel in Disguise*, London: Serindia, 1990, pp. 2—3，5，223.

21 〔日〕冈田酉次：《中日战争的内在原因》，第115页。

22 《日军占领区维持和平执行纲要》，藏日本自卫队档案馆，卷号S13—10。

23 Philippe Burrin, *France under the Germans: Collaboration and Compromise*, New York: New Press, 1990, p. 1.

24 British Consulate General (Shanghai), “China Summary, ” 1938—1941, Copy in NAC Record Group 0045, File 40c. para. 26.

25 关于北京较早期的“维持会”情况，参见David Strand, *Rickshaw Beijing: City People and Politics in the 1920s,* Berkeley: University of California Press, 1989, pp. 203—218；关于满洲占领时的情况，参见Rana Mitter, *The Manchurian Myth: Nationalism, Resistance, and Collaboration in Modern China*, Berkeley: University of California Press, 2000, pp. 80—83。

26 “中支派遣军总司令部”：《未来政治战略总纲要》，1937年12月4日，藏自卫队档案馆：支那：支那事件：卷号513—4（113），#119。

27 日军对维持会的资助在“南满铁道株式会社”编纂的出版物中。《日本人的精神全面绽放》第27页提过。北京和天津“维持会”的建立参考东亚同文协会编：《新中国目前形势观察》，（东京）Toa dobunkai, 1938年版，第399—400页。

28 《日伪上海市大道政府关于取消维持会机关的文件》，上海市档案馆藏，卷号R1—1—154：“十三日会议记录”、“要求事项”。

29 高桥所发生的由于语言障碍而引起的误解，参见《日伪上海市大道政府关于报告日军经过情形的文件》，上海市档案馆藏，卷号R1—1—103。

30 明朝开国皇帝朱元璋在1385年的第三个《大告》的前言中使用过“良民”一词，在*War without Mercy: Race and Power in the Pacific War*（London: Faber and Faber, 1980）一书中，约翰·道尔（John Dower）指出：“古代一些文本被人们肆意拿来作为当代的宣传品，这说明幸存下来的传统和土著智慧是纯洁清白的。”

31 参见梅·沃茨（May Watts）1939年9月写给L. A. 狄克逊（L. A. Dixon）的信，收藏在加拿大国教图书馆，ACC，MSCC，Series3—3, Leonars A, Dixion Files, China-Reference Files, G. S. 75—103, Box 79, File 1。

32 关于北洋时期的“自治”，参考亨瑞特（Henriot）:《上海1927—1937》，第35—36页。日本人在东北也使用这一名词，参见Rana Mitter, *The Manchurian Myth: Nationalism, Resistance, and Collaboration in Modern China*, Berkeley: University of California Press, 2000, pp. 109—110。

33 关于日本人在满洲相对成功的征召过程，参见Rana Mitter, *The Manchurian Myth: Nationalism, Resistance, and Collaboration in Modern China*, p. 108。在东北，日本人一个很大的不同点，是他们能依赖以前的地方代理人，这使日本人能较好说服地方精英为维持本地的秩序担负一定的责任。

34 这封信是由乔治·安德鲁（George Andrew）写给坎农·歌德（Cannon Gould）（1938年6月20日），ACC，MSCC, China Files, Box 77。

35 “中支派遣军总司令部”:《未来政治战略总纲要》，1937年12月4日，藏自卫队档案馆：支那：支那事件：卷号513—4（113），#119。

36 〔日〕臼井胜美编:《中日战争》（第五卷），《近代史资料》第13卷，第127页。

37 梅思平的审判记录见于重印的南京市档案馆编:《审讯汪伪汉奸笔录》。关于“维持会”的评论参见第416—417页。

38 “北支派遣军司令部”:《工作要领》，藏自卫队档案馆，《陆师三大日记》，卷号S14—87。

39 〔日〕井上久士主编:《华中宣抚工作资料》资料10，不二出版1989年版。

40 关于镇江的保路事宜，参见〔日〕井上久士:《华中宣抚工作资料》

资料21，不二出版1989年版，第181页；《南京新报》1939年7月9日也有类似的记载。“特务部”于1939年2月1日在上海沪西成立了“铁路保护协会”，但资料没有注明这个建议来自何处。(《上海特别市沪西区公署吴漕泾、周家桥镇铁路爱护会成立情形及铁路爱护强化周实施细目［附名册］》，上海市档案馆藏，卷号R18—1—514［本书英文版的注释为R18—514，上海档案馆已经重新编号为R18—1—514——译注］。)

41 比如，上海“宣抚部”起草了商品贸易规章，参考东亚同文协会编：《新中国目前形势观察》，第1231页。地方“宣抚班”通过控制船只运输许可证的发行来强制执行这一规章，参见“兴亚院”华中联络处：《华中地区谷类作物作为重要的国防资源的报告》，第89页。“宣抚班”还插手商业税。一个“自治会”征税就不仅仅涉及“自治会”，还需要有可靠的警力，因此当这些还未行使职能时，一些“宣抚班”就亲自前往征税。上海沪西一个“宣抚班”班长看到商品从他办公室门前的苏州河上穿流而过时，他使其“宣抚班”有优先征税的权利。1月10日，他公布了蔬菜通过税税率的时间表，宣布两天后将开始征收，“宣抚班”职员将征收这一税款，直到“自治会财政局”建立起来，并开始运行。(《日伪上海市大道政府关于协助收税的文件》，上海市档案馆藏，卷号R1—1—147。)

42 例如南京特务机关，10月安排了一个戏剧组来南京演出。中国人也可以观看，但主要目的为日本兵提供娱乐。参见《南京新报》，1938年10月8日。

43 “南满铁道株式会社上海办事处”编：《华中农业政策趋势》，“南满铁道株式会社”1937年10月版，第17—18页。斯坦福大学有复印件。

第三章

1 《嘉定宣抚班记录》(1938年4月)，〔日〕井上久士编：《华中宣抚工作资料》13，不二出版1989年版。

2 〔日〕熊谷康：《支那乡镇杂话》，1943年，第3—4页。

3　人员伤亡统计来源于嘉定区档案馆，卷号104—8—165，没有文件名和日期，这个文件也没有说明这些数据是如何收集的。

4　太仓“宣抚班”的资料来源于“满铁上海事务所宣抚班”工作报告，1938年4月，《华中宣抚工作资料》16，不二出版1989年版，第107页。

5　袭击丹阳的资料来源于“满铁上海事务所宣抚班”工作报告，1938年4月，〔日〕井上久士主编:《华中宣抚工作资料》17，不二出版1989年版，第124页。

6　1938年5月“自治会”匿名手写报告:《太仓县自治委员会工作报告》，中国第二历史档案馆藏，卷号2001（2）, 19。

7　〔日〕熊谷康:《支那乡镇杂话》，第7页。

8　同上书，第4页。

9　〔日〕井上久士主编:《华中宣抚工作资料》4，不二出版1989年版，第20—22页;〔日〕熊谷康:《支那乡镇杂话》，第11页。

10　〔日〕井上久士主编:《华中宣抚工作资料》15，第93页;〔日〕熊谷康，《支那乡镇杂话》，第9页。

11　〔日〕熊谷康:《支那乡镇杂话》，第31—32页;〔日〕井上久士主编:《华中宣抚工作资料》15，不二出版1989年版，第97页。

12　〔日〕井上久士主编:《华中宣抚工作资料》23，不二出版1989年版，第213页。

13　〔日〕熊谷康:《支那乡镇杂话》，第19—20页。

14　同上书，第58页。

15　同上书，第58—59页。

16　〔日〕井上久士主编:《华中宣抚工作资料》15，不二出版1989年版，第88页。

17　参见Jerry Dennerline, *The Chia-ting Loyalists: Confucian Leadership and Social Change in Seventeenth Century China*, New Haven: Yale University Press, 198l。此书再现了1645年的大屠杀，他的研究发现，忠诚者是“具有广泛人际关系的文人，那些与中央政府官员保持联系的势力很强，而与地方上的社团力量则很弱”。他评论说，他们做出全体抵抗的决定是因为“他们不受地方社团的限制”（第12页），这个研究是否暗示地方社团鼓励合作？这个结论可以应用到1930年代吗？权力由乡村向城市的转移以及地方与国家的联系网络中断是不是使这个规则不再有效？（第89—90页）

18 〔日〕熊谷康：《支那乡镇杂话》，第68—71页。

19 〔日〕井上久士主编：《华中宣抚工作资料》16，不二出版1989年版，第111页。

20 林梅波（音译）和钱朋弈（音译）1938年12月省救济委员会视察报告，中国第二历史档案馆藏，卷号2001（2）—196。

21 关于日本人的棉花交易，参见〔日〕杉村浩三：《上海概览》第144—145页。嘉定县棉花价格出现在“满铁上海办事处”惯行调查，《华中农业政策趋势》。

22 〔日〕井上久士主编：《华中宣抚工作资料》15，不二出版1989年版，第89页。

23 〔日〕熊谷康：《支那乡镇杂话》，第59页。

24 同上书，第11页。

25 同上书，第24页。

26 关于嘉定县游击队的活动，尤其是外冈和娄塘，参见杨玉白：《嘉定县志》，上海人民出版社1992年版，第22—23、669页。薛振东：《上海郊区抗日武装斗争》，第81—94页，包括一个较完整的口述，尽管编辑无情地诋毁与国民党有联系的任何人，削弱了本书的可信度。中共上海市委党史资料征集委员会：《上海郊县抗日武装斗争史料》，上海社会科学出版社1986年版，第38—40、71—73、108—112、128—134。

27 〔日〕熊谷康：《支那乡镇杂话》，第37页。

28 〔日〕井上久士主编：《华中宣抚工作资料》16，不二出版1989年版，第113页。

29 行政院宣传局：《维新政府成立初周纪念册》，第326页，上海：木村印刷所，1939年版，第326页。

30 杨玉白：《嘉定县志》，第669页。

31 《嘉定县知事冯诚求县政概况报告》，中国第二历史档案馆藏，卷号

2001（不完整，原书如此——译注）。

32 “中支兴亚院联络处”：《嘉定、太仓、常熟主要农作物的栽培实践》，（上海）兴亚院1939年12月版，第30页，（东京）东洋文化研究所有复印件。

33 上海市档案馆，卷号R1—3—1218。邻县宝山区的县政府也上演同样的一幕：3月底，该县也举行了一次群众集会，纪念“维新政府”成立一周年，关于这次集会的报告里也有一张照片。照片上除了穿统一制服的学生外，没有其他成年人。（上海市档案馆藏，卷号R1—3—808）

34 区行政人员的花名册以及区务会议记录收藏在嘉定区档案馆，卷号11—1—7，9。

35 “满铁上海办事处”：《上海特别市嘉定区农村形势研究报告》。

36 〔日〕熊谷康：《支那乡镇杂话》，第94页。

第四章

1 “宣抚班”两个工作报告可以重现镇江占领初期的历史，一个是1938年4月的（〔日〕井上久士主编：《华中宣抚工作资料》资料18，不二出版1989年版），另一个是1939年8月的（〔日〕井上久士主编：《华中宣抚工作资料》21，不二出版1989年版）。

2 张怿伯：《镇江沦陷记》，第38页。1999年版本的脚注伤亡统计在第84页，同一版本还添加了杨佛生的回忆，见第93—94页。

3 同上书，第24页。

4 同上书，第27、65页。

5 镇江穆斯林社区的历史参见徐培鸿、邵年保主编：《丹徒县志》，江苏科学技术出版社1993年版，第836页。感谢葛登珠（Dru Galdney）的进一步阐释。

6 American Information Committee, *New Order in East Asia: Conditions in Nine Chinese Cities after from Eight to Nineteen Months of Japanese Occupation*, Shanghai: American Information Committee, 1939, pp. 12—

15. 尽管询问好几个研究基督教史的专家，包括著名的简-保罗·威斯特（Jean-Paul Weist），但我还是没有找到当时基督教从日本手中接管难民工作的文献，不论是镇江的英美基督教新教还是天主教都是如此，其教区中心在南京。

7 〔日〕井上久士主编：《华中宣抚工作资料》10，不二出版1989年版，第50页。

8 张怿伯：《镇江沦陷记》，第32页。

9 〔日〕井上久士主编：《华中宣抚工作资料》10，第51页。

10 张怿伯：《镇江沦陷记》，第30页。

11 同上书，第23页。

12 同上。

13 “行政院宣传局”：《维新政府目前的形势》，1940年印发，第159页。

14 张怿伯：《镇江沦陷记》，第45—46页。

15 〔日〕井上久士主编：《华中宣抚工作资料》5，不二出版1986年版，第23页。“满铁”1月“宣抚班”工作报告（〔日〕井上久士主编：《华中宣抚工作资料》4，第20页）和松江“宣抚班”报告（〔日〕井上久士主编：《华中宣抚工作资料》11，第55页）重现松江当时的形势。

16 松江的不知名人物似乎被中山四郎取代，川野被调到南京，由班长降为普通宣抚人员。

17 〔日〕加藤幸藏：《从事宣抚工作之回顾》，《南京新报》，1939年7月2—3号；张怿伯的《镇江沦陷记》，第42页上的一个脚注，将常年待在镇江的日本医生大井弘当成了“宣抚班”班长。由于大井弘被怀疑发展“汉奸”特务组织，为1937年秋季的日本侵华服务，当其组织里的两个人员暴露后，他离开了。根据这条注释，他是去领导“宣抚班”了，但“宣抚”工作报告中，没有提到他任何信息。

18 张怿伯：《镇江沦陷记》，第45—46页。

19 徐培鸿、邵年保主编：《丹徒县志》，江苏科学技术出版社1993年版，第23页。

20 同上书，第49—50页。

21 〔日〕井上久士主编：《华中宣抚工作资料》18，不二出版1989年版，第141页。

22 Parks Coble, *Chinese Capitalists in Japan's New Order: The Occupied Lower Yangtzi, 1937—1945*, Berkeley: University of California Press, 2003, p. 183. 日文资料表明火柴厂给镇江行政机构的经济支持比所谓"爱国资本家"刘鸿生的官方传记提供的资料要复杂得多，刘鸿生是大中华火柴股份公司老板，小科布尔的资料来源于这个传记。

23 太仓粮食价格参考〔日〕井上久士主编:《华中宣抚工作资料》16，不二出版1989年版，第120页；丹阳粮食价格参考〔日〕井上久士主编:《华中宣抚工作资料》17，第135页；镇江粮食价格参考〔日〕井上久士主编:《华中宣抚工作资料》6，第35页。

24 Alan Baumler, "Opium Suppression versus Opium Control: The Origins of the 1935 Six-Year Plan to Eliminate Opium and Drugs", in *Opium Regimes: Britain, China, and Japan, 1839—1952*, ed. Timothy Brook and Bob Tadashi Wakabayashi, pp. 270—291, Berkeley: University of California Press, 2000.

25 初期，日军参与滁州的鸦片供应。参见Timothy Brook: "*Opium and Collaboration in Central China, 1938—1940*," In *Opium Regimes: Britain, China, and Japan, 1839—1952*, coedited with Bob Tadashi Wakabayashi, pp. 323—343, Berkeley: University of California Press, 2000。

26 《江苏省政府公报新年特刊》，1939年1月，斯坦福大学图书馆复印件。

27 《南京新报》，1938年12月8日。

28 American Information Committee, *New Order in East Asia: Conditions in Nine Chinese Cities after from Eight to Nineteen Months of Japanese Occupation, Shanghai*: American Information Committee, 1939, p. 13.

29 Peter Liberman, *Does Conquest Pay? The Exploitation of Occupied Industrial Societies*, Princeton: Princeton University Press, 1990, pp. 110，115.

30 中国第二历史档案馆藏，卷号2001—20。

31 徐培鸿、邵年保主编:《丹徒县志》，第25页。

第五章

1 Robert Gildea, *Marianne in Chains: In Search of the German Occupation, 1940—1945*, London Pan Macmillan, 2003, p. 51.

2 关于南京，日本官方留下来的唯一资料是《南京特务机关》(《华中宣抚工作资料》6，不二出版1989年版)。有五种可供参考的中国目击证人口述：郭歧《陷都血泪录》、蒋公谷《陷京三月记》、李克痕《沦京五月记》、林娜《血泪话金陵》、《失守后的南京》(匿名)，重印于《侵华日军南京大屠杀史料》(第1—155页，南京图书馆)；英文资料有：Hsu Shuhsi (徐淑希), ed. *Documents on the Nanking Safety Zone*, Shanghai: Kelly and Walsh, 1939, photoreproduced in *Documents on the Rape of Nanking*, ed. Timothy Brook. Ann Arbor: University of Michigan Press, 1999. 中国国防部在1947年将徐淑希的书翻译成日文，提交给远东国际军事法庭；后来又翻译成中文出版；国际委员会成员私人保留的记录有：John Rabe, *The Good Man of Nanking: The Diaries of John Rabe*, ed. Erwin Wickert, trans. John Woods, New York: Knopf, 1998。本文引用第102、99、105、109、114页；拉贝给日本官方的信按时间顺序收藏在徐淑希的书里；罗伯特·威尔逊(Robert Wilson)的信重印于*Documents on the Rape of Nanking*, ed. Timothy Brook, Ann Arbor: University of Michigan Press, 1999. 他关于12月12日黄昏民心崩溃的描述在第209页；国际委员会其他成员的记录见于章开沅编：*Eyewitnesses to Massacre: American Missionaries Bear Witness to Japanese Atrocities in Nanjing*, Armonk, NY: M. E. Sharpe, 2001；张纯如的《南京大屠杀》(*The Rape of Nanking*. New York: Basic Books, 1997)和Mark Eykholt的博士论文*Living the Limits of Occupation*的第二章都描述了南京的遭遇。关于这次事件的史学研究有Mark Eykholt, Aggression, "Victimization, and Chinese Historiography of the Nanjing Massacre" in *The Nanjing Massacre in History and Historiography*, ed.

Joshua A. Fogel, Berkeley: University of California Press, 2000）；关于南京前十年的历史参考Zwia Lipkin, *Keeping Up Appearances: "Social Problems" and Social Engineering in Nationalist Nanjing, 1927—1937*, Ph. D. diss., Stanford University, 2001.

3 关于松井占领南京的命令，见*Documents on the Rape of Nanking*, ed. Timothy Brook, p. 289。

4 威尔逊，12月21日的信，见*Documents on the Rape of Nanking*, ed. Timothy Brook, p. 220。

5 〔日〕松井石根：《进入南京的感想：支那事变初年史》讨论专刊，1938年7月，第234—237页。

6 〔日〕冈田酉次：《日中战争内部报告》，第114—125页。

7 〔日〕井上久士主编：《华中宣抚工作资料》6，不二出版1989年版，第34页。

8 田谷直次郎的评论出现在*The Good Man of Nanking: The Diaries of John Rabe*。（ed. Erwin Wickert, trans. John Woods, New York: Knopf, 1998，p. 178.）感叹号是拉贝加上的。

9 威尔逊，12月15日的信，reproduced in *Documents on the Rape of Nanking*, ed. Timothy Brook, p. 214。

10 威尔逊，12月19日的信，reproduced in *Documents on the Rape of Nanking*, ed. Timothy Brook, p. 217。

11 "宣抚班"士兵处死中国人，参考北山日记，重印于〔日〕井口裕树等编：《南京事件：京都分区资料集》，（东京）青木书店1989年版，第73页。

12 〔日〕井上久士主编：《华中宣抚工作资料》27，不二出版1989年版，第262页中有一例。

13 Hsu Shuhsi（徐淑希）, ed, *Documents on the Nanking Safety Zone*, Shanghai: Kelly and Walsh, 1939. Photoreproduced in *Documents on the Rape of Nanking*, ed. Timothy Brook, pp. 14，19，22，23.

14 威尔逊，12月23日的信，reproduced in *Documents on the Rape of Nanking*, ed. Timothy Brook, p. 225。

15 王喜光:《日伪汉奸政府:南京自治委员会》,《南京史志》,1987年第4期,第4页。

16 南京市档案馆编:《审讯汪伪罕见笔录》,第344页。由于上了年纪和记忆错误,温在审判时的证词是不可靠的。

17 威尔逊,12月21日的信,reproduced in *Documents on the Rape of Nanking*, ed. Timothy Brook, pp. 219—220。

18 威尔逊,12月23日的信,reproduced in *Documents on the Rape of Nanking*, ed. Timothy Brook, p. 225。

19 关于红卍字会南京支会的资料来源于1937至1942年支会活动记录,中国第二历史档案馆藏,卷号257,卷号224。

20 南京"自治委员会"的成立参考孙宅巍编:《南京大屠杀》,北京出版社1997年版,第464—482页;夏强:《为虎作伥的自治委员会》,《南京史志》,1989年第5期;关于"自治委员会"职员资料参考王喜光:《日伪汉奸政府:南京自治委员会》,《南京史志》,1987年第4期,第4—6页;尹集钧:《南京大救援:西方人士和南京安全区》,文汇出版社1997年版,第174—179页,后一个作者没有标明资料来源。

21 Hsu Shuhsi(徐淑希), ed. *Documents on the Nanking Safety Zone*, Shanghai: Kelly and Walsh, 1939, Photoreproduced in *Documents on the Rape of Nanking*, ed. Timothy Brook, p. 38.

22 费吴生的日记,重印于Zhang Kaiyuan(章开沅)ed., *Eyewitnesses to Massacre: American Missionaries Bear Witness to Japanese Atrocities in Nanjing*, Armonk, NY: M. E. Sharpe, 2001, p. 95。

23 丸山进在"特务机关"工作的私人记录:《私の昭和史——南京事变の实相》,连载于2000年"满铁"《校友》杂志上。我主要参考第五部分"南满洲铁道若叶会快报"第137号(2000年9月8日),第38—44页。特别感谢大卫·艾斯丘(David Askew)给我复印的资料。丸山进的狡辩和间或的史事错误使人质疑其全部回忆录的正确性。

24 感谢兹沃·利普金(Zwia Lipkin)提供这条资料。

25 蒋公谷在《陷京三月记》中将其误写成"詹永光"。魏特琳在她1938年1月1日的日记开始就提到詹荣光,重印于Zhang Kaiyuan(章开沅)

ed., *Eyewitnesses to Massacre: American Missionaries Bear Witness to Japanese Atrocities in Nanjing*, Armonk, NY: M. E. Sharpe, 2001, p. 369。

26 Hsu Shuhsi（徐淑希）ed., *Documents on the Nanking Safety Zone*. Shanghai: Kelly and Walsh, 1939, photoreproduced in *Documents on the Rape of Nanking*, ed. Timothy Brook, p. 100.

27 关于许传音，参考Pritchard, R. John, and Sonia Zaide, eds., *The Tokyo War Crimes Trial*, Reprint, 22nvols, New York: Garland Publishing, 1981. pp. 2556—2561；Hu, Hua-ling, *American Goddess at the Rape of Nanking: The Courage of Minnie Vautrin*, Carbondale: Southern Illinois University Press, 2000, pp. 112—114；史迈士曾提到陶锡三和许传音的友谊，参考Zhang Kaiyuan（章开沅）, ed. *Eyewitnesses to Massacre: American Missionaries Bear Witness to Japanese Atrocities in Nanjing*, p. 287.

28 德国人有关吉米·王的资料有：*Memorandum of Chancellor P. Scharffenberg, German Embassy, Nanking Office*（13 January 1938）, and *Report from the Nanking Office of the German Embassy to the Foreign Ministry*（20 January 1938），两者都在拉贝日记中有记录（John Rabe, *The Good Man of Nanking: The Diaries of John Rabe*, ed. Erwin Wickert, trans. John Woods, New York: Knopf, 1998, pp. 132, 146）；史迈士和林查理关于王的评论见Zhang Kaiyuan（章开沅）ed., *Eyewitnesses to Massacre: American Missionaries Bear Witness to Japanese Atrocities in Nanjing*, Armonk, NY: M. E. Sharpe, 2001, pp. 274、284、291（中文版本：南京大学出版社1999年9月版，第304、306、316页）和Hsu Shuhsi（徐淑希）, ed. *Documents on the Nanking Safety Zone*, Shanghai: Kelly and Walsh, 1939, photoreproduced in *Documents on the Rape of Nanking*, ed. Timothy Brook, p. 99.

29 威尔逊，1月1日的信，见reproduced in *Documents on the Rape of Nanking*, ed. Timothy Brook, p. 225。

30 《行政院宣传局》，第370页。这本书里的中国人姓名经常出现错误，与日本人经常读错的中国字一致（如陶锡三写成陶锡山；许传音写成许传英），这些错字提示这本书是由日本人写的，不是翻译的。相同的解释说建立“自治会”是控制国民党士兵和隐藏在安全区内的共产党员“不可预料的恐怖活动”。

31 John Rabe, *The Good Man of Nanking: The Diaries of John Rabe* ed. Erwin Wickert, trans. John Woods, New York: Knopf, 1998, p. 99. 魏特琳并不是如此天真，实际上，在妓女的问题上，她愿意提供有限的合作。参见Hu, Hua-ling: *American Goddess at the Rape of Nanking: The Courage of Minnie Vautrin*, p. 101.

32 关于红卍字会收埋尸体的报告，参看“特务机关”的报告，《华中宣抚工作资料》19，不二出版1989年版，第164页。这个数字出现在4月4日的红卍字会的档案中，重印于中国第二历史档案馆编：《侵华日军南京大屠杀档案》，江苏古籍出版社1987年版，第436页。

33 参见费吴生日记中的描述，重印于H. J. Timperley, *Japanese Terror in China*, New York: Modern Age Books, 1938, p. 43；这篇记录还收于Zhang Kaiyuan（章开沅）, ed., *Eyewitnesses to Massacre: American Missionaries Bear Witness to Japanese Atrocities in Nanjing*, p. 98。

34 〔日〕井口裕树等编：《南京事件：京都分区资料集》，第32、75、310—311页。

35 Hsu Shuhsi（徐淑希）, ed. *Documents on the Nanking Safety Zone*, Shanghai: Kelly and Walsh, 1939, photoreproduced in *Documents on the Rape of Nanking*, ed. Timothy Brook, pp. 63、66.

36 John Rabe, *The Good Man of Nanking: The Diaries of John Rabe*, ed. Erwin Wickert, trans. John Woods, New York: Knopf, 1998, p. 109.

37 M. Searle Bates, “Report of the Nanking International Relief Committee, November, 1937 to April, 1939”, reprinted in *Eyewitnesses to Massacre*, ed. Zhang Kaiyuan（章开沅）, p. 418.

38 Hsu Shuhsi（徐淑希）, ed. *Documents on the Nanking Safety Zone*, Shanghai: Kelly and Walsh, 1939, photoreproduced in *Documents on the Rape of Nanking*, ed. Timothy Brook, 1999, p. 67.

39 孙宅巍编：《南京大屠杀》，北京出版社1997年版，第476页。

40 关于食物供给的材料来源于：Hsu Shuhsi（徐淑希）, ed. *Documents on the Nanking Safety Zone*, Shanghai: Kelly and Walsh, 1939, photoreproduced in *Documents on the Rape of Nanking*, ed. Timothy Brook, pp. 83，91—93，110—11，121，137；〔日〕井上久士主编：《华中宣抚工作资料》19，不二出版1989年版，第164页；H. J. Timperley, *Japanese Terror in China*, New York: Modern Age Books, 1938, p. 43；这篇记录还收于Zhang Kaiyuan（章开沅）ed., *Eyewitnesses to Massacre: American Missionaries Bear Witness to Japanese Atrocities in Nanjing*, p. 205；史迈士的1930年1月9日的日记，重印于Zhang Kaiyuan（章开沅）ed., *Eyewitnesses to Massacre: American Missionaries Bear Witness to Japanese Atrocities in Nanjing*, p. 275；M. Searle. Bates, "Report of the Nanking International Relief Committee, November, 1937 to April, 1939", reprinted in *Eyewitnesses to Massacre*, Zhang Kaiyuan（章开沅）ed., pp. 413—45, p. 422；"宣抚班"担心外国人粮食救济的政治影响见〔日〕井上久士主编：《华中宣抚工作资料》10，不二出版1989年版，第52页。

41 第一个米店开张后一周，在天民澡堂（"自治会"为日本人重开的两个澡堂之一，陶是这个澡堂的老板）洗澡的日本士兵出来抢劫了米店雇员，并开枪杀死了三个人。参见Hsu Shuhsi（徐淑希）, ed. *Documents on the Nanking Safety Zone*, Shanghai: Kelly and Walsh, 1939, photoreproduced in *Documents on the Rape of Nanking*, ed. Timothy Brook, p. 120。

42 〔日〕井上久士主编：《华中宣抚工作资料》19，不二出版1989年版，第148页。

43 "特务机关"是如何操作的，我们不得而知。"特务机关"只是"特务部"的地方分支机构，5月中旬重组，由大西少校掌管，1938年5月13日"特务部"机关长给其副部长的报告提及。《日库史岱日记》在SDF File S14—12—136。在这个案卷里，我没有找到大西做了什么。

44 *Documents on the Rape of Nanking*, ed. Timothy Brook, pp. 219—220.

45 马吉关于日本兵寻找妇女的描述，见1938年2月2日的信，重印于Zhang

Kaiyuan（章开沅）ed., *Eyewitnesses to Massacre: American Missionaries Bear Witness to Japanese Atrocities in Nanjing*, p. 193。

46 史德蔚在1938年12月10日的日记一开始描述了战争所带来的创伤，重印于Zhang Kaiyuan（章开沅）ed., *Eyewitnesses to Massacre: American Missionaries Bear Witness to Japanese Atrocities in Nanjing*, p. 319。

47 史迈士于1938年3月21日记录了与芜湖重开大米买卖情况。重印于Zhang Kaiyuan（章开沅）ed., *Eyewitnesses to Massacre: American Missionaries Bear Witness to Japanese Atrocities in Nanjing*, p. 314。

48 卡伯特·科维尔的日记收藏于HIA, Stanley Hornbeck record group, Joseph C. Grew files, Box 185。关于损失的工具、强征的牲畜和粮食，由"维新政府实业部"估计，参见东亚同文会:《新支那限制要览》第二卷，第1217—1218页。

49 Lewis S. C. Smythe, *War Damage in the Nanking Area, December, 1937 to March, 1938: Urban and Rural Surveys*, Shanghai: Mercury Press, 1938, pp. 12, 14; Mark Eykholt, *Living the Limits of Occupation in Nanjing, China, 1937—1945*, Ph. D. diss., University of California at San Diego, 1998, p. 15.

50 东亚同文协会:《新中国目前形势观察》，第1217—1218页。

51 M. Searle Bates, *Report of the Nanking International Relief Committee, November, 1937 to April, 1939*. 再版于Zhang Kaiyuan（章开沅）ed., *Eyewitnesses to Massacre: American Missionaries Bear Witness to Japanese Atrocities in Nanjing*, pp. 435，444。

52 "自治会"成员离开"自治会"后的生涯，参见（日）《行政院宣传局》，第371页；蔡宏远和孙庇佑:《民国期间南京市职官年表》，《南京史志》1983年第1期，第48页；王喜光:《日伪汉奸政府：南京自治委员会》，《南京史志》，1987年第4期，第5页；组织成员名单，参见《南京市政概况1939年》，兴华，第83—90页，斯坦福大学图书馆藏。

53 徐志耕:《南京大屠杀，1937》（熊猫丛书），中国文学出版社1995年版，第118页。

54 参见南京红卍字会支会1942年9月6日的报告，中国第二历史档案馆藏，卷号257（224）。

55 关于王的妓院运作参见《德国大使馆南京办事处给外交部的汇报》（1938年1月20日），见John Rabe, *The Good Man of Nanking: The Diaries of John Rabe*, ed. Erwin Wickert, trans. John Woods, New York: Knopf, 1998, p. 146；史迈士1938年3月8日的信，重印于Zhang Kaiyuan（章开沅）ed., *Eyewitnesses to Massacre: American Missionaries Bear Witness to Japanese Atrocities in Nanjing*, pp. 307. 对王的评论出于史迈士同一封信，第307页；汉奸名单藏于中国第二历史档案馆，全宗号2001（2），卷号：189（1）。

56 再版于*Documents on the Rape of Nanking*, ed. Timothy Brook, p. 10。

57 贝德士将1941年6月25日在纽约的演讲整理成文字。重印于Zhang Kaiyuan（章开沅）ed., *Eyewitnesses to Massacre: American Missionaries Bear Witness to Japanese Atrocities in Nanjing*, p. 57。

第六章

1 尽管上海"占领政府"是日军一手建立起来的傀儡，但我在自卫研究所（Self-Defense Research Institute）和外交部档案馆却没有寻找到任何蛛丝马迹。上海"占领政府"的中文档案情况好得多，当然也不是说没有缺陷。上海市政府档案馆保存了极其丰富的地方档案资料，远超沦陷占领时期的其他城市。但是上海沦陷时期档案不完整，也比较分散，有时有点杂乱无章，一个案卷里有不同组织的记录。问题不是档案管理不善，而是中国城市生活太分散了，尤其是"维新政府"时期，城市管理机构分成好几套市府班子，众多的商业协会以及无数其他公共和私人的代理机构和联合会。沦陷时期混乱的权威只是加剧了分散的局面。这么做一定是掺杂着对日伪政权的憎恶情绪，不愿意对那个时期发生的事留下详细的档案记录。关于"大道政府"的档案见上海市档案馆：《日伪上海政府》，档案出版社1986年版，第1—16、135—148、431—443、791—810页。

2 "大道政府"就职宣言和日本1月31号文件见上海市档案馆：《日伪上海

政府》，第1—11页。

3 James Legge trans., *Li Ki*, The Sacred Books of the East, ed. Max Milller, vol. 27, 1885, pp. 364—365.（译者引用的是《礼记·礼运》。——译注）

4 〔日〕宫川外久:《关于我们的中国友邦》，（东京）原书堂1938年版，第98—99页。东京大学东洋文化研究所有复印件。

5 《兴道日报》，1939年11月22日，第4页；《支那事变画报》，Tokyo, no. 11（27 January，1938）, p. 31。

6 佛教术语中明显使用“锡”字的是“锡杖”，是一种金属的棒子，持有它表明有权驱除邪恶。“文”的写法与“杖”字很相似，识字不多的人很容易混淆，苏锡文可能也混淆了。

7 《东方时报》上刊登那篇文章也吸引了“上海市警察局”保安处的注意。上海市档案馆藏，卷号D—8636。（这个卷号可能错了，现在无法查找。——译注）

8 东亚同文协会:《新中国目前形势观察》第二卷，第740—741页。

9 “日伪上海市大道政府对抗战前上海机关旧职人员请示安置工作的批复”，上海市档案馆藏，卷号R1—1—97。

10 我注意到“更生”这个词最早出现在常州“宣抚班”工作报告中（〔日〕井上久士主编:《华中宣抚工作资料》5，不二出版1989年版，第25页），它使用了一个富有重要意蕴的“自力更生”一词。

11 秘书的履历保存在上海市档案馆，卷号R1—1—60；警员的履历，卷号R1—1—93。（这两卷档案目录现在上海档案馆无法查阅，故无法给出案卷名称。——译注）

12 “上海县维持会章程”，上海市档案馆藏，卷号R1—1—4；“高桥维持会组织大纲”，“浦东自治会成立宣言”，见《日伪上海市大道政府关于请各地组织维持会维持地方治安的文件》，上海市档案馆藏，卷号R1—1—152。

13 《大道政府布告》第八号，上海市档案馆藏，卷号R1—1—154。

14 《日伪上海市大道政府关于请各地组织维持会维持地方治安的文件》，上海市档案馆藏，卷号R1—1—152；“日伪上海市大道政府关于各机关成立启用信铃记的文件”，上海市档案馆藏，卷号R1—1—155。

15 “高桥镇镇务委员会会则”，上海市档案馆藏，卷号R1—1—152；“上海特别市市政训令第532号”，上海市档案馆藏，卷号R18—1—126。（本书英文版的注释为R18—126，上海档案馆已经重新编号为R18—1—126。——译注）

16 上海市档案馆藏，卷号R1—2—1637。

17 王振江和武振亚代表沿海渔民所写的请求信，以及潭子湾维持会4月4号的信，上海市档案馆藏，卷号R1—1—153。

18 在极司菲尔路94号设立警察局，参见 *Report on the Situation in the Western District*（January 30, 1939）, pp. 2—3, in SMP, File 9114（c）。

19 傅筱庵提议停止组织底层的准军事武装，参见其“警察局长”1938年12月31日和1939年1月28日的报告，上海市档案馆藏，卷号R1—3—169。

20 “为呈扶持据查报唐桥自治会组织经过”，上海市档案馆藏，卷号R1—1—152。

21 上海市档案馆藏，卷号R1—1—4（商会）；上海市档案馆藏，卷号R1—1—153（“自治委员会”）；张雪洲从1939年2月担任镇长一职，参见于R1—3—198。

22 “呈为组织川沙自治会请求”，上海市档案馆，卷号R1—1—152；《川沙商民自治会为报告事》，中国第二历史档案馆藏，卷号 2011（2）—19。

23 《上海大道政府现场报告》，（东京）近前社1938年版，第7页。

24 上海市档案馆编:《日伪上海市政府》，档案出版社1986年版，第431页。

25 关于早期大道政府企图收税的档案藏于上海市档案馆，卷号R—1—147。

26 有关南市的资料见：上海市档案馆藏，卷号R1—1—153（“呈为呈报事案”）；卷号R1—1—154（1938年3月的《上海南市商界联合会通告》）；卷号R1—1—157（“谨将公立二月二十六日覆”）；R1—2—160（1938年4月27日社会局的报告）；卷号R1—2—1637（对政府365号文件的答复）。

27 “行政院宣传局”：《目前维新政府形势：中华民国维新政府成立初周年纪念册》，（上海）木村印刷所1939年版，第159页。

28 《日伪上海特别市政督办公署新闻检查工作报告》，上海市档案馆藏，卷号R1—2—1284。1938年11月23日的“和平救国大会”是由凌季潭和沈心抚作为南市代表而出席的，见《日伪上海特别市政府关于中央大会出席汪伪中央政府大会代表名单及有关文件》，上海档案馆藏，卷号R1—3—492。

29 例如一个向虹口区（是日本控制区域）零售商销售酒的中国商人，1938年5月差点成为一颗手榴弹的牺牲品（因为此手榴弹爆炸失败），他猜测他成为攻击目标是因为其叔叔是日本总领事馆的书记员（上海市档案馆藏，卷号D8351）。关于上海市政治暗杀的区域，参照魏斐德的《上海“歹土”》第二章。

30 郭旭:《汉奸傅筱庵之死》，重印于《二十世纪上海文史资料文库》（第2卷），上海书店出版社1999年版，第51—54页。

31 《日伪上海市大道政府关于各局成立（附市长任卸）的文件》，上海档案馆藏，卷号R1—1—2;《日伪上海市大道政府关于各局成立（附市长任卸）的文件》，上海档案馆藏，卷号R1—1—3。

32 “行政院宣传局”:《维新政府成立初周纪念册》，“维新政府”1939年版，第308—329页。

33 1940年汪精卫政府“内政部”提高了补偿的标准，中国第二历史档案馆藏，卷号2001—20。

34 上海档案馆藏，卷号R1—1—153。

35 那封信（呈为胪陈沪西区以往政构情形）、市府1月25日批示陈希舜担任“龙漕镇镇长”、他3月8日的辞职信以及关于他的复位等档案，上海市档案馆藏，卷号R18—1—126。（本书英文版的注释为R18—126，上海档案馆已经重新编号为R18—1—126。——译注）

36 上海市档案馆，卷号R1—1—152。有关李紫东，参照《日伪新国民运动促进会上海分会关于组织新国民运动实践团的法规、训令及名单》，上海档案馆藏，卷号R18—1—48。（本书英文版的注释为R18—48，上海档案馆已经重新编号为R18—1—48。——译注）1938年7月沪西“自治会”职员名单没有他的姓名暗示了他在“自治会”建立过程中的外来者身份。参照上海市档案馆藏，卷号R1—2—1637。（原书卷号为

F—2—1637，显然是笔误。——译注）

37 李紫东为《大道年刊》起草的序言，上海市档案馆藏，卷号R18—1—464。（本书英文版的注释为R18—464，上海档案馆已经重新编号为R18—1—464。——译注）

38 上海市档案馆编：《日伪上海市政府》，档案出版社1986年版，第49页。

39 沪西"区公署"所属各区公所职员，上海市档案馆藏，卷号R18—1—275。（本书英文版的注释为R18—275，上海档案馆已经重新编号为R18—1—275。——译注）

40 有关依靠"地方头面人物"的资料参见1月21日的指示，上海市档案馆藏，卷号R1—1—155。

41 《日伪上海督办市政公署关于新闻检查（附发表新闻及标语刊物）（一）的文件》，上海市档案馆藏，卷号R1—2—504。

第七章

1 上海市档案馆藏，卷号R1—1—152。

2 抗战结束后，李鹤庐立即私人印刷了回忆录，崇明县档案馆收藏了一份。《档案与史学》（上海市档案馆内部刊物）1995年第4、5期分两部分刊印。

3 唐学海、孙少成：《视察崇明金山两县灾况报告书》，中国第二历史档案馆藏，卷号2001（2）—196；部分资料来源于1939年10月30日的《南京新报》，此外，还参考了该报1939年7月6日和9日刊登的两篇短文。

4 黄稚卿：《一年来行政略述及今后之期望》，《上海市特别市政府初周纪念特刊》，1940年，第509—510页。

5 〔日〕井上久士主编：《华中宣抚工作资料》10，不二出版1989年版，第48页。

6 李鹤庐：《崇明沦陷记》（第一部分），《档案与史学》1995年第4期，第40页。

7 《崇明县"自治委员会财政部"工作报告总表》（1938年3月31日—5月25日）、《崇明县"自治委员会民生部"工作报告总表》（1938年4月1日—5

月26日）；中国第二历史档案馆藏，卷号2001（2）—19。还有部分工作报告，规章制度，“自治会常务委员会”前三次会议记录，五月底编印，提交给南京“维新政府”。

8 李鹤庐：《崇明沦陷记》（第一部分），《档案与史学》1995年第4期，第41页。

9 《崇明县自治委员会教化部工作报告总表》（1938年4月1日—5月26日），中国第二历史档案馆藏，卷号2001（2）—19。

10 李鹤庐：《崇明沦陷记》（第一部分），《档案与史学》1995年第4期，第40页。

11 黄稚卿：《一年来行政略述及今后之期望》，《上海市特别市政府初周纪念特刊》，1940年，第509—510页。

12 李鹤庐：《崇明沦陷记》（第一部分），《档案与史学》1995年第4期，第42—43页。

13 《南京新报》1938年11月28日和1939年3月26日刊文讨论因崇明改组隶属于上海而引起冲突一事。

14 《崇明自治会常务委员会会议记录》（1938年4月15日），中国第二历史档案馆藏，卷号2001（2）—19。

15 《崇明自治会常务委员会会议记录》（1938年5月5日），中国第二历史档案馆藏，卷号2001（2）—19。

16 李鹤庐：《崇明沦陷记》（第一部分），《档案与史学》1995年第4期，第42页。

17 《崇明自治会常务委员会会议记录》（1938年5月18日），中国第二历史档案馆藏，卷号2001（2）—19。

18 《崇明自治会常务委员会会议记录》（1938年5月25日），中国第二历史档案馆藏，卷号2001（2）—19。

19 崇明“自治会保甲科”：《保甲制度指导》，中国第二历史档案馆藏，卷号2001（2）—19。

20 李鹤庐：《崇明沦陷记》（第二部分），《档案与史学》1995年第5期，第36页。

21 关于这两个鸦片零售店，上海档案馆有记录，上海档案馆藏，卷号是

R1—3—127。

22 李鹤庐:《崇明沦陷记》(第二部分),《档案与史学》1995年第5期,第37页。

23 李鹤庐:《崇明沦陷记》(第二部分),《档案与史学》1995年第5期,第37—38页。

24 〔日〕井上久士主编:《华中宣抚工作资料》16,不二出版1989年版,第115页。

25 李鹤庐:《崇明沦陷记》(第一部分),《档案与史学》1995年第4期,第44页。

26 行政院宣传局:《中国维新政府简史》,1940年版,第449页。

27 参见《南京新报》,1939年10月30日。有几篇较简略的有关抵抗的回忆录收集在中共上海市委档案资料征集委员会编:《上海郊县抗日武装斗争史料》第193—195页。由于这种自我庆祝式的出版物太普遍了,又缺乏语境的表达,这些资料对非共产党的史学家几乎没有什么用处。在薛振东编的《上海郊县抗日武装斗争》(第94—105页)一书中,情况有一定程度的好转,尽管作者对所有事都满腔热血,但共产党曾经干涉了他的分析。

28 李鹤庐:《崇明沦陷记》(第一部分),《档案与史学》1995年第4期,第44页。

29 上海市档案馆编:《日伪上海市政府》,档案出版社1986年版,第221—222页。

30 同上书,第222页。

31 同上书,第223页。

32 李鹤庐:《崇明沦陷记》(第一部分),《档案与史学》1995年第4期,第44页。

第八章

1 "中日同文同种"、"英法使我们民众陷入贫困,使我们财富耗尽"来源于大上海青年团的宣言,在第一章已引用。

2 大道政府顾问关于恢复县政机构的疑虑参见王谷宝的观点，见《日伪上海市大道政府关于施行县政（附地方政务公署）的文件》，上海市档案馆藏，卷号R1—1—151。

3 特务部机关长1938年5月13日的报告，见《陆师三大日记》，自卫队档案馆藏，卷号S14—12—136。

4 中国通信社：《维新政府各管理结构》，第28—29页，陈群关于这次的会议的报告（《内政部工作概况》），中国第二历史档案馆藏，卷号2001—20。

5 行政院宣传局：《目前维新政府形势：中华民国维新政府成立初周纪念册》，1939年版，第159页。

6 《内政部县政训练所一览》，1940年版，第97—107页，斯坦福大学图书馆藏。

7 1938年11月有关国民政府县长的报告，见英国领事馆编：《中国概要》，1938年11号。

8 "行政院宣传局"：《目前维新政府形势：中华民国维新政府成立初周纪念册》，第152—154页。到11月初，浙江只任命了8个"县知事"，参考《南京新报》，1938年11月1号。

9 童振华：《怎样清理汉奸》，生活书店1937年版，第8—9、12—17、25—26页。

10 Ronald Robinson, "Non-European Foundations of European Imperialism: Sketch for a Theory of Collaboration" , in *Studies in the Theory of Imperialism*, ed. Roger Owen and Bob Sutcliffe, London: Longman, 1972, pp. 121.

11 〔日〕井上久士主编：《华中宣抚工作资料》27，不二出版1989年版，第260—261页。"宣抚班"班长叫两角诸一。

12 Itō Takeo, *Life along the South Manchurian Railway: The Memoirs of Ito Takeo*, trans. Joshua A. Fogel, Armonk, NY: M. E. Sharpe, 1988, p. 179.

13 〔日〕井上久士主编：《华中宣抚工作资料》17，不二出版1989年版，第126页。

14 Prasenjit Duara, *Culture, Power, and the State: Rural North China, 1900—1942*, Stanford: Stanford University Press, 1988, pp. 159, 193, 74.

15 Prasenjit Duara, *Culture, Power, and the Stat: Rural North China, 1900—1942*, p. 253.

16 〔日〕井上久士主编:《华中宣抚工作资料》17，第126页。

17 Office of War Information, *Analysis of Gripsholm Questionnaires: Far Eastern Propaganda Objectives and Techniques*, Washington, February 1944, Copy in NAC, File 2864—C—40C, p. 96.

18 〔日〕渡边:《渡边大佐关于占领地（治安肃清）谎言书记录》，1941年5月7日，手写木版印刷，东洋文化研究所，东京大学：3a—b，11a。

19 关于战争影响了共产党动员地方精英的战略，参考Chen, Yung-fa, *Making Revolution: The Communist Movement in Eastern and Centraf China, 1937—1945*（Berkeley: University of California Press, 1986），尤其是关于地方精英的第八章。他指出，中国共产党发明了统一战线策略，不需要依靠反日意识形态就成功地削弱了老乡村精英的权威，共产党没花多少力气就填补了日本人创造的真空，取代了地方精英，后者没弄明白占领是如何削弱了他们的地位的。

结 论

1 Michael Ondaatje, *Running in the Family*, Toronto: McClelland and Stewart, 1982, p. 53.

2 Henry Rousso, *The Vichy Syndrome: History and Memory in France since 1944*, trans. Arthur Goldhammer, Cambridge, Mass: Harvard University Press, 1991, pp. 6—8.

3 在过分单纯化的战争历史解释中，有一个例外，参见Huang Meizhen and Yang Hanqing, “Nationalist China’s Negotiating Position during the Stalemate, 1938—1945”, in *Chinese Collaboration with Japan, 1932—45: The Limits of Accommodation*. ed., David Barrett and Larry Shyu, Stanford: Stanford University Press, 2001, pp. 50—70.

4 Joshua A. Fogel ed., *The Nanjing Massacre in History and Historiography*, Berkeley: University of California Press, 2000.

5 米特批评了抵抗主义者评价日本在"满洲"的统治效果，他指出相对长江三角洲而言，帝国主义在"满洲"合作程度更高，暴力程度较低；在"满洲"，日本人来之前的政权结构较为薄弱。在新的权力分配体系中，精英们更倾向于将日本人看作可以讨价还价的殖民主子，而不是打败并强迫自己签订投降条约的侵略者。1930年代，刻薄的新民族主义者批判日本帝国主义"没有认识到民族主义话语与叛国变节之间的任何基础"。这两个极端的问题没有触及到"满洲国"的日常生活现实，说服不了"实际生活在占领政权下的芸芸众生，他们看到了占领时期的阴暗面，但是构建出来的表象却不允许人们说出这些阴暗面"。参见Rana Mitter, *The Manchurian Myth: Nationalism, Resistance, and Collaboration in Modern China*, Berkeley: University of California Press, 2000, p. 226。

6 罗伯特·麦克卢尔的评论出现在加拿大联合教会图书馆（UCA）收藏的一封无日期的信中（卷号：Finding Aid 186, Box 8, File 141），麦克卢尔在日本内部的活动导致了日军悬赏捉拿他。参见Munroe Scott, *McClure: The China Years*, Toronto: Canec, 1977, p. 214。

7 《中国村庄的习俗研究》, 1952, Reprint, 4 vols, Tokyo: Iwanami shoten, pp. 101—102.

8 一些日本知识分子将日本人的占领与中国源远流长的历史中亚洲内部不断发生的征服相提并论。这是一本457页油印书的唯一目的，并好像是有关这方面问题的唯一一本书，题目为《统治被占领区及战后重建史》，总体战研究室编，第二卷，油印本，1942年。封面上贴着"秘密"二字。由一个叫"总体战研究所"的组织编辑。这本书描述了中国从辽代以来被外民族占领的历史，试图简短地分析契丹、女真、蒙古、"满洲"成功与失败的秘密。其主题大意是，当占领者采取安抚的态度对待被占领者，外来的占领就能成功，一旦占领者采用中国的统治方法，就能巩固其统治。这是在巩固占领时所必修的一门课还是安抚被占领者所必修的一门课呢（抑或仅仅是不爱动脑筋的知识分子的练笔）？

9　张怿伯：《镇江沦陷记》，第37页。

10　Parks Coble, *Chinese Capitalists in Japan's New Order: The Occupied Lower Yangtzi, 1937—1945*, Berkeley: University of California Press, 2003, p. 211.

参考文献

萨拉·法玛（Sarah Farmer）在其著作*Martyred Village: Commemorating the 1944 Massacre at Oradour-sur-Glane*中指出："经历过战争的一代人去世后，研究'二战'的历史学家们还有四个主要的资料来源，分别是：官方记录、个人证词、战争遗留的痕迹以及历史、小说与电影对这些战争的重现。"（第212页）真正经历过战争的人渐渐老去，中国的史学家在描写日军占领这段历史时，大致根据的也是这些资料来源。随着20世纪后半期巨大的政治、经济转变，中国大地上的战争遗迹基本上消失了。在少数地方，战争的印记被人为地保留了下来，来进行爱国主义教育。但这种遗迹对研究战争的历史学家来说价值有限。在我写作本书的过程中，几乎没有使用这方面的资料。对于重现中国1937至1938年这段历史，更有价值的是官方记录以及幸存者的证词，这两种资料有助于从不同角度述说历史。一般来说，保存下来的官方记录要多于个人叙述。但是，在南京却是个例外。大约20多名外国目击者为公众了解日军占领这座城市时到底发生了什么提供了许多英语、德语、中文或是日语的个人证词。

日本官方记录中对于本研究最有用的要属其在华中地区开展安

抚工作的分类报告，这些资料保存于东京自卫研究所的军事档案中，是由南满铁路株式会社上海办公室根据派往上海的“宣抚班”的工作日志与月度报告汇编而成。井上久士在其《华中宣抚工作材料》这一档案辑中重印了这些报告。在注解中，标注出了它们在档案辑中的序列号（如，卷#1）。参考书目中给出了这27本档案辑的完整信息。

由于中国对于战时政权的反感，从通敌者角度编写的官方档案非常少见。有一个大的例外是日伪上海市政府，上海市档案馆编辑整理了其收藏的相关文献。除此之外，能获得的中国官方资料仅限于档案，主要保存于南京的中国第二历史档案馆与上海市档案馆中。其他可用的中国官方资料就是早期南京发行的《南京新报》，虽然这一报刊是在日方监督下出版的。东京的东洋文库现保存有这一报纸的所有刊号。

中国和日本都留下了不少占领期个人经历的相关证词。在中国方面，我找到的最有价值的要数张怿伯关于镇江被占领的记叙（《镇江沦陷记》）与李鹤庐的《崇明沦陷记》。日本方面，最有价值的是1943年出版的熊谷康作为一名“宣抚员”在嘉定与蚌埠的工作回忆录，以及加藤幸藏更为简要的镇江工作回忆录，这一回忆录曾于1939年7月2至3日分两部分刊载于《南京新报》上。

在欧洲，并没有太多的历史、小说或电影来纪念第二次世界大战期间日本对华中地区的占领。但南京再一次成为例外。虽然，人们正在努力地纪念或是忘却南京大屠杀，但这些作品会影响到人民对历史的理解。另一方面，当我们观察欧洲有关“二战”的文献时会发现类似的现象。在描写战争时，我们选择记录的是那些令人困惑的历史，是那些如果我们缅怀纪念反而会更加令人骚动不安的历史。这本书也不例外。

（一）中文部分

蔡宏远、孙庇佑：《民国期间南京市职官年表》，《南京史志》1983年第1期，第47—48页；

《大民会播音演讲记》第5期，南京，1939年；

郭岐：《陷都血泪录》；南京图书馆编：《侵华日军南京大屠杀史料》，江苏古籍出版社1985年版，第1—59页；

郭旭：《汉奸傅筱庵之死》，《二十世纪上海文史资料文库》，第2卷，上海书店出版社1999年版，第51—54页；

嵇钧生：《镇江地区沦陷前后》，张怿伯：《镇江沦陷记》，人民出版社1999年版；

戚禄：《日伪时期蚌埠傀儡政权更迭情况》，《文史资料选集》（蚌埠）第6辑，1985年，第96—100页；

蒋公谷：《陷京三月记》，南京图书馆编：《侵华日军南京大屠杀史料》，江苏古籍出版社1985年版，第60—100页；

《江苏省公报新年特刊》，南京，1939年，藏斯坦福大学图书馆；

江苏文史资料编辑部：《常熟掌故》，《江苏文史资料》，1992年版；

李鹤庐：《崇明沦陷记》（第一部分），《档案与史学》1995年第4期，第39—45页；第5期，第34—38页；

李克痕：《沦京五月记》，南京图书馆编：《侵华日军南京大屠杀史料》，江苏古籍出版社1985年版，第101—118页；

林娜：《血泪话南京》，南京图书馆编：《侵华日军南京大屠杀史料》，江苏古籍出版社1985年版；

南京市档案馆编：《审讯汪伪汉奸笔录》（上、下），江苏古籍出版社1992年版；

《南京市政概况1938》，宜春阁印书馆1939年版，斯坦福大学图书馆藏；

《南京市政概况1939》，兴华（音译），1940年版，斯坦福大学图书馆藏；

南京图书馆编：《侵华日军南京大屠杀史料》，江苏古籍出版社1985年版；

《南京新报》，1938—1945年；

内政部：《内政部县政训练所一览》，南京1940年版，斯坦福大学图书馆藏；

《上海郊县抗日武装斗争史料》，上海社会科学出版社1986年版；

上海市档案馆编：《日伪上海市政府》，档案出版社1986年版；

《上海特别市政府初周纪念特刊》，上海，1940年；

《失守后的南京》，南京图书馆编：《侵华日军南京大屠杀史料》，江苏古籍出版社1985年版；

苏北行政专员公署民政科编:《苏北各县之概况》,1939年版,斯坦福大学图书馆藏;
孙宅巍编:《南京大屠杀》,北京出版社1997年版;
童振华:《怎样清理汉奸》,生活书店1937年版;
王喜光:《日伪汉奸政府:南京自治委员会》,《南京史志》,1987年第4期,第4—6页;
夏强:《为虎作伥的自治委员会》,《南京史志》,1989年第5期;
行政院宣传局:《中华民国维新政府简史》,南京:维新政府,1940年;
行政院宣传局:《目前维新政府形势:维新政府成立初周纪念》,上海: Kimura insatsujō, 1939;
行政院宣传局:《维新政府成立初周纪念册》,上海:Kimura insatsujō, 1939;
徐培鸿、邵年保主编:《丹徒县志》,江苏科学技术出版社1993年版;
徐志耕:《南京大屠杀,1937》(熊猫丛书),中国文学出版社1995年版;
薛振东:《上海郊县抗日武装斗争》,上海人民出版社2001年版;
杨玉白:《嘉定县志》,上海人民出版社1992年版;
尹集钧:《南京大救援:西方人士和南京安全区》,上海文汇出版社1997年版;
张铨、庄志龄、陈正卿:《日军在上海的罪行与统治》,上海人民出版社2000年版;
张怿伯:《镇江沦陷记》,1938年初版,人民出版社1999年再版;
中共上海市委党史资料征集委员会编:《上海郊县抗日武装斗争史料》,上海社会科学院出版社,1986年版;
中国第二历史档案馆编:《侵华日军南京大屠杀档案》,江苏古籍出版社1987年版。

(二)英文部分

American Information Committee, "New Order in East Asia: Conditions in Nine Chinese Cities after from Eight to Nineteen Months of Japanese Occupation." Shanghai: American Information Committee, 1939.

Barrett, David, and Larry Shyu, eds. *Chinese Collaboration with Japan, 1932—1945: The Limits of Accommodation.* Stanford: Stanford University Press, 2001.

Bates, M. Searle. "Report of the Nanking International Relief Committee, November, 1937 to April, 1939." Reprinted in *Eyewitnesses to Massacre*, ed. Zhang Kaiyuan, Armonk, NY: M. E. Sharpe, 2001, pp. 413—445.

Baumler, Alan. "Opium Suppression versus Opium Control: The Origins of the 1935 Six-Year Plan to Eliminate Opium and Drugs." In *Opium Regimes: Britain, China, and Japan, 1839—1952*, ed. Timothy Brook and Bob Tadashi Wakabayashi, Berkeley: University of California Press, 2000, pp. 270—291.

British Consulate General（Shanghai）. "China Summary. " 1938—1941. Copy in NAC Record Group 6045, File 40c.

Brook, Timothy. "Chinese Collaboration during the Rape of Nanking. " In *The Nanking Atrocity: Complicating the Picture*, ed. Bob Tadashi Wakabayashi, forthcoming.

——. "Collaborationist Nationalism in Occupied Wartime China. " In *Nation Work: Asian Elites and National Identities*, coedited with Andre Schmid, Ann Arbor: University of Michigan Press, 2000, pp. 159—190.

——. "The Creation of the Reformed Government in Central China, 1938. " In *Chinese Collaboration with Japan, 1932—45: The Limits of Accommodation*, ed. David Barrett and Larry Shyu, Stanford: Stanford University Press, 2001, pp. 79—101.

——. "Documenting the Rape of Nanking. " Introduction to Brook, ed., *Documents on the Rape of Nanking*, Ann Arbor: University of Michigan Press, 1999, pp. 1—29.

——. "The Great Way Government of Shanghai. " In *Shanghai under Japanese Occupation*, ed. Christian Henriot and Wen-hsin Yeh. New York: Cambridge University Press, 2004.

——. "Opium and Collaboration in Central China, 1938—40. " In *Opium Regimes: Britain, China, and Japan, 1839—1952*, coedited with Bob Tadashi Wakabayashi, Berkeley: University of California Press, 2000, pp. 323—343.

——. "The Pacification of Jiading. " In *Scars of War: The Impact of Warfare on Modern China*, ed. Diana Lary and Stephen MacKinnon, Vancouver: University of British Columbia Press, 2001, pp. 50—74.

——. "Toward Independence: Christianity in China under Japanese Occupation, 1937—1945. " In *Christianity and China: From the Eighteenth Century to the Present*, ed. Daniel Bays, Stanford: Stanford University Press, 1996, pp. 317—337.

Brook, Timothy, ed. *Documents on the Rape of Nanking*, Ann Arbor: University of Michigan Press, 1999.

Brook, Timothy, and Bob Tadashi Wakabayashi, eds. *Opium Regimes: China, Britain, and Japan, 1839—1952*, Berkeley: University of California Press, 2000.

Burrin. Philippe. France under the Germans: *Collaboration and Compromise*, New York: New Press, 1966.

Chang, Iris. *The Rape of Nanking*, New York: Basic Books, 1997.

Chen, Yung-fa. *Making Revolution: The Communist Movement in Eastern and Central China, 1937—1945*, Berkeley: University of California Press, 1986.

Coble, Parks. *Chinese Capitalists in Japan's New Order: The Occupied Lower Yangtzi,*

1937—1945, Berkeley: University of California Press, 2003.

Collar, Hugh. *Captive in Shanghai*, Hong Kong: Oxford University Press, 1990.

Conan, Eric, and Henry Rousso. Vichy: *An Ever-Present Past*, trans. Nathan Bracher, Hanover, NH: University Press of New England, 1998.

Dennerline, Jerry. *The Chia-ting Loyalists: Confucian Leadership and Social Change in Seventeenth Century China*, New Haven: Yale University Press, 1981.

Dethlefsen, Henrik. "Denmark and the German Occupation: Cooperation, negotiation, or Collaboration?" *Scandanavian Journal of History* 15: 3（1990）: 193—206.

Diamond, Hanna. *Women and the Second World War in France, 1939—1948: Choices and Constraints*, Harlow: Longman, 1999.

Dower, John. *War without Mercy: Race and Power in the Pacific War*, London: Faber and Faber, 1986.

Duara, Prasenjit. *Culture, Power and the State: Rural North China, 1900—1942*, Stanford: Stanford University Press, 1988.

——. "Transnationalism and the Predicament of Sovereignty: China, 1900—1945." *American Historical Review* 102: 4（October 1997）: 1030—1051.

Eykholt, Mark. "Aggression, Victimization, and Chinese Historiography of the Nanjing Massacre." In *The Nanjing Massacre in History and Historiography*, ed. Joshua A. Fogel, Berkeley: University of California Press, 2000, pp. 11—69.

——. "Living the Limits of Occupation in Nanjing, China, 1937—1945." Ph. D. diss., University of California at San Diego, 1998.

——. "Resistance to Opium as a Social Evil in Wartime China." In *Opium Regimes: China, Britain, and Japan, 1839—1952*, ed. Timothy Brook and Bob Tadashi Wakabayashi, Berkeley: University of California Press, 2000, pp. 360—379.

Farmer, Sarah. *Martyred Village: Commemorating the 1944 Massacre at 0radoursur-Glane*, Berkeley: University of California Press, 1999.

Fogel, Joshua A. ed. *The Nanjing Massacre in History and Historiography*, Berkeley: University of California Press, 2000.

Fu, Poshek. *Resistance, Passivity, and Collaboration: Intellectual Choices in Occupied Shanghai, 1937—1945*, Stanford: Stanford University Press, 1993.

Gildea, Robert. *Marianne in Chains: In Search of the German Occupation, 1940—45*, London: Pan Macmillan, 2003.

Goldhagen, Daniel Jonah. *Hitler's Willing Executioners: Ordinary Germans and the Holocaust*, New York: Alfred Knopf, 1998.

Henriot, Christian. *Shanghai, 1927—1937: Municipal Power, Locality, and*

Modernization, trans. Noël Castelino, Stanford: Stanford University Press, 1993.

Hirschfeld, Gerhard, and Patrick Marsh, eds. *Collaboration in France: Politics and Culture during the Nazi Occupation, 1940—1944*, Oxford: Berg, 1989.

Hoffman, Stanley. *Decline or Renewal: France since the 1930s*, New York: Viking, 1974.

Honda, Katsuichi. *The Nanjing Massacre: A Japanese Journalist Confronts Japan's National Shame*, ed. Frank Gibney, trans. Karen Sandness. Armonk: M. E. Sharpe, 1999.

Hu, Hua-ling. *American Goddess at the Rape of Nanking: The Courage of Minnie Vautrin*, Carbondale: Southern Illinois University Press, 2000.

Huang Meizhen and Yang Hanqing. "Nationalist China's Negotiating Position during the Stalemate, 1938—1945." In *Chinese Collaboration with Japan, 1932—45: The Limits of Accommodation*, ed. David Barrett and Larry Shyu, Stanford: Stanford University Press, 2001, pp. 50—70.

Kedward, Roderick, and Roger Austin, eds. *Vichy France and Resistance: Culture and Ideology*, London: Croom Helm, 1985.

Kimura Hisao. *Japanese Agent in Tibet: My Ten Years of Travel in Disguise*, London: Serindia, 1990.

Lary, Diana, and Stephen MacKinnon, eds. *Scars of War: The Impact of Warfare on Modern China*, Vancouver: University of British Columbia Press, 2001.

Legge, James, trans. *Li Ki*. The Sacred Books of the East, ed. Max Milller, vol. 27. 1885.

Liberman, Peter. *Does Conquest Pay? The Exploitation of Occupied Industrial Societies*, Princeton: Princeton University Press, 1996.

Lipkin, Zwia. "Keeping Up Appearances: The Nanjing Municipal Government and the City's Elements Déclassés, 1927—1937." Ph. D. diss., Stanford University, 2001.

Marrus, Michael, and Robert Paxton. *Vichy France and the Jews*, New York: Basic Books, 1983. Reprint, Stanford: Stanford University Press, 1997.

Mitter, Rana. *The Manchurian Myth: Nationalism, Resistance, and Collaboration in Modern China*, Berkeley: University of California Press, 2000.

Morris, Alan. *Collaboration and Resistance Reviewed: Writers and the Mode Rétro in Post-Gaullist France*, New York: Berg, 1992.

Office of War Information, Bureau of Overseas Intelligence. "Analysis of Gripsholm Questionnaires: Far Eastern Propaganda Objectives and Techniques." Washington, February 1944. Copy in NAC, File 2864-C-40C.

Pritchard, R. John, and Sonia Zaide, eds. *The Tokyo War Crimes Trial*. Reprint, 22 vols, New York: Garland Publishing, 1981.

Rabe, John. *The Good Man of Nanking: The Diaries of John Rabe*, ed. Erwin Wickert, trans. John Woods, New York: Knopf, 1998.

Robinson, Ronald. "Non-European Foundations of European Imperialism: Sketch for a Theory of Collaboration." In *Studies in the Theory of Imperialism*, ed. Roger Owen and Bob Sutcliffe, London: Longman, 1972, pp. 117—142.

Rousso, Henry. *The Vichy Syndrome: History and Memory in France since 1944*, trans. Arthur Goldhammer, Cambridge, Mass.: Harvard University Press, 1991.

Ruskola, Teemu. "Legal Orientalism." *Michigan Law Review* 101: 1（October 2002）: 179—234.

Scott, Munroe. *McClure: The China Years*. Toronto: Canec, 1977.

Smythe, Lewis S. C. *War Damage in the Nanking Area, December, 1937 to March, 1938: Urban and Rural Surveys*, Shanghai: Mercury Press, 1938.

South Manchurian Railway Company, Information and Publicity Department. *Japanese Spirit in Full Bloom: A Collection of Episodes*, South Manchurian Railway Company, 1937.

Strand, David. *Rickshaw Beijing: City People and Politics in the 1920s*, Berkeley: University of California Press, 1989.

Timperley, H. J. *Japanese Terror in China*. New York: Modern Age Books, 1938.

Vespa, Amleto. *Secret Agent of Japan*. Introductory note by H. J. Timperley. Boston: Little, Brown, 1938. Reprint, Garden City, NY: Garden City Publishing, 1941.

Wakeman, Frederic, Jr. *The Shanghai Badlands: Wartime Terrorism and Urban Crime, 1937—1941*, Cambridge: Cambridge University Press, 1996.

West, Rebecca. *The Meaning of Treason*. 1949, 1965, 1982. Reprint, London: Phoenix Press, 2000.

Zhang Kaiyuan, ed. *Eyewitnesses to Massacre: American Missionaries Bear Witness to Japanese Atrocities in Nanjing*. Armonk, NY: M. E. Sharpe, 2001.

（三）日文部分

Chūgoku nōson kankō chōsa（Studies of customs in Chinese villages）. 1952. Reprint, 4 vols. Tokyo: Iwanami shoten, 1981.

Hsü Shuhsi, ed. *Documents on the Nanking Safety Zone*. Shanghai: Kelly and Walsh, 1939. Photoreproduced in *Documents on the Rape of Nanking*, ed. Timothy Brook.

Ann Arbor: University of Michigan Press, 1999.

Iguchi Kazuki et al., eds. *Nankin jihen: Kyōto shidan kankei shiryō shū* (The Nanjing incident: a collection of materials concerning the Kyoto divisions). Tokyo: Aoki shoten, 1989.

Inoue Hisashi, ed. *Kachū senbu kōsaku shiryō* (Materials on pacification work in central China). Tokyo: Fuji shuppan, 1989. This documentary collection includes:

1. "Jūichigatsu senbu kōsaku kika" (November plan for pacification work). Mantetsu Hoku Shina jimukyoku, 1 November 1937.
2. "Daisankai senbuhan renraku kaigi gijiroku" (Minutes of the third pacification team liaison meeting), 8 November 1937. Mantetsu Hoku Shina jimukyoku, 25 November 1937.
3. "Daiyonkai senbuhan renraku kaigi gijiroku" (Minutes of the fourth pacification team liaison meeting), 8 December 1937. Mantetsu Hoku Shina jimukyoku, 14 February 1938.
4. "Mantetsu haken Naka Shina senbu kōsaku jōkyō hōkoku" (Report on the situation of pacification teams sent to Central China by the South Manchurian Railway Company), 30 December 1937. Mantetsu Shanhai jimusho, 4 January 1938.
5. "Naka Shina hōmen senbu kōsaku jōkyō" (The situation of pacification teams in the Central China area), 30 December 1937. Mantetsu Shanhai jimusho, 12 February 1938.
6. "Naka Shina senryō chiiki ni okeru nanmin no jōkyō narabi busshi no jōkyō" (The situation of refugees and resources in the occupied region of Central China). Mantetsu Shanhai jimusho, 12 February 1938.
7. "Naka Shina senryō chiiki nai fukkimin narabi nanmin shūjō ni kansuru sho kōsaku" (Various work concerning returnees and refugee accommodation within the occupied region of Central China), 4 February 1938. Mantetsu Shanhai jimusho, 21 February 1938.
8. "Naka Shina senryō chiku nai jichi iinkai setsuritsu jijō" (The situation regarding the founding of self-government committees in the occupied region of Central China), 4 February 1938. Mantetsu Shanhai jimusho, 21 February 1938.
9. "Naka Shina senbukō kōsei yōzu" (Sketch map of the formation of the pacification network in Central China). Mantetsu Shanhai jimusho, 21 February 1938.
10. "Naka Shina senryō chiiki ni okeru senbu kōsaku gaiyō" (Summary of pacification work in the occupied region of Central China). Mantetsu Shanhai jimusho, 3 March 1938.

11. “Shōkō senbuhan kōsaku gaikyō”（State of work of the Songjiang pacification team）. Mantetsu Shanhai jimusho, April 1938.

12. “Kazan senbuhan kōsaku gaikyō”（State of work of the Jiashan pacification team）. Mantetsu Shanhai jimusho, April 1938.

13. “Kakō senbuhan kōsaku gaikyō”（State of work of the Jiaxing pacification team）. Mantetsu Shanhai jimusho, April 1938.

14. “Kōshū senbuhan kōsaku gaikyō”（State of work of the Hangzhou pacification team）. Mantetsu Shanhai jimusho, 20 April 1938.

15. “Katei senbuhan kōsaku gaikyō”（State of work of the Jiading pacification team）. Mantetsu Shanhai jimusho, April 1938.

16. “Taisō senbuhan kōsaku gaikyō”（State of work of the Taicang pacification team）. Mantetsu Shanhai jimusho, April 1938.

17. “Tanyō senbuhan kōsaku gaikyō”（State of work of the Danyang pacification team）. Mantetsu Shanhai jimusho, April 1938.

18. “Chinkō han kōsaku gaikyō”（State of work of the Zhenjiang team）. Mantetsu Shanhai jimusho, April 1938.

19. “Nankin tokumu kikan kōsaku gaikyō”（State of work of the Nanjing Special Service Agency）. Mantetsu Shanhai jimusho, April 1938.

20. “Buko senbuhan kōsaku gaikyō”（State of work of the Wuhu pacification team）. Mantetsu Shanhai jimusho, April 1938.

21. “Senbu kōsaku gaikyō: Chinkō han, kan 2”（State of pacification work: Zhenjiang team, volume 2）. Mantetsu Shanhai jimusho, August 1939.

22. “Senbu kōsaku gaikyō: Shōkō han, kan 2”（State of pacification work: Songjiang team, volume 2）. Mantetsu Shanhai jimusho, November 1939.

23. “Senbu kōsaku gaikyō: Taisō han, kan 2”（State of pacification work: Taicang team, volume 2）. Mantetsu Shanhai jimusho, November 1939.

24. “Senbu kōsaku gaikyō: Kōshū tokumu kikan, kan 2”（State of pacification work: Hangzhou Special Service Agency, volume 2）. Mantetsu Shanhai jimusho, March 1940.

25. “Senbu kōsaku gaikyō: Kasan han, kan 2”（State of pacification work: Jiashan team, volume 2）. Mantetsu Shanhai iimusho, April 1940.

26. “Senbu kōsaku gaikyō: Yōshū han, kan 2”（State of pacification work: Yangzhou team, volume 2）. Mantetsu Shanhai jimusho, April 1940.

27. “Senbu kōsaku gaikyō: Tanyō han, kan 2”（State of pacification work: Danyang team, volume 2）. Mantetsu Shanhai jimusho, 30 April 1940.

Inukai Takeru. *Yōshikō wa ima mo nagarete iru* (The Yangtze River is flowing still). Tokyo: Bungei shunjū, 1960.

Itō Takeo. *Life along the South Manchurian Railway: The Memoirs of Ito Takeo*, trans. Joshua A. Fogel. Armonk, NY: M. E. Sharpe, 1988.

Kaikōsha, ed. *Nankin senshi* (History of the war in Nanjing). 2nd ed. Tokyo: Kaikōsha, 1993.

Katō Kōzan. "Congshi xuanfu gongzuo zhi huigu" (Reminiscence of doing pacification work). 2 parts. *Nanjing xinbao* (New Nanjing daily), 2—3 July 1939.

Kōain kachū renrakubu (Central China liaison office of the Asia Development Board). *Naka Shina jūyō kokuhō shigen shiryō sakubutsu chōsa hōkokusho* (Report on an investigation into grain crops as an important national defense resource in Central China). Shanghai, March 1940. Copy in the Stanford University Library.

——. *Katei, Taisō, Chōshū ni okeru juyō nōsakubutsu no kenshū kankō* (Cultivation practices for major agricultural crops in Jiading, Taicang, and Changshu). Shanghai: Kōain, December 1939. Copy in Tōyō bunka kenkyūjo, Tokyo University.

Kumagai Yasushi. *Shina kyōchin zatsuwa: Chōkō senbu kiroku* (Observations on village China: memoirs of pacification along the Yangzi River), 1943.

Mantetsu Shanhai jimusho (Shanghai Office of the South Manchurian Railway Company). *Naka Shina ni okeru nōgyō seisatsu no dōkō* (Trends in agricultural policies in Central China). Shanghai: South Manchurian Railway Company, October 1939. Copy in the Stanford University Library.

Mantetsu Shanhai jimusho chōsashitsu (Survey group of the Shanghai Office of the South Manchurian Railway Company). *Kōsōshō Chōshūken nōson jittai chōsa hōkokusho* (Report of the survey of conditions in rural Changshu county, Jiangsu province). Shanhai Mantetsu chōsa shiryō, no. 34. Shanghai: South Manchurian Railway Company, 1939.

——. *Naka Shina nōsakubutsu no nōkō jijō* (Conditions for the cultivation of agricultural commodities in Central China). Shanghai: South Manchurian Railway Company, 1939. Copy in Stanford University Library.

——. *Shanhai tokubetsushi Katei ku no jittai chōsa hōkokusho* (Research report on the rural situation in Jiading district of Shanghai special municipality). Shanghai: South Manchurian Railway Company, 1939.

Maruyama Susumu. "Watakushi no Shōwa shi-Nankin jiken no jissō" (My history of the Showa era: a true picture of the Nanjing Incident), 6 parts. *Mantetsu wakabakai kaihō*, nos. 133—138 (5 August—1 October 2000).

Matsui Iwane. "Nankin nyūjō no kangai" (My feelings on entering the city of Nanjing) . *Shina jiken ichinen shi* (History of the first year of the China Incident) , *special issue of Hanashi* (Discussions), July 1938, pp. 234—237.

Miyakawa Sōtoku. *Yūbō Shina o kataru* (Speaking about our friend-country China) . Tokyo: Genshōdō, 1938. Copy in Tōyō bunka kenkyūjo, University of Tokyo.

Mōgi Kikno. *Shanhai shi daidō seifu shisaku hōkoku* (On-the-spot report on the Great Way Government of Shanghai municipality). Tokyo: Kinzensha, 1938. Copy in the Stanford University Library.

Naka Shina hōmengun shireibu (Headquarters of the Central China Area Army). "Kongo no seiji bōryaku taikō" (Outline of future political strategy), 4 December 1937. SDF, Shina: Shina jihen: zenpan 315.

Okada Yūji. *Nit-Chū sensō urakata ki* (An inside account of the Japan-China war). Tokyo: Tōyō keizai shimbunsha, 1974.

Ondaatje, Michael. *Running in the Family*. Toronto: McClelland and Stewart, 1982.

Shina jihen gahō (China incident pictorial), Tokyo, 1937—1938.

Sōryokusen kenkyūjo (Total war research institute), ed. *Senryōchi tōchi oyobi sengo kensetsu shi* (A history of ruling occupied territory and postwar reconstruction), volume 2. Mimeograph, 1942. Copy in the Stanford University Library.

Sugimura Kōzō, ed. *Shanhai yōran* (Overview of Shanghai). Shanghai: Shanhai Nihon shōkō kaigisho, 1939.

Tōa dōbunkai (East Asian Common Culture Association), ed. *Shin Shina gensei yōran* (Overview of current conditions in New China). Tokyo: Tōa dōbunkai, 1938.

——.ed. *Shin Shina gensei yōran* (Overview of current conditions in New China), vol. 2. Tokyo: Tōa dōbunkai, 1940.

Usui Katsumi, ed. *Nit-Chū sensō* (The Sino. Japanese war), vol. 5. Gendaishi shiryō (Materials on modern history), vol. 13. Tokyo: Misuzu shobō, 1966.

Watanabe. "Senryōchi tōji (chian shukusei) ni kansuru Watanabe taisa kyōgen shokiroku" (Transcript of a lecture by Colonel Watanabe concerning the Control of occupied territory[peace preservation and liquidation]) (7 May 1941). Handwritten xylograph in Tōyō bunka kenkyūjo, Tokyo University.

Zhongguo tongxinshe diaochabu (Investigation department of the China News Agency). "Ishin seifu sho kikan no gyōsei kikō" (Administrative structure of the Various organs of the Reformed Government). Shanghai: Zhongguo tongxinshe, 1938. Copy in Tōyō bunka kenkyūjo, Tokyo University.

索　　引

（索引页码为原书页码，即本书边码）

图书在版编目(CIP)数据

秩序的沦陷:抗战初期的江南五城/(加)卜正民著;潘敏译.—北京:商务印书馆,2015(2016.9重印)

ISBN 978-7-100-11275-8

Ⅰ.①秩… Ⅱ.①卜… ②潘… Ⅲ.①抗日斗争—研究—中国 Ⅳ.①K265.07

中国版本图书馆CIP数据核字(2015)第102308号

所有权利保留。

未经许可,不得以任何方式使用。

秩序的沦陷

抗战初期的江南五城

〔加〕卜正民 著

潘 敏 译

商 务 印 书 馆 出 版

(北京王府井大街36号 邮政编码 100710)

商 务 印 书 馆 发 行

北 京 冠 中 印 刷 厂 印 刷

ISBN 978-7-100-11275-8

2015年10月第1版 开本 880×1230 1/32

2016年9月北京第7次印刷 印张 11¼

定价:35.00元